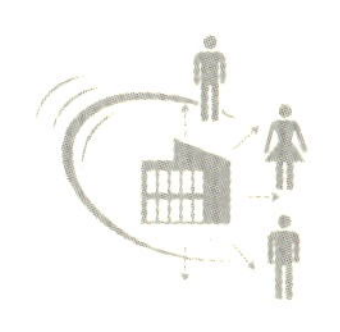

传播能力再造：新媒体时代的世界性通讯社

唐润华 吴长伟 文建◎著

北京师范大学出版集团
BEIJING NORMAL UNIVERSITY PUBLISHING GROUP
安徽大学出版社

图书在版编目(CIP)数据

传播能力再造:新媒体时代的世界性通讯社 / 唐润华,吴长伟,文建著 . —合肥:安徽大学出版社,2012. 4

ISBN 978-7-5664-0428-2

Ⅰ. 传… Ⅱ. ①唐… ②吴… ③文… Ⅲ. 通讯社—大众传播—研究—世界 Ⅳ. ①G219. 14

中国版本图书馆 CIP 数据核字(2012)第 059643 号

传播能力再造:新媒体时代的世界性通讯社 唐润华 吴长伟 文建 著

出版发行:北京师范大学出版集团
安 徽 大 学 出 版 社
(安徽省合肥市肥西路 3 号 邮编 230039)
www. bnupg. com. cn
www. ahupress. com. cn
印 刷:合肥远东印务有限公司
经 销:全国新华书店
开 本:170mm×230mm
印 张:14
字 数:237 千字
版 次:2012 年 5 月第 1 版
印 次:2012 年 5 月第 1 次印刷
定 价:29. 00 元
ISBN 978-7-5664-0428-2

策划统筹:康建中 朱丽琴 装帧设计:知耕书房
责任编辑:朱丽琴 马晓波 责任印制:陈 如

国 家 社 会 科 学 基 金 重 大 项 目

（项目批准号 09&ZD012）

总前言

一

近年来，中国掀起了一股“国际传播热”。中央领导人在很多重要讲话中反复强调提高国际传播能力的重要性；相关主管部门在各类相关会议上，就此提出要求、作出部署；不同类型的新闻媒体，尤其是国家级重点媒体，在国际传播领域加大投入，动作频繁，引起了国内外的广泛关注。

从动因上分析，中国如此重视国际传播能力的建设，主要是基于以下三个方面的认识和考虑：

其一，中国亟需提高国际传播能力，以更好地维护国家形象和国家利益。中共中央政治局常委李长春《在纪念中国电视事业诞生暨中央电视台建台50周年大会上的讲话》中指出：“传播力决定影响力。当今时代，谁的传播手段先进、传播能力强大，谁的思想文化和价值观念就能更广泛地流传，谁就能更有力地影响世界。因此，加强国内国际传播能力建设，事关我国改革开放和现代化建设大局，事关我国的国际影响和国际地位，事关我国文化软实力的提升，事关我国媒体在国际舆论格局中的地位和作用。”[①]

其二，中国的国际传播能力与西方相比，差距很大，必须奋起直追。2008年6月，中共中央总书记胡锦涛在人民日报社视察时说到，“西强我弱”的国际舆论格局还没有根本改变。同年10月，他在十七届三中全会上又指出，西方之所以能够掀起一轮又一轮的反华舆论浪潮，一个很重要的原因就是其拥有

---

① 李长春：《在纪念中国电视事业诞生暨中央电视台建台50周年大会上的讲话》，《光明日报》2008年12月23日。

强大的国际传播能力。相比之下，我们的国际传播能力还比较弱。构建覆盖广泛、技术先进的现代传播体系，形成与我国经济社会发展水平和国际地位相适应的国际传播能力，打破西方媒体垄断的格局，已经成为一项十分紧迫的任务。[①]

其三，全球传媒格局的大变革，为中国加强国际传播能力建设提供了难得的机遇。近几年，在全球金融危机和新媒体迅猛发展两大因素的强力冲击下，全球传媒格局发生了重大的变化：西方传媒业一蹶不振，很多媒体企业纷纷倒闭或裁员，中国等一些发展中国家的传媒业却逆势上行，而新媒体的迅速发展又为国际传播提供了新的空间和渠道。这无疑为中国媒体加快向国际传媒领域拓展提供了有利条件。

因此，2009年6月，中央制定了《2009—2020年我国重点媒体国际传播能力建设总体规划》(以下简称《总体规划》)。[②] 根据这个被视为中国国际传播能力建设"纲领性文件"的《总体规划》，加强国际传播能力的建设，成为中国媒体业一项重要的战略任务。

《总体规划》同时要求，我们要组织力量对我国国际传播能力建设中具有全局性、战略性的重大问题进行研究，科学评估我国国际传播的整体实力，深入研究我国国际传播能力建设的重点、方向和途径，同时要加强国际传播理论、现状和发展趋势研究，分析、介绍外国主流媒体加强国际传播能力建设的经验、做法。

正是在这样的背景下，国家社科规划办在2009年将"提高我国媒体传播能力研究"列为国家社科基金重大招标课题。新华社组成以新闻研究所的研究人员为主的课题组，参加了竞标，并荣幸地成功中标。这就是"中国媒体国际传播能力建设战略研究"课题(项目批准号09&ZD012)的由来。

二

"中国媒体国际传播能力建设战略研究"是一个应用型对策研究课题，我们的基本思路是：深入分析当前的国内外形势、国际传播发展趋势和舆论格

---

① 刘文、张国涛：《为时代中国存像，与大千世界共鸣——兼论中央电视台纪录频道的责任与使命》，《现代传播：中国传媒大学学报》2011年第1期。

② 陶社兰：《用国际视野和民间表达向世界说明中国军队——中国新闻社军事报道方略》，《军事记者》2011年第3期。

局，从国际传播的共同规律出发，从我国媒体国际传播的实际出发，解放思想、实事求是，立足当前、着眼未来，力争提出一套具有高度系统性、科学性、前瞻性和可操作性的中国媒体国际传播能力建设战略，从而为自己创造良好的国际舆论环境、提升中国软实力提供有效的理论和对策支撑。

在对国内外相关文献进行全面检索和梳理、与国内重点媒体负责人和资深专家及高校相关领域资深学者进行广泛交流之后，我们逐渐明确了课题研究的主要内容和基本原则：

1. 理论与实际相结合。一方面，课题研究要对与国际传播能力相关的各种理论进行系统分析，包括新闻传播、国际传播、国际关系、软实力、文化、经济等领域的相关学说，既利用这些学说来分析国际传播能力建设的相关问题，同时又根据新情况对这些学说加以更新和完善；另一方面，课题研究必须紧密联系中国和外国媒体国际传播的实际，从实际中找问题、寻答案、觅规律，有助于解决实际问题。

2. 国内与国际相结合。中国媒体国际传播能力建设离不开中国国情，也离不开国际环境。因此，课题研究既要立足国内，又要面向世界。一方面，从中国媒体的实际出发，按照国际传播的一般规律，充分借鉴国外媒体的成功经验，从中外比较中寻找问题和答案，再根据中国国情提出切实可行的对策、建议；另一方面，要注意中国与世界、国际传播与国内传播的联动，力求兼顾国内、国际两个大局，使课题研究具有更强的系统性和有效性。

3. 整体与局部相结合。课题研究围绕中国媒体这个整体开展，同时也要考虑到各种不同形态的媒体；既综合研究国际传播能力建设的整体战略，又要深入研究与国际传播能力相关的各个方面的战略；既注意突出各个局部（方面、个体）的特点和优势，又要注意兼顾各个局部之间的互相联系和协同。每个子课题各部分之间、总报告与各子课题报告之间、各个子课题互相之间有内在的联系和逻辑关系，彼此关联、互相配合，共同组成一个完整、系统的研究体系。

4. 眼前与长远相结合。课题研究力求用发展的眼光关注国际传播形势，既要从当前的现实出发，又要能预见可能出现的新情况、新变化和新趋势；用发展的眼光分析国际传播理论，充分考虑到各种理论的现实适用性，并根据现实的新变化赋予其新的内容；用发展的眼光进行战略研究，提出的对策建议不仅能够解决当前问题，而且对中长期发展都有实用价值，具有战略性和前瞻性。

据此，我们将课题分解成若干子课题，组建了以新华社新闻研究所的研究人员为骨干、吸纳业界和学界年富力强的专家学者参加的研究团队，从2010年初开始了课题研究。

三

由于这是一个实用型对策研究课题，我们在重视文献研究、定量和定性研究的同时，也非常重视深度访谈、田野调查、案例研究等方法，作了大量深入细致的调研，听取了众多中外业界专家和学者的意见。

为了全面了解我国媒体国际传播能力建设的有关情况，课题组成员先后采访了中央电视台、中国国际广播电台、《中国日报》、《人民日报(海外版)》、国际在线等中央主要外宣媒体的负责人，采访了南方电视台、蓝海电视台、杭州日报报业集团等重要地方的外宣媒体。在新华社内部，课题组成员先后采访了国际部、对外部、人事局、外事局等部门，内蒙古、广西、杭州等地方新闻对外报道试点分社，以及香港、布宜诺斯艾利斯、里约热内卢、旧金山等驻外分社。2011年7月，世界媒体峰会主席团会议在北京举行期间，课题组成员还对新闻集团、美联社、英国广播公司、半岛电视台、《纽约时报》、谷歌等10家国际一流媒体集团的主要负责人进行了直接采访。这一系列调研最后形成了各类调研报告(材料)20多篇，既有对中央媒体如何加强国际传播能力建设的对策、建议，也有对地方媒体及国外媒体在这方面的经验介绍；既有对长期从事国际传播工作的资深人士的深度访谈，也有对媒体稿件的抽样统计分析；既有国内媒体负责人的愿景和规划，也有国外媒体精英的关注与期待。

1年多以来，课题研究的负责单位——新华社新闻研究所，先后与国内知名高校和研究机构联合举办了3次国际传播学术论坛，邀请到来自国际知名媒体、国际学术研究机构、中国对外传播主要媒体、中国国际传播主要研究机构的数十位专家学者，就中国媒体国际传播能力建设的有关问题展开讨论：2010年7月，与中国社会科学院新闻与传播研究所在贵阳联合举办了首届“贵阳国际传播论坛”。论坛围绕文明转型期和新媒体背景下国际传播面临的挑战、机遇和对策等问题进行了深入探讨。这是中央作出加强我国媒体国际传播能力建设重大战略部署以来，我国首次举办的以国际传播能力建设为主题、横跨传媒业界与传播学界的国际性学术研讨会。2011年7月，与中国人民大学新闻学院共同举办了“中国海外传播圆桌论坛”，与会中外嘉宾围绕“如何在海外传播中国”的主题进行了深入交流。2011年10月，与浙江大学传媒与国际文化学院联合举办了“全球传播与社会变迁”国际学术研讨会。会议围绕国家形象与跨文化传播、对外传播的策略与效果、国际传播范式与信息传播新秩序、中国媒体国际传播的突破重点等问题进行了探讨和交流。这一系列国际传播论坛从不同角度对我国媒体国际传播中的理论和实践问题进行探讨，不仅为课题研究积累了大量宝贵的资料，也为课题组成员深入采访国内外知名资深专家学者提供了条件。

在课题研究人员的艰苦努力之下，课题研究进展顺利，取得了丰硕的阶段性成果。截至 2011 年 11 月底，已经有十余篇论文在相关专业期刊和学术会议上发表。其中，《媒体国际传播能力评估体系初探》一文，在国务院新闻办公室主办的"全国第二届对外传播理论研讨会"上被评为"优秀论文"。

为了更好地展示课题研究成果，在安徽大学出版社的支持下，我们决定出版"中外媒体国际传播能力建设战略研究丛书"。

四

"中国媒体国际传播能力建设战略研究"是一个内涵和外延都比较广大的课题，工作量非常大。作为首席专家，我要对参加课题研究的所有人员表示衷心感谢，感谢你们为高质量完成所承担的研究任务所付出的辛勤劳动；同时，我也要对从各个方面对课题研究给予关心、支持和帮助的人表示由衷的谢意。

感谢新华社领导对课题研究的重视和指导——李从军社长、何平总编辑、周锡生副社长、周树春副社长都对课题研究提出了殷切期望和具体要求；感谢新华社新闻研究所领导的支持和帮助，使课题研究在人员、时间等方面得到了充分保障。

感谢北京大学、中国人民大学、浙江大学等高校的新闻传播学院以及中国社会科学院新闻与传播研究所、中国外文局对外传播研究中心的资深学者们提供的智力援助。

还要感谢安徽大学出版社，尤其是朱丽琴副总编，正是她的工作热情和敬业精神，使得"中外媒体国际传播能力建设战略研究丛书"在很短时间内能够顺利出版。

唐润华

2011 年 12 月 12 日

目　录

第1章

通讯社与国际传播

通讯社从诞生那一天起，就与国际传播密不可分。哈瓦斯通讯社最早的业务就是在不同国家间传播新闻和经济信息。美联社成立的初衷，也是为了用较低的成本获得来自欧洲大陆的信息。在100多年的发展历程中，通讯社成为国际间信息流动的主干道。联合国教科文组织20世纪70年代的统计显示，全球80%的国际新闻来自西方四大通讯社。

第1节　通讯社的产生与发展

1.1　概念与定义

"通讯社"是从国外引进的概念。在英文里，通讯社叫"news agency"或"news service""wire service"。Agency在英文里有"代理机构"的意思，Service则是服务的意思。根据这两个词，可以将通讯社简单定义为新闻服务机构，即向其他新闻媒介提供新闻服务的机构。至于比较正规的定义，有各种不同的表述。

企业组织说　联合国教科文组织对通讯社的定义是："通讯社是一种企业，它的主要目标是搜集新闻和新闻材料，它的唯一宗旨是表达意见或提供事实，发给一些新闻企业，并且在特殊情况下也发给私人，以便在收费和符合商业法律和规定的情况下，向它们提供一种尽可能完全和公正的新闻服务。”①与这种说法类似的是《美国大百科全书》中的定义：“通讯社是在它的大多数大众媒介订户、用户或成员力所能及的地理范围外和超乎各自的财力物力限度外收集信息的组织。通讯社在大多数情况下不直接向公众提供新闻。”②《不列颠百科全书》的表述是：“在一国或世界各地采集、撰写和播发新闻，供报纸、期刊、广播电台、电视台、政府机构和其他用户采用的组织。”③

新闻机构说 《中国大百科全书》(新闻出版卷)关于“通讯社”的表述是：“以采集和发布新闻为主要职能，以报刊、广播电台、电视台为主要对象的新闻机构。”④《辞海》的定义是：“专门搜集和提供新闻稿件、图片和资料的新闻发布机构，是报纸、电台、电视台的主要新闻来源。”⑤《新闻学大辞典》的定义是：“专门搜集和发布新闻的通讯机构。它的主要任务是向报刊、广播、电视提供新闻电讯、新闻图片和各种新闻资料，有的还提供音像新闻和音像资料。”⑥《中国新闻实用大辞典》对“通讯社”词条的解释是：“是从事采集、加工和提供新闻信息，为其他新闻媒体和各类用户服务的新闻机构。”⑦

消息总汇说 中国人民大学出版社《外国新闻传播史》(2000)：新闻通讯社是专门搜集和供应新闻稿件、图片和资料的新闻发布机构。它是新闻流通的重要渠道，被称为“消息的总汇”、“供应新闻的大动脉”。⑧

宣传机构说 商务印书馆《现代汉语词典(第五版)》：“采访和编辑新闻供给各报社、广播电台、电视台等使用的宣传机构，如我国的新华社。”⑨

1.2 产生与发展

通讯社的产生，是工业革命和近代报业发展的历史必然。目前，世界公认的最早的通讯社是法国于1835年创办的哈瓦斯社。哈瓦斯社的创始人是法

① News Agencies, their structure and operation, UNESCO, Greenwood press, 1970 ed.
② 《美国大百科全书》，美国百科全书公司，1920。
③ 《不列颠百科全书》，不列颠百科全书出版社，2005。
④ 《中国大百科全书》(新闻出版卷)，中国大百科全书出版社，1993。
⑤ 《辞海》，上海辞书出版社，1989年修订本。
⑥ 《新闻学大辞典》，河南人民出版社，1993。
⑦ 《中国新闻实用大辞典》，新华出版社，1996。
⑧ 郑超然、程曼丽、王泰玄：《外国新闻传播史》，中国人民大学出版社，2000。
⑨ 《现代汉语词典(第五版)》，商务印书馆，2005。

国人夏尔—路易·哈瓦斯，他原来是个银行家。19世纪初，拿破仑东征西战，大有所向披靡之势。哈瓦斯对拿破仑充满信心，把宝都押在他身上，投放了大量资金。不料，1815年拿破仑惨败滑铁卢，局势直转急下，哈瓦斯的银行随之破产。在走投无路的情况下，为了维持生计，他只好白手起家，重新创业。哈瓦斯分析了自己的情况，认为有两个优势可以加以利用：一是掌握英语和德语两门外语；二是交游广泛，朋友众多。于是，他决定开展经济信息业务。哈瓦斯在巴黎交易所租了一间办公室，每天一早将收到的外国报纸上的重要新闻和经济信息选译出来，复印多份，提供给商业界和银行界人士。在当时动荡的形势下，及时了解外国特别是欧洲各国的重大新闻，对整个经济界十分重要。因此，哈瓦斯的服务很受欢迎。1825年，他正式挂出了“哈瓦斯办公室”的牌子，业务范围日益扩大，由单枪匹马发展到拥有一批翻译人员和发行人员，由只翻译报刊文章扩大到在欧洲各国首都有自己的信息采集人员，用户范围也从工商界、银行界扩大到外交及军事部门。

就在哈瓦斯的信息业务不断发展的同时，欧洲的新闻事业也发生了新的变化。进入19世纪以后，资本主义生产方式已在英国、法国、德国等国家占据了统治地位。工业革命极大地促进了经济的发展，导致这些国家的城市人口剧增。而商业经济的迅速发展和人口的频繁流动必然导致对信息的需求的剧增。在这种情况下，欧洲发达国家的报业发生了巨大变化，从注重思想论战转而注重满足一般读者的需要。与此同时，面向平民的廉价报纸也应运而生。这些变化使报纸对新闻信息的需求大幅度增加，而各家报纸仅靠自己的采编人员采集各地发生的新闻既不经济，也不够全面、充分。

在这种情况下，哈瓦斯以其独有的商业目光看到了向新闻机构（当时主要是报纸）提供新闻信息的可行性。他开始发展报纸用户，经过不屈不挠的努力，终于获得了成功。1835年，他收购了另一家供应新闻资料的机构，并于当年10月25日将自己的“哈瓦斯办公室”改名为“哈瓦斯通讯社”。这一天后来被认为是世界上第一个通讯社的诞生日。

哈瓦斯社成立后，逐渐将业务重点转移到为新闻机构提供新闻服务上来。它不断改进新闻传递方法，以便及时地把新闻传给报纸。1837年，该社采用了法国官方的腕木信号站线路（一种类似旗语的用3块黑漆木板拼出字母的方法）来传送新闻；1840年，又用信鸽从伦敦、布鲁塞尔向巴黎传送新闻；1845年，使用法国新建的第一条巴黎和里昂之间的电报线路发送新闻；1851年，哈瓦斯社已经使用电报向法国各地及欧洲其他城市的报纸供稿。

在此期间，美国的报业发展更加迅速。为了更快地获得来自欧洲的新闻，纽约各报都派小船到纽约港接收由来自欧洲的商船带来的报纸和由各报在欧洲聘用的通讯员采集的新闻及信息。这笔费用相当可观。1848 年，为了节省开支，纽约的 7 家报纸经过协商，决定成立一个联合体，统一派出“新闻艇”，共同支付费用。这个联合体名叫“港口新闻联合社”，这就是美联社的前身。1850 年，这 7 家报纸又成立了“电讯与一般新闻新闻社”，共同分担使用电报发送稿的高昂费用。1857 年，上述两个机构合并，组成“纽约新闻联合社”。在此期间，美国其他地区也先后出现了一些类似的新闻合作组织，取名为“新闻联合社”。1900 年，各地区的新闻联合社合并组成全国性的美国新闻联合社，简称“美联社”。

1838 年，美国人塞缪尔·莫尔斯进行电报装置试验成功，为通讯社的发展提供了物质条件。① 从哈瓦斯社和美联社的情况来看，通讯社的诞生至少有 3 个重要条件：一是社会经济相当发达，二是新闻事业比较发达，三是通讯技术比较发达。前两者是通讯社诞生的必要条件，后者为通讯社的诞生与发展提供了技术上的支持。这就是为什么世界上最早的通讯社出现在欧美发达国家的缘故。

世界上第三家通讯社是 1849 年成立的德国沃尔夫通讯社。第四家通讯社是 1851 年成立的英国路透社。有意思的是，这两家通讯社的创始人——沃尔夫和路透——原来都是哈瓦斯手下的翻译，他们正是从哈瓦斯日益兴旺的事业中得到了启发，才创办了自己的通讯社。从这一点来说，哈瓦斯真不愧是世界通讯社事业的开山鼻祖。

最早的通讯社都出现在欧美国家。1886 年，日本出现了亚洲第一家通讯社——新闻用达会社。拉丁美洲的第一家通讯社是 1900 年建立的阿根廷通讯社。在非洲建立的第一家通讯社是英国人 1910 年创办的南非路透社（实际上是路透社在南非设立的分社），真正由非洲人自己创办的通讯社直到 1941 年才在埃塞俄比亚诞生。

1.3 类型与特征

1.3.1 按服务范围划分

就服务范围而言，通讯社可以分为世界性通讯社、国际性通讯社、地区性

---

① 郑超然、程曼丽、王泰玄：《外国新闻传播史》，第 24 页，中国人民大学出版社，2000。

通讯社和国内通讯社。

(1)世界性通讯社:是指在全球范围内从事新闻采集和发布活动的通讯社。目前,在全球范围内具有较大影响力的世界性通讯社有美联社、路透社、法新社和新华社。关于判断世界性通讯社的标准和基本特征,本书将在第一章第3节作专门介绍。

(2)国际性通讯社:主要在某个国家内部从事新闻采集和发布活动,因地缘关系也在临近的国家和地区采集和发布新闻,但网络尚未覆盖全球。目前,影响比较大的国际性通讯社主要有:俄罗斯的俄塔社、西班牙的埃菲社、意大利的安莎社、德国的德新社、埃及的中东社等。

俄塔社

俄塔社的全称是"俄罗斯通讯社—塔斯社",其前身是苏联的国家通讯社塔斯社。从塔斯社到俄塔社经历了较为复杂的变化,为了说清楚二者之间的关系,我们先得回顾一下塔斯社的悠久历史。

1904年7月24日,沙皇尼古拉二世的一道关于建立通讯社的圣谕,奠定了俄罗斯国家新闻机构的基础。经他批准,于同年9月1日成立了圣彼得堡通讯社。1914年圣彼得堡改名为彼得格勒,这家通讯社也改名为彼得格勒通讯社。十月革命后,成立了新的彼得格勒通讯社,这就是塔斯社的前身。1917年12月,人民委员会签署法令,宣布该社为"俄罗斯联邦人民委员会下属的中央新闻机构"。1918年6月,它同全俄中央执行委员会下属的新闻局合并,并于9月被命名为"俄罗斯通讯社",简称"罗斯塔"。1925年7月10日,根据苏联中央执行委员会主席团决定,罗斯塔改名为"苏联通讯社",全名缩写的俄文音译即为"塔斯社",这一天也被定为塔斯社的纪念日。

20世纪70年代初,随着形势的发展,苏联部长会议决定将塔斯社升格为全苏—加盟共和国级的机关,成为政府一级机构,享受部级待遇。作为国家级的新闻通讯社,苏联只有两家,一个是塔斯社,另一个是苏联新闻社(现称"俄新社")。前者为官方通讯机构,主要发布政治、经济新闻,服务对象主要是国内各新闻单位。后者是社会性新闻单位,侧重报道社会、文化新闻、发表评论、提供背景材料,国外新闻机构是它的主要服务对象。

作为苏联的国家通讯社和苏共中央和政府的喉舌,塔斯社在搜集和传播官方新闻、国内新闻和国际新闻方面代表着苏联官方的立场、观点和态度,具有权威性。它被授权统一播发党和政府的重大新闻,首先播发对世界重大事件的评论。

塔斯社一度拥有记者、编辑、工程技术人员等近5000人，被称为世界第五大通讯社。它在苏联各加盟共和国设有70多个分社，国际记者有500多人，另外还有众多特约记者和通讯员。塔斯社曾在全世界120多个国家设有分社和记者站，负责127个国家的采访报道。苏联解体前，塔斯社每天用俄文、英文、法文、德文、葡萄牙文、西班牙文、阿拉伯文、意大利文等8种文字向4000家国内用户、近1000家国外用户以及115个国家的外交和商务代表处供稿，每年向国内外用户提供约650万张照片和250万块胶版。20世纪80年代完成通讯技术改造后，塔斯社在国内建立了统一的通讯自动联络系统，通讯网共有400多个站，通信电缆长达30万公里，与世界53个国家间有电报或电脑通讯联系。

1991年苏联"八月事件"之后，塔斯社经历了前所未有的重大变革。1991年12月21日苏联解体后，俄罗斯成为苏联的继承者，塔斯社也顺理成章成为俄罗斯的官方新闻机构。1992年1月15日，苏联15个加盟共和国的14个国家的通讯社负责人举行会议，讨论各主权国家通讯社与塔斯社合作的问题。1月22日，叶利钦总统签署命令，以原塔斯社和原俄罗斯新闻社的一部分为基础，组建新的国家通讯社——俄罗斯通讯社，俄罗斯通讯社中保留完整的塔斯社机构。1992年，以俄通社—塔斯社的名义发稿。

俄塔社社长由俄罗斯总统任命，副社长由总理任命，在社长领导下工作。工作人员实行合同制。社务委员会是协商性机构，成员包括正副社长、其他领导成员以及其他机关和企业的代表。社长是当然的社务委员会主席，委员须由社长批准任命。它负责制定报道政策及各种规划，听取有关部门的工作汇报，解决有关通讯社的发展和经营活动的问题。通讯社的章程和有关问题的决议则由全体职工大会通过。

意大利安莎通讯社

安莎通讯社全称为"全国报纸联合通讯社"（Agenzia Nazionale Stampa Associata），简称"安莎社"（ANSA）。1945年由意大利57家日报联合组成，实际是半官方通讯社。意大利政府部门和国家机关的重要新闻与消息，通常都是由它发布的。其前身是法西斯统治时期的斯蒂法尼（Stcfani）通讯社。目前，安莎社的主要成员为意大利36家主要日报。

该社总部设在罗马，总社设有编辑部、行政部、人事部、商业部、技术部、电脑中心和摄影图片部七大部。编辑部又分为国内部、国际部和对外部三大部门。国内设有22个分社，国外设有81个分社，分布在全球74个国家（2006年数据)。全社共有工作人员1043人。其中,国内记者386人,国外常驻记者146人,包括雇用当地记者86人(2004年数据)。

安莎社每天24小时用意、法、英、西、阿5种文字向国内外播发新闻。日均播发新闻2000多条,以及300张左右的国内外新闻图片。此外,还发行宗教专题新闻稿和其他专题材料。其主要供稿区域是中美和南美地区。安莎社是意大利最大的新闻机构,在世界新闻机构中的影响力也很大。

安莎社很少播发评论性新闻,一般通过取舍内容来表达其观点。新闻内容包括政治、经济、外贸和市场信息、旅游、文化体育、科技、社会等方面。近年来,安莎社对其新闻作了很大改革,加强了新闻预报、国内外简讯、报刊摘要、外贸与市场行情、出口商品形势分析、外汇汇率等栏目,并大大加强了经济新闻与信息的报道。该社每天还平均发70张新闻图片。此外,据安莎社网站介绍,安莎社近年来抓住多媒体发展带来的机遇,开始为互联网站、电视台以及卫星电视提供音频、视频产品。

安莎社同世界67家通讯社签有交换和使用新闻的合同,包括法新社、合众国际社和路透社等。每天抄收国内外新闻40万字,日发稿量2000多条。

安莎社2005年实现营业额达1.11292亿欧元,比前一年增长2.7%;获得利润达253.8万欧元,这是安莎社连续5年实现盈利。安莎社常务董事兼总经理马里奥·罗索,将这一成绩归因于安莎社近几年采取的开拓市场的经营策略。他说,安莎社根据用户提出的不同需求,在不断丰富新闻品种的基础上,有效地扩大了发行渠道,尤其是将其新闻产品向多媒体和国际市场延伸,取得了积极效果。安莎社今后仍将沿着这一经营战略走下去。

安莎社近年来大力推行多层次、多领域的经营战略。首先,它非常重视多媒体系统的开发,扩大了在受众中的影响力。采取的措施主要有:与意大利高速公路公司签署合作协议,使安莎社新闻在全国高速公路网上架设的所有室外液晶屏幕上落地,为行驶在高速公路上的旅客提供信息服务;不断丰富网站的内容,网民点击率呈上升趋势;重视音视频服务,通过电台和卫星设备收听安莎社新闻的听众数也在不断上升。其次,安莎社大力拓展国际合作。安莎社于2004年成立了总部设在那不勒斯的安莎社地中海总分社,主要是加强对地中海沿岸地区国家新闻的报道,每天使用意大利语、英语和阿拉伯语播发新闻150条,为用户传送新闻的方式为卫星或者互联网。此外,随着近几年互联网和信息技术的发展,安莎社拓展了网络资源,并开发了手机短信、实时新闻接收等服务,但没有播客业务。

(3)地区性通讯社：是某个地区的通讯社组成的合作性质的通讯社，也可以叫做“通讯社的通讯社”。该地区的通讯社(主要是国内通讯社)为了以较低的成本获得其他国家的新闻，成立这样的通讯社来交换新闻。如：泛非通讯社，是非洲统一组织在联合国教科文组织的帮助下，由非洲各通讯社共同经营的，其经费由各通讯社分摊，人员由各通讯社派出。在亚洲，有亚太通讯社组织。

(4)国内通讯社：其业务范围，尤其是服务范围以本国的新闻媒体为主。比如 1959 年成立的印度新闻社，主要为国内的印地文报纸提供印地文背景材料和新闻分析，每周发一期有关工业方面的文章，两周一期农业回顾，目前在印度之外的地方没有记者。

需要说明的是，在国际化和全球化的背景下，许多通讯社都有一定的国际新闻采集能力。但是，从服务范围来看，其服务对象仍然以本国境内的媒体为主，或者说，国内业务占据了其业务的绝大部分。因此，这部分通讯社其实仍然只是一种国内通讯社。

1.3.2 按所有制划分

就所有制性质而言，世界上的通讯社又可以划分为：

(1)私营通讯社：为某个私人或集团所控制，有的以直接盈利为目的，如路透社；有的本身不能直接赚钱，而以为其所有者扩大影响为目的，如合众国际社。

(2)官方通讯社：由政府出资并控制，反映官方的立场和观点，代表国家利益。目前，全世界 100 多个国家都有自己的官方通讯社(也有教科书将这种通讯社称为“国家通讯社”，为了同上文中按照地域划分的国家通讯社相区分，本书沿用国际惯例，称这类通讯社为“官方通讯社”)。据联合国教科文组织报告统计，官方通讯社分布情况如下：

非洲	阿拉伯世界	亚洲	欧洲	拉丁美洲	北美洲	大洋洲
26	18	19	28	11	8	2

(数据来源：《多种声音，一个世界》，联合国教科文组织 1980 年)

从地域上看，官方通讯社在本国内都建设有自己的新闻采集和发布网络，他们一般通过购买或交换的方式，从世界性通讯社获得国际新闻。不过，一些实力雄厚的官方通讯社也在其他重要国家和地区派驻记者，自己采集和发布国际新闻。

新华社

新华社是中国的官方通讯社，其前身是红色中华通讯社，1931 年 11 月 7 日在江西瑞金成立，是中国共产党领导下成立最早的新闻机构。1934 年 10 月，红色中华通讯社随中央红军长征。1937 年 1 月，为适应革命斗争形势的需要，根据中央的决定，在延安更名为“新华通讯社”。

1940 年 12 月 30 日，新华社创办了延安新华广播电台，即中央人民广播电台的前身；1944 年 9 月 1 日，又开办了对国外英语广播。抗日战争时期，在华北、晋绥、晋察冀、山东、华中各抗日民主根据地相继成立分社。当时，由于敌人的分割封锁，新华社成为抗日民主根据地对外发布新闻的唯一渠道。

1946 年 5 月，新华社总社改组机构，同时向各主要战场派出随军记者或记者团。之后又在中国人民解放军各野战部队陆续建立前线分社和野战军总分社，在各兵团和军建立分社和支社。1947 年 3 月，党中央机关撤离延安，新华社留小部分人员组成工作队，跟随毛泽东、周恩来等领导人转战陕北；大部分人员转移到河北省涉县坚持工作。此时《解放日报》停刊，新华社担负着中共中央机关报、通讯社和广播电台的任务，成为党中央指导全国革命斗争的重要舆论工具。

1949 年 10 月中华人民共和国成立后，新华社逐步统一和调整了全国各地的机构，成为集中统一的国家通讯社。20 世纪 50 年代中期，新华社在强化国家通讯社职能的同时，开始建设世界性通讯社。1983 年经党中央批准，新华社加快了建设世界性通讯社的步伐。

2008 年 9 月，新华社新一届党组在《2008—2015 年工作设想》中提出，要适应新形势新任务新要求，深化改革、加快发展，努力实现战略转型，把新华社建设成为中国特色社会主义世界性现代国家通讯社。

新华社在全国各省、自治区、直辖市以及香港特别行政区、澳门特别行政区设有 33 个分社，在全国 20 个大中城市设有支社或记者站，在中国人民解放军、中国人民武装警察部队设有分支机构；在香港、莫斯科、纽约、墨西哥城、内罗毕、开罗和布鲁塞尔设有亚太、亚欧、北美、拉美、非洲、中东、欧洲 7 个总分社，在 100 多个国家和地区设有分社，截至 2011 年 10 月，共有境外分支机构 162 个。

新华社每天 24 小时不间断用中文、英文、法文、俄文、西班牙文、阿拉伯文、葡萄牙文和日文 8 种文字，向世界各地播发文字、图片、图表、音频、视频、网络、手机短信等各类新闻和经济信息产品。

新华社同时还出版数十种报纸杂志，例如《参考消息》《新华每日电讯》《中国证券报》《上海证券报》《经济参考报》《瞭望》《半月谈》《国际先驱导报》《瞭望东方周刊》等。新华社于1999年建立新华网，2009年开通中国新华新闻电视网。

新华社多媒体数据库已存储7000多万条文字信息、330多万张新闻图片和图表、13000小时音视频新闻信息，并与日俱增，成为中国媒体行业最大的多文种多媒体数据库。

中国照片档案馆是国家级照片档案保管研究机构，由新华社和国家档案局双重领导，拥有自19世纪下半叶以来的珍贵历史图片200余万底，每年以20万底的速度递增。中国图片总汇囊括新华社记者、签约摄影师拍摄的所有图片，库存百余万底。①

(3)半官方通讯社：形式上为私营或合作性质，实际上在人事上或经济上受政府控制，一般反映官方立场。法新社是半官方通讯社的代表。

法新社

法新社的前身是世界上第一家通讯社哈瓦斯社。进入20世纪后，哈瓦斯社的发展非常迅速。到第一次世界大战时，该社仅在巴黎就有工作人员300多人。但到20世纪20年代末，受当时资本主义世界经济危机的影响，哈瓦斯社面临严重的财政困难。从1929年起，其经费由法国外交部提供，该社实际上被法国政府所控制。第二次世界大战爆发后，哈瓦斯社并没有停止工作。1944年巴黎解放后，法国几家参加了抵抗运动的通讯社接管了哈瓦斯社，同年9月30日在戴高乐临时政府的指导下组成了法国新闻社，简称“法新社”(AFP)，其经费继续由政府提供，社长也由政府任命。1957年1月10日，法国国民议会通过一项法令，确定法新社是一个“独立的组织，其经营受市场规律的支配”。此后，法新社便自称是一个“独立的”新闻机构，但实际上仍然被公认为“半官方通讯社”。这有两个原因：

一是法新社在经济上仍然得到政府的大力支持，只不过政府将直接补贴改为由各级政府机构、国营部门及驻外机构订购法新社的新闻。20世纪80年代以前，政府支付的订费占法新社年收入的80%左右。80年代后，政府的订费虽然逐年减少，但仍然占法新社总收入的45%。

二是政府实际上控制着法新社社长的任命权。1957年，经法国国民议会

---

① 据新华社网站 www.xinhuanet.com。

批准的法新社章程规定，法新社的最高权力机构是管理委员会(后称“董事会”)，该委员会由15人组成，其中政府代表3名，国营广播电视机构代表2名，法国报界代表8名，法新社员工代表2名。章程规定，法新社的社长需由董事会选举产生，候选人必须获得董事会4/5的赞成票(即12票)才能当选。在董事会中，除3名政府代表外，国营广播电视机构的代表实际上也是由政府指派的，这样，支持政府立场的代表共有5名。而按惯例，来自法新社的2名代表在选举社长时是一律投弃权票的。这样一来，任何人想当选为法新社社长，没有政府的支持是不可能的，因为他最多只能得到8票。

(4)合作性质的通讯社：由各家报纸共同出资(通常以订费的形式)组成，但独立经营。如美联社、共同社以及其他许多国家的报联社。

日本共同新闻社

日本共同社于1945年建社，是由日本61家报社和日本广播协会(NHK)加盟的“协同组织”。加盟社的62家新闻单位既有全国性报纸《日本经济新闻》《产经新闻》，也有地区性报纸《北海道新闻》等。依据有关法律规定，日本共同社属于社团法人，是个“不以追求利润为宗旨的协同组合性质的组织”。

共同社的日常经营工作由共同社的社长、专务理事、常务理事和常务监事组成的常任理事会主持开展。最高决策机关是共同社社员大会，每年召开一次，社员大会选出理事和监事，组成理事会，每月开会一次。

共同社1994年度预算总额是400多亿日元。其中，80%由加盟社分摊，分摊的金额以各家报纸的发行份数和每份报纸的价格为基础，加上某个系数。NHK分摊的金额另计，与报社不同。加盟社中发行量大的报社，分摊的金额也大，但因大报社自身采访能力强，采用共同社的消息少，于是，分摊金额实行了“递减方式”。

日本共同社年度预算的20%来自契约社，即与共同社签署契约的媒体，采用共同社的消息按契约付款。《朝日新闻》《读卖新闻》《每日新闻》等都是共同社的契约社。他们只购买共同社的国际消息。与共同社签订契约的电台、电视台达100多家，只有极少数小电台没有签订契约。契约的内容，尤其是契约金额均属秘密。

1.3.3 按产品划分

就提供的产品而言，通讯社可以分为：

(1)综合性通讯社：同时提供文字、图片、音视频等产品，覆盖政治、经济、科技、文化、军事等社会生活的方方面面。本书前面提到的大多数通讯社都提供多种新闻信息产品，因此，都属于综合性通讯社。

(2)专业性通讯社：只提供某一类产品或某一领域的新闻，前者如电视新闻社、图片新闻社；后者如经济特稿社、宗教新闻社。专业性通讯社是在20世纪后期，媒体向分众化、对象化发展的过程中大量涌现的。彭博经济新闻社、盖蒂图片社是其中的典型代表。

彭博社

彭博社(Bloomberg)是美国纽约市长布隆伯格于1981年创建的一家全球性的金融信息、新闻和传媒服务公司，主要向全球商业界提供第一时间的金融信息和纵深数据分析。

彭博专业服务包括彭博财经资讯和彭博金融交易系统两大组成部分。彭博资讯每天采集和发布大量股票、债券行情及汇率、原料价格、专家评论等信息，每天24小时为全球财经专业人士提供服务。在国际金融界，彭博资讯已经成为“财经新闻”的同义词。彭博金融交易终端不仅将本公司的财经资讯服务整合在内，同时为专业人士提供数据分析工具和交易平台。彭博通过即时提供历史财经数据和研究方法，改善了证券交易原有的运行模式。

通过近30年的发展，彭博能向全球财经机构提供即时财经新闻与分析，其网络已基本覆盖全球主要的金融市场和大企业用户。其用户包括世界银行、罗马教皇所在地梵蒂冈、美国著名大报《纽约时报》《华盛顿邮报》以及华尔街许多的证券公司。彭博于1999年进入中国市场，凭借其高品质的信息产品，在信息消费能力最强的金融投资机构中拥有了大量的优质用户。

1991年，在全球70亿美元的实时数据市场中，彭博资讯的份额已达到36%。2004年，彭博资讯以179271台终端设备，首次超过路透集团，成为全球第一大金融数据服务商。彭博现在每年的营业收入达到30亿美元。其服务价格为每个终端每月1350美元。彭博公司从不报告盈利情况，外界估计其利润有20%，收入则以每年25%的速度递增。

目前，彭博在全球总共有8000名员工，87个办公室，有17万个终端，为125个以上的国家近百万用户提供信息服务。除了路透社以外，全球的250

多家通讯社都为彭博供稿。彭博电子档案里储存了800个不同种类的共计65000家公司的信息资料，包括美国各公司首席执行官的个人资料和美国证券交易委员会近10年内的有关文件。①

盖蒂图片社

盖蒂图片社(Getty images)由商人马克·盖蒂和乔纳森·克莱因于1996年借贷小笔资金创办。他们强调商业运作，以兼并、合作等战略在全球"攻城略地"，集纳了大批传统图片社，现已拥有近7000万张图片资源，是唯一在纽约证交所上市的图片社。2004年，盖蒂图片社第三季度净收益达2000多万美元，股价比一年前飙升48%。同年，盖蒂图片社的全球销售额达到了7.6亿美元。2005年第一季度，该公司利润达到了创纪录的1.78亿美元。②

盖蒂图片社有80多名摄影记者在世界各地活动，专门拍摄突发性新闻照片。广告商、报纸、杂志等媒体客户遍布世界上100多个国家。据测算，盖蒂图片社占有全球图片市场40%的份额。

盖蒂旗下36个系列的创意图片品牌全部进入中国市场。2003年，法新社为弥补新闻图像资源的不足，与盖蒂图片社签署合作协议。

第2节 通讯社与国际传播格局演变

从诞生之日起，通讯社一直扮演着国际信息流动主渠道的角色。今天，通讯社在国际传播体系中依然举足轻重。这主要是由于，一方面，通讯社的潜在受众数量之多远非任何一家媒体所能匹敌；另一方面，通讯社是各种媒介的新闻信息产品提供商，这种定位使通讯社成为名副其实的"媒体把关人"。因此，通讯社的发展和变化直接主导着全球信息传播格局的演变。

2.1 国际传播特征分析

就采集和发布新闻的职能而言，通讯社与报社、电台、电视台一样，属于新闻机构，必须遵循新闻传播的根本规律和基本原则，如真实性、即时性、贴近性

① 以上关于彭博的数据均来自其网站 www.bloomberg.com

② 以上数据来自盖蒂图片社网站 www.Gettyimages.com

等。但就传播模式而言，通讯社与报社、电台、电视台、网站等新闻机构相比，又有显著的区别。正是这些独特之处，让通讯社在国际传播中具有举足轻重的地位。

2.1.1 传播过程

从传播过程来看，通讯社的信息接受者主要是各类新闻传媒机构，而不是一般意义上的终端读者或观众。通讯社采集的各种新闻信息一般要借助报纸、电台、电视台、网站等媒介平台才能接触普通受众。这是传统通讯社最重要的传播特征。以美联社为例，它采集的新闻信息通过众多的加盟报社、电台用户、电视台用户传播到全球，但并没有普通读者直接订阅美联社的新闻线路。通讯社还为许多非媒体的专业机构用户提供新闻信息。路透社金融信息的受众就包括全球最重要的证券、外汇、债券、期货交易机构。中国各地方政府也是新华社综合服务信息的重要用户。进入互联网时代之后，许多通讯社都建立了网站，并大力发展新形式的媒体，这为通讯社打开了接触普通读者和观众的渠道，通讯社的目标受众群体也得以拓宽。

2.1.2 信息流动

从信息流动来看，通讯社新闻信息是一种“一对多”的大众传播模式。在交通和通信不发达、地域鸿沟十分明显、新闻个性化需求并不强烈的时代，这种方式有效地降低了报纸、杂志、电台、电视台的采访成本，满足了用户的信息需求。同时，向众多用户批发出售同一新闻产品，使通讯社取得规模经济效益，找到盈利的空间。进入信息时代之后，许多通讯社也开始提供“一对一”的供稿服务，以满足用户的个性化需求。

2.1.3 传播渠道

从传播渠道看，通讯社传播渠道具有明显的复合化特征。与报纸、广播电视等传播媒介依靠一种或以某一种为主要传播渠道的模式不同，许多通讯社都有多条传播渠道，不仅有针对传统纸质媒体的供稿渠道，还有针对广播电视媒体的音视频供稿渠道，同时还有针对非媒体机构的信息传播渠道。对一些以通讯社为基础的大型传媒集团而言，其传播渠道更加丰富。以新华社为例，不仅为报纸用户提供新闻供稿业务，为电视台用户提供音视频业务，为金融信息客户提供金融资讯产品，自身还有《参考消息》《中国证券报》《上海证券报》《半月谈》《瞭望》等一系列影响巨大的社办报刊，也有面向境外传播的中国新华新闻电视网。

2.1.4 信息控制

从信息控制来看，通讯社通过扮演“媒体把关人”角色，有效地过滤或放大各种新闻信息，成为国际间或地区间信息流动的“阀门”。传播理论认为，新闻媒体的记者和编辑是新闻信息的把关人，对信息流动有着过滤或放大的功用。由于通讯社的用户是各种形式的媒体机构，因此其实际上扮演的是“媒体把关人”的角色，对信息传播的影响能力尤其甚于普通的媒体。据《美国新闻史》介绍，20世纪70年代，西方四大通讯社和苏联塔斯社提供每日国际新闻总量的90%以上。[①] 进入信息时代以后，互联网和通信技术的发展削弱了通讯社对信息流动的控制，但通讯社对全球信息流动仍然有着很大的影响。

除此之外，同普通大众传媒相比，通讯社在国际传播中还高度强调三个特性：

时效性

时效是新闻的生命。对通讯社而言，时效不仅是新闻的生命，而且还是自身的生命。由于许多服务对象，比如广播电视、新闻网站等是24小时接收和发布新闻的，因此通讯社也必须一天24小时都发稿，随时向用户提供新闻事件的最新进展情况。不仅如此，由于很多用户都接收不止一家通讯社的新闻，因此抢时效是各大通讯社之间竞争的重要内容之一。各大通讯社把新闻的时效放在极其重要的地位，采取了各种切实可行的措施，不遗余力地抢时效。

比如路透社规定，每逢有重大突发性新闻，必须中断其他正在播出的新闻，抢发特急快讯。特急快讯可以没有电头、没有标题，通常只有三四个词，最多不能超过10个词，但要交代消息来源。如：官方消息——林肯遇刺。在特急快讯播出2分钟之内，必须接着播发一条只有一段的特急简讯。特急简讯不能超过30个词。在特急简讯播发3分钟之内必须接着发一条急讯，急讯不能超过100个词，最多只能有3个自然段。急讯播出10～20分钟后，再发一条不超过300个词的快讯。30～40分钟之后，再播出详细报道。

完整性

完整性包括三层含义：第一层含义是指通讯社整体报道覆盖面的广泛性。在各自的服务范围内，通讯社必须提供来自不同地域、不同行业的消息，具有“消息总汇”的职能，以满足用户需求。尤其是世界性通讯社，对发生在全球各

---

① 迈克尔·埃里默：《美国新闻史》（第八版），第708页，新华出版社。

地的新闻事件都必须报道。第二层含义是指每一次报道必须是全方位、多角度、多层次的。一个重大事件发生后，通讯社会从各个方面、各个角度、各个层次加以报道。不仅要全面报道事件本身，还要报道事件的前因后果，反映事件各方的表态，分析人士的预测等等。第三层含义是指新闻体裁和新闻品种的多样化。就大的品种而言，通讯社不仅提供文字新闻，还提供图片和图表，如今很多通讯社都提供视频新闻及网络新闻。就具体的体裁而言，通讯社提供快讯、简讯、消息、新闻分析、新闻背景、新闻综述、特写等，种类齐全。

平衡性

对大多数媒体形态而言，新闻是可以有观点的，媒体和记者也可以有自己的立场。但对通讯社而言，无论何时都必须保持客观平衡姿态，对事实的报道强于观点的表达。这是因为，通讯社尤其是世界性通讯社的用户分布在不同的国家和地区，他们所处的社会制度、意识形态、文化背景、发展程度都各不相同，对同一事件的认识和看法有很大的差异。在这样的环境中，要为大多数用户所接受，必须严格采用客观平衡报道的手法。一方面客观报道事实本身，另一方面平衡地反映事件各方的看法。

2.2 通讯社与早期国际新闻垄断

自19世纪初诞生以来，通讯社就与国际传播密不可分。当时，几家世界性通讯社通过为大众化报刊提供新闻信息，不仅设置了全球报刊的议程，而且几乎垄断了国际新闻传播。最典型的例子就是1870年签订的“三社四边”协定。当时，欧洲三大通讯社（哈瓦斯通讯社、路透社、沃尔夫社）及美联社（当时称“纽约联合社”）之间缔结了一个划分采访和发布新闻地区范围的协定，即“三社四边”协定。根据这份协定，每个通讯社在自己的势力范围内享有搜集和发布新闻的特权，通讯社之间通过购买或交换等方式获得对方势力范围的新闻。通过这项协定，这四家通讯社在全球划定势力范围，垄断了全球新闻传播，这种格局持续了半个世纪。

根据“三社四边”协定，哈瓦斯社的势力范围包括：法国、瑞士、意大利、西班牙、葡萄牙、埃及（与路透合作）、中美洲、南美洲。路透社的势力范围包括：英帝国、埃及（与哈瓦斯合作）、土耳其、远东。沃尔夫社的势力范围包括：德国、奥地利、荷兰、斯堪的纳维亚、俄国、巴尔干各国。美联社的势力范围局限在美国本土，它将美国新闻提供给三大社，三大社向它提供国际新闻。

“三社四边”协定在第一次世界大战之后被废止，各家通讯社可以在任何自己认为必要的地区进行业务活动。但是，这几家通讯社在原有势力范围内形成的优势地位仍然长期存在，历经100多年的起落消长，至今依然影响着世界性通讯社格局。就地域而言，美联社对整个美洲的报道，法新社对整个西欧和非洲法语国家的报道，路透社对中欧、亚太和非洲英语国家的报道，都要强于其他通讯社对这些地区的报道。[①]

2.3 通讯社与国际传播格局演变

在20世纪，通讯社发展经历了一系列波澜壮阔的变化，全球传播格局也随之起伏跌宕。

两次世界大战之间，美国“合众社”和“国际新闻社”（后来合并为“合众国际社”）在全球范围内开展业务活动，逐步发展成为世界性通讯社。十月革命后，苏联成立了塔斯社，打破资本主义国家通讯社对新闻的封锁，成为第一家社会主义通讯社。合众国际社与塔斯社迅速成为与路透、法新、美联齐名的世界性通讯社。20世纪末期，苏联解体之后，塔斯社改组成为俄塔社，实力减弱，失去了世界性通讯社的地位。合众国际社也在20世纪末因为经营不善而成为在美国国内没有太大影响的小通讯社。

二战后，出现了一系列社会主义国家和人民民主国家，这些国家都成立了自己的国家通讯社。同西方国家的国家通讯社一样，这些国家通讯社在国内都有自己的新闻采集和发布网络。仅就国际新闻而言，大多数是向世界性通讯社订购，或者通过新闻交换的方式，从世界性通讯社获得。也有一些实力较强的国家通讯社在联合国及其他重要国家和地区设有分社，独立采集和发布新闻。20世纪末苏联解体和东欧剧变之后，这些通讯社大多改头换面保存了下来。

这一时期另一个重要变化，是中国新华社在世界范围内迅速崛起，成为继美联、路透、法新之外的又一家在世界范围内从事新闻信息采集和发布的通讯社。新华社既是中国的官方通讯社，也是一家以现代技术为支撑的世界性通讯社。新华社注重从发展中国家的视角报道新闻、解释世界，在一定程度上打破了西方通讯社垄断国际新闻传播的局面。

总体来看，这一时期的通讯社格局，经历了诸多大的起落和变化，但西方四大世界性通讯社（美联、路透、法新、合众国际）垄断国际新闻信息流动的基

① 张隆栋、傅显明：《外国新闻事业史简编》，第249页，中国人民大学出版社。

本状况没有改变。据联合国教科文组织的一项调查，在20世纪70年代，世界各国媒体采用的国际新闻，80%是由美联社、路透社、法新社和合众国际社提供的。[①]

2.4 通讯社的分化与转型

进入21世纪之后，在新媒体冲击之下，传媒行业发生了翻天覆地的变化，全球通讯社事业的发展发生了分化与转型，专业性通讯社迅速崛起，综合性通讯社向数字化转型，一些无法适应新传媒生态的传统通讯社被迫关门。不过，从总体来看，基于长期积累下来的权威性和强大的内容优势，通讯社对全球新闻信息传播仍然有无法替代的作用，对世界舆论格局的影响仍然是巨大的。

2.4.1 传统通讯社弱化

互联网和通讯技术的发展和普及，增加了媒体和受众获取信息的渠道，也降低了媒体对通讯社的依赖。一些固守传统的通讯社影响力逐步弱化，甚至被淘汰。2011年关门的新西兰报联社就是一个例子。新西兰报联社是该国唯一的全国性新闻通讯社。在20世纪80至90年代全盛时期，新西兰报联社在国内有数量众多的记者和通讯员，在伦敦、悉尼、香港和华盛顿都有驻外记者，国内70多家报社都是其成员，是新西兰国内最重要的新闻信息提供商。而到关门前夕，报联社仅余40余名工作人员、20多家用户，令人不胜欷歔。

2.4.2 专业性通讯社崛起

随着媒体向分众化、对象化的趋势发展，专业性通讯社在这一时期得到大发展。20世纪成立的专业性通讯社实力普遍增强，专业性进一步得到强化。为专业人士提供经济信息的彭博通讯社一度拥有美国经济信息服务市场33%的份额。路透社经济信息服务产品进一步丰富。2007年同汤姆森合并之后，在金融信息服务终端的市场份额一举超过彭博，拥有市场34%的份额。此外，盖蒂图片社等专业性通讯社也得到了较大发展。

2.4.3 综合性通讯社转型

20世纪末，在数字化和媒体融合的潮流背景下，大多数通讯社开始制定

---

① 联合国教科文组织：《多种声音，一个世界》，中国对外翻译出版公司，1981。

数字化转型战略，启动数字化转型。美联社提出了“数字美联战略”，路透社和法新社也把数字化和媒体融合提到了关系媒体未来的重要战略地位。进入新世纪后，各家通讯社都加快了数字化转型的步伐，力图以数字化为依托，从传统通讯社转型为现代媒体集团。多媒体数据库建设是多家通讯社数字化转型的共同举措。通过建设开发这样一个数字平台，通讯社整合共享内部各种新闻资源，实现产品个性化制作与多次开发。

第3节　世界性通讯社传播能力要素分析

世界性通讯社在全球范围内采集和发布新闻信息，国际传播能力远远超过普通的通讯社。依托遍布全球的采集网络、领先的技术手段、强大的经济实力，世界性通讯社主导新闻信息流向，调节新闻信息流量，影响并引导国际舆论，是当今世界最重要的国际传播主体之一。

3.1　世界性通讯社的界定

对于哪些通讯社属于世界性通讯社的问题，国际上长期以来一直有着不同的说法。

《美国大百科全书》在“通讯社”的词条里提到，世界上主要的通讯社有7家：美联社、合众国际社、路透社、法新社、塔斯社、苏联新闻社和新华社。[①]

《简明不列颠百科全书》提到的世界主要通讯社是：美联社、合众国际社、法新社、路透社、塔斯社和新华社。[②]

联合国教科文组织20世纪80年代列举的世界主要通讯社是：美联社、合众国际社、路透社、法新社、塔斯社、新华社。[③]

《美国新闻史》(第八版)认为，在世界范围从事新闻报道的通讯社包括美联社、合众国际社、路透社、法新社和新华社。[④]

一些学者的论述也基本相似。世界上为数不多的研究通讯社事业的新闻

---

① 《美国大百科全书》，美国百科全书公司，1920。

② 《简明不列颠百科全书》，不列颠百科全书出版社，2005。

③ 联合国教科文组织编，新华社新闻研究所译：《世界交流报告》，中国华侨出版社，1992。

④ 迈克尔·埃默里、埃德温·埃默里：《美国新闻史》(第八版)，新华出版社，2001。

学者之一——美国加州波莫纳理工大学教授奥利佛·博依德—巴雷特，将通讯社中的“四巨头”(Big Four)——美联社、合众国际社、路透社和法新社——称为“世界性通讯社”(the world agencies)。[①] 美国另一位著名新闻学家约翰·梅里尔在其著作《全球新闻大观》中，介绍了5家世界性通讯社(the worldwide news agencies)：路透社、塔斯社、美联社、法新社、合众国际社。[②]

可见，在20世纪90年代末以前的各种权威分类或介绍中提到的世界最主要的通讯社大致有6家，分别是美联社、路透社、法新社、合众国际社、塔斯社和新华社。

不过，如前所述，最近20年来全球通讯社格局发生了波澜壮阔的变化，合众国际社、塔斯社由于经济政治等方面的原因，规模和影响日趋减弱，而中国的官方通讯社——新华社在全球的采集力和影响力日益增强。因此，目前国际新闻界公认的世界性通讯社分别是美联社、路透社、法新社和新华社。

3.2 传播能力要素分析

那么，世界性通讯社的传播能力由哪些要素构成呢？同其他国际传播媒体相比，这些要素又具有哪些基本特征呢？2008年，新华社新闻研究所基于对世界性通讯社的长期跟踪研究，综合评估新闻信息采集网络、服务体系、采编队伍、技术体系、经济实力、影响力等因素，提出了判断世界性通讯社的6条标准。这些标准较为完备地描述了世界性通讯社的基本特征，也为我们了解世界通讯社的传播能力要素提供了一个较为客观的依据。[③]

3.2.1 采集网络

世界性通讯社具有遍布全球的新闻信息采集网络，可以在第一时间、第一现场报道世界各地的重要新闻。

世界性通讯社必须能够及时报道世界各地发生的重大新闻，因此，一个遍布全球的新闻信息采集网络是必不可少的。

目前，路透社、美联社、法新社的新闻信息采集网络可以说是四通八达。

---

① J. Oliver Boyd—Barrett, The international news agencies. Constable, 1980

② John C. Merrill, Global journalism: a survey of the world's mass media, Longman, 1983

③ 本节关于西方三大通讯社的数据均来自其网站和新华社新闻研究所研究人员对这些通讯社的采访。

路透社

在94个国家和地区设有199个分支机构。其中包括3个地区编辑中心，分别是:设在新加坡的“亚洲编辑中心”,下辖日本、中国内地及港澳台、东南亚、印巴和澳新5个总分社;设在伦敦的“欧洲编辑中心”,下辖非洲、中东、俄罗斯、北欧、法国、德国和英国7个总分社;设在纽约的“美洲编辑中心”,下辖北美、拉美和加拿大3个总分社。

美联社

在国内外共有分支机构243个,分布于全球97个国家和地区。其中国内分支机构134个,包括6个总分社、100多个分社和记者站。

法新社

在110个国家和地区共设有分支机构123个。设有5个总分社,分别是华盛顿的北美总分社,管辖9个分社;蒙德维迪亚的拉美总分社,管辖21个分社;香港的亚太总分社,管辖25个分社;巴黎的欧洲和非洲总分社,管辖36个欧洲地区分社和16个非洲地区分社;尼科西亚的中东总分社,管辖9个分社。法新社国内分社共有7个,分别在波尔多、里尔、里昂、马赛、雷恩、斯特拉斯堡和图鲁兹,总社有一个部门专门负责管理和协调国内分社的运作。

数据表明,西方三大通讯社均在大约100个国家和地区设有分社,其中有的分社同时兼管多个国家的报道。因此,新闻报道的覆盖面远远不止100个国家和地区。

一家世界性通讯社的新闻信息采集网络只有达到这样的覆盖面,才能确保对世界任何地方发生的重大新闻作出快速反应,在第一时间、第一现场发出自己的报道。新华社新闻研究所2005年所进行的一项抽样调查显示,西方三大通讯社从中国播发的中国新闻的自采率为51.60%。

首发率和自采率是体现新闻机构新闻信息采集能力和原创能力的重要指标,也是体现一家世界性通讯社舆论影响力和本身特色的重要指标。而要实现比较高的首发率和自采率,首先就必须有一个覆盖全球的新闻信息采集网络。

3.2.2 信息产品

世界性通讯社具有丰富多样的新闻信息产品,可以为各类用户和受众提供完善的服务。

世界性通讯社必须能够满足世界各地、各种类型的用户和受众对新闻信息的各种需求,因此,其提供的产品和服务必须具有以下特点:

a. 多形态：提供的产品包括文字新闻、图片、图表、音频、视频、网络新闻、手机信息、经济信息、数据库等；

b. 多语种：至少用 5 种以上的语言文字发稿；

c. 多品种：根据不同用户需要设置不同内容结构的产品，如发稿线路，可有不同的地区专线、语文专线和内容专线；

d. 大容量：新闻信息发稿量大，可以满足用户和受众的各类信息需求。

目前，西方三大通讯社的新闻信息产品及服务就比较好地体现了上述特点。

路透社

使用 19 种语言发稿。平均每天播发文字稿件约 800 万字、图片 1300 张、视频 250 条（包括原装的视频节目和经过加工打包的视频产品）。

路透社的主要产品包括三大类：

财经产品：(1)路透 Xtra 家族产品。这类产品主要在销售、贸易和集团管理领域应用，针对的是最复杂的终端用户。(2)路透商人家族产品。这类产品主要针对销售人员和商人。(3)路透知识家族产品。主要针对研究和咨询商业（包括投资银行家和分析家）、集团经理和其他的一些公司和工业研究机构。(4)路透财富经营者家族产品。这类产品主要针对私人客户顾问和零售经纪人。

企业产品：(1)数据包产品。(2)市场数据系统。(3)企业信息产品。(4)风险管理产品。

媒介产品：(1)电视视频产品（包括原装的视频节目和经过加工打包的视频产品），每月提供 7500 条。(2)新闻线路（包括综合全面的多种文字新闻），每天用 19 种语言向全球 209 个国家和地区播发实时新闻。(3)新闻图片（实时新闻图片和档案新闻图片）。(4)新闻图表（对每日新闻的图表图解分析）。(5)网络在线服务（网络的多媒体新闻）。

美联社

使用英、德、法、西、荷兰语和瑞典语 6 种语言供稿。平均每天播发新闻和经济信息约 300 万字（各条线路重稿未重复计算），平均每天有超过 1000 张图片。

美联社的主要产品包括：

AP Financial Tools：金融及市场信息，包括报价、图表、个人投资组合等。

AP 广播新闻：以灵活、用户方便使用的形式向用户广播新闻及信息。

AP NEWS TICKER：直接向电视及电脑屏幕提供实时的硬新闻及娱乐

信息。

AP 音像服务：内容涵盖美国及海外政治、娱乐、经济新闻，此外还有一分钟的全球新闻及金融市场概述。

AP 财经新闻：内容涵盖美国公司及世界市场新闻、季度收益公报、高管人事变动、并购、新产品开发等。

APTN 每日娱乐新闻：提供全球热门娱乐新闻及特稿。

APTN 广播服务：提供全球发生的现场新闻音像报道。

AP 图片档案：内容包括 AP 图片数据库的图片、图表，每日更新。目前拥有 50 万张图片。

AP 全球图片：向用户提供 AP 图片服务。

AP 数字：向网站、无线运营商、信息提供商等提供多媒体产品服务。内容包括：文本、图片、图表、音频、视频，用英语、西班牙语、法语、荷兰语和德语播发。

法新社

使用法、英、西、德、阿、葡文 6 种语言供稿。同时，通过与其他通讯社合作，也可发中文、日文和俄文稿件。其中法文稿 11 条线路，占文字发稿量的 60%；英文稿 3 条线路，占文字发稿量的 15%。英、西、德文稿在总社编译，阿文稿由开罗中东社代为译发，葡文在里斯本和圣保罗翻译。法新社每天的文字发稿量在 40 万至 60 万字之间（各条线路重稿未重复计算），每天播发原创图片超过 1200 幅。另外，还播发包括盖蒂图片社在内的 21 家合作伙伴的图片。每天还播发图表 80 张，视频约 30 条。

法新社的主要产品包括：

文字产品：(1)综合新闻。涵盖政治、经济、外交、社会、体育、赛马、人物、科学和趣闻等方面。(2)财经信息。包括以下几项产品服务：多种文字财经新闻线路；法文 SEF 线路；法文金融线路；法文原材料信息线路；法文财经信息网上个性推送 FINWEB；英文 AFX 线路，即法新社和其在英国的子公司 AFX 公司合作推出的英文财经信息等。(3)体育新闻。有英文、法文、德文、阿拉伯文、葡萄牙文、德文和西班牙文 7 种文字。

网上产品服务：(1)杂志供稿网站(Magazine Forum)。(2)欧洲足球联赛新闻。(3) F1 方程式赛车新闻（Formule 1）。(4)因特网新闻联播（Le Journal Internet)，内容涵盖全球各类新闻，同时还有图片、视频、动画和图表新闻。可以根据用户需要设计不同的接收环境。(5)信息通道(Canal Infos)，主要是针对有大型集会场所的企业，可以根据用户需要，将有关新闻直接推送给企业。(6)菜单服务(AFP ala Carte),具体运作方式就是媒体、企业、政府机构提出他们需要新闻信息的关键词,法新社向他们的电子邮箱每天自动推送相关内容。这项服务的新闻信息文种包括法文、英文、西班牙文、阿拉伯文、葡萄牙文和德文。(7)连通法新社(AFP Direct),用户通过登录法新社网站输入密码直接接收各类新闻,并能进入法新社的资料库进行查询。法新社还根据用户需要,使用"自动通知系统"每天向用户的电子信箱推送用户需要的相关新闻。

短信服务:法新社和法国的 Bouygues 和 Orange 电信公司合作,通过它们向手机用户传送短信新闻。

图片:(1)综合新闻图片专线;(2)文化和娱乐图片专线;(3)体育图片专线;(4)图片网络销售平台(Image Fourm),法新社从 1999 年推出的图片销售网站,收录法新社每天播发的所有图片,以及法新社在全球 13 家合作图片伙伴的供稿图片,目前已存有 180 万张数码图片;(5)幻灯图片,内容主要包括重大体育赛事、时装、电影节活动等。幻灯图片的文字说明有英文、法文、德文和西班牙文。

图表:法新社图表新闻覆盖全球政治、经济、体育和科学热点信息,图表新闻的文字说明有英文、法文、德文、西班牙文和阿拉伯文。

视频:(1)视频新闻。法新社的视频新闻包括素材带,带有评论的报道和电视杂志 3 种。(2)时尚节目。法新社和巴黎时尚杂志联合推出时尚视频产品。目前有英文和法文两种语言解说。

3.2.3 人才队伍

世界性通讯社具有结构合理、素质优良的人才队伍,可以为各类业务提供有效的人力资源支持。

要承担起在世界范围内采集和传播新闻的任务,确保各项业务的有效运行,满足世界范围内用户的需求,世界性通讯社必须有足够的、优良的人力资源。

从西方三大通讯社的情况来看,世界性通讯社的人才队伍首先要有合理的结构,根据业务需要合理配置各类人才,在确保各项业务有足够的人力支持的同时,注重提高效率,减少人力资源的成本浪费。

1. 采编人员在 2000 人以上

世界性通讯社要维持 100 多个国内外分支机构的运转,要加工制作大量多形态、多品种、多语种的新闻信息产品,至少需要 2000 人以上的采编人员。

路透社

员工总数约为 17800 人，其中新闻采编人员（包括编辑、记者、摄影记者、摄像师等）2400 人，另外还有 1000 人从事与股市指数相关的信息采编工作。这 2400 人中，亚洲编辑中心共有采编人员 488 人，欧洲编辑中心共有采编人员 760 人，美洲编辑中心共有采编人员 473 人。此外，路透集团的图片、电视、网络以及体育采编人员为总部所属，在全球调配使用。其中图片采编人员 221 人，电视采编人员 300 人，网络采编人员 109 人，体育采编人员 33 人。

法新社

员工总数约为 4000 人，其中正式员工约 2000 人。专职采编人员 1250 人（从事文字工作的 1100 人，从事摄影工作的 150 人），另外在全球共有自由撰稿人、信息员 2000 人。

美联社

员工总数约为 4200 人，其中采编人员 3000 多人，约占员工总数的 70%。

2. 拥有一定比例的外籍雇员

世界性通讯社的新闻信息采集网络遍布全球，同时还向世界各国的用户和受众提供多语种的新闻信息产品和服务，这就需要大量的外籍雇员——因为外籍雇员首先具有语言上的优势，同时对当地情况及用户需求和心理比较熟悉，因此有了他们的参与，世界性通讯社可以增强新闻报道的时效性和贴近性，提高新闻信息产品在各国营销的有效性。

路透社

路透的雇员来自世界上的 89 个国家，其中，19%英国人、14%美国人、11%印度人、7%泰国人、5%法国人。此外，路透社在异地使用外籍雇员方面也积累了一定经验。比如，路透社在南亚的印度和巴基斯坦等国除派驻英国人外，还聘用了加拿大、澳大利亚、美国等国家的外籍雇员。当驻在国所在地区发生重大新闻事件时，这些第三国的外籍雇员同样可以发挥机动灵活的优势，及时进行报道。

美联社

有外籍雇员 1500 名，其中，有 100 名左右在美国国内工作，其他人分散在全球各地。外籍雇员占全部工作人员的 36%左右。美联社已经在全球范围内形成“自派首席记者与外籍雇员相结合”的工作模式。以美联社伦敦分社为例，该分社有 70 多名工作人员，但真正从美国本土派出的只有 5 人，其他均为英国当地全职雇员。雇员主要为记者、编辑、摄影师、多媒体编辑、营销经理和行政人员等。

法新社

法新社的雇员来自世界上 81 个国家和地区。其营销人员中的直接销售人员基本是当地本土人员。

3. 拥有一定比例的营销人员

路透社

营销人员 4572 人，约占集团总人数 30%。

法新社

法新社从 1999 年开始招聘营销人员。2005 年，这支营销队伍有 150 人(不包括海外营销雇员)，其中 60 多人专门负责营销，其他是营销管理人员，包括财务人员等。此外，法新社还在各地大量招聘懂当地语言、懂法律的营销人员。

4. 拥有足够的技术人员

路透社

技术人员的队伍相当庞大，超过总人数的 30%。在全球有 40 多个技术研发中心，仅在亚洲就有 5 个，每个中心至少 300 人。

法新社

有技术人员 300 人，约占总人数的 15%。

5. 行政人员占员工总数的比例不超过 5%

法新社

有行政人员约 100 人，约占总人数的 5%。

路透社：

路透社最为庞大的是技术人员队伍，其次是营销、采编，行政人员仅为 700 人左右(包括培训人员)，所占比例不到 5%。

3.2.4 技术系统

世界性通讯社具有现代化的新闻信息传播技术系统，可以为全媒体业务的顺利开展提供稳定高效的技术支撑。

世界性通讯社在新闻信息的采集、加工、播发、传输、存储、营销乃至用户使用的整个生产流程中，必须使用最先进的信息传播技术和装备，以确保新闻信息传播效果的最大化和投入产出比的最优化。

西方三大通讯社历来注重对先进的新闻信息传播技术的研发与应用。

路透社目前在全球有 40 多个技术研发中心，仅在亚洲就有 5 个，分别设在中国内地、印度、曼谷、东京和香港，每个研发中心至少有 300 人。

美联社每年在技术上的投入是3500万美元。在技术革新方面，美联社自称有10余项技术在世界范围内“先走一步”，包括1875年第一个租借永久性的新闻电报线路；1980年第一个用卫星发送新闻；1994年第一个用数码相机武装自己的摄影记者等等。

近年来，西方三大通讯社在传播技术方面，比较引人注目的发展主要有两点：

1. 积极研发移动多功能信息采集和传输设备

随着移动科技的发展，手机已经成为一种几乎可以不受时空限制、便于携带的多媒体终端设备。最近两年，各大通讯社都在尝试通过手机采集和传输文字、图片和视频新闻，纷纷与手机生产厂商合作研发移动多功能信息采集和传输设备。

例如，2007年路透社与诺基亚合作开发了一套新型移动发稿设备。路透社宣称，它将改变记者的移动发稿方式，可以提供“记者从世界最遥远的地方传输和发布稿件所需的一切”。2007年夏天，一些路透社记者已经试用了这套设备，可以用它来发送文字、图片、现场直播视频及视频录像，还可以用来制作高质量的供广播用的多媒体报道，而无需返回办公室。

2. 加速建设功能齐全的多媒体数据库

路透社

路透社的数据库非常庞大。路透客户群可以获得96万种来自全球242个交易所的证券、债券及衍生性金融商品的信息及实时报价。市场价格、新闻及资料每秒更新0.8万次以上，并且在更新时同步发布出去。路透也同时提供4万家公司的历史资料。路透社数据库提供的内容包括实时金融信息、交易功能、分析工具、风险及交易管理系统、历史数据库以及面向世界媒体机构提供的文字、图片、图表、视频等。

美联社

美联社正在建设一个基于互联网的、集美联社所有内容于一体的互动式的多媒体数据库。此外，美联社在1997年创建了一个电子新闻制作系统ENPS。这个系统具备脚本编写、节目裁减、设计、新闻线路管理、制作设备控制、集成的搜索引擎以及外地工作人员的脱机与远程访问等性能。目前，全球51个国家将近600家电视台、无线电台和网络电台的新闻编辑室都应用了这个系统。

法新社

法新社的数据库名称为Agora，包括法新社综合新闻、经济信息、国际新闻、体育新闻、资料以及英文世界新闻。用户登录法新社推出的网站 www.pressed.com 也能查阅 Agora 内的信息，这个网站已经实现了网上信用卡支付功能。目前，法新社正在完善多媒体供稿平台，目标是将法新社文字、图片、图表、视频等产品全部放在上面。

3.2.5 经济实力

世界性通讯社具有基于稳定经营收入的雄厚的经济实力，可以为各项事业的可持续发展提供坚实的财力支持。

要确保各项业务正常运转，并使事业在新的挑战和机遇面前有新的发展，世界性通讯社必须有雄厚的财力作保障，也就是说，必须有稳定增长的经营收入。

路透社

路透社 2005 年的总收入为 24.09 亿英镑，税后利润为 2.29 亿英镑；2006 年总收入为 25.66 亿英镑，税后利润为 3.05 亿英镑；2007 年总收入为 26.05 亿英镑，税后利润为 2.27 亿英镑。

在路透社 2007 年 26.05 亿英镑的总收入中，销售与交易类收入为 16.19 亿英镑，占 62%；研究与资产管理类收入为 3.63 亿英镑，占 14%；企业类收入为 4.51 亿英镑，占 17%；媒体类收入为 1.72 亿英镑，占 7%。

美联社

美联社是一家报联社，其主要收入来自成员单位的会员费，每年的会员费根据物价的波动而波动，因此收入比较稳定。

2003 年美联社的总收入为 5.93 亿美元，亏损 2400 万美元；2004 年总收入为 6 亿美元（当时约合人民币 50 亿元），亏损 500 万美元。2005 年以来的总收入具体数字不得而知，估计也在 6 亿美元左右；但有报道说，美联社 2006 年有了 1330 万美元的盈利，2007 年的利润增长到 2400 万美元。近年来，美联社加大对国外市场和新兴业务的开拓，非会费收入的比重越来越大，大约已占总收入的 40%。

法新社

法新社是一家名义上独立的半官方通讯社，法国政府每年以新闻订费（国家为所有政府机构及驻外机构订购法新社电讯）的形式予以一定的经济补贴，补贴最多时曾占法新社总收入的 70%左右，后逐渐减少，目前约占 45%。

法新社 2004 年的总收入为 2.5 亿欧元（约合人民币 25 亿元）。2005 年以来每年总收入的具体数字无法获知，但据报道，2005 年法新社亏损 300 万欧元,2006年扭亏为盈,实现利润320万欧元,2007年的利润达到了460万欧元。法新社总裁鲁埃特认为,多媒体和视频收入的快速增长推动了法新社经营业绩的提升。法新社的收入中,文字新闻收入占60%,图片收入占12%,多媒体产品(主要是电视节目)收入占10%,其他(主要是短信、数据库等)收入占18%。

3.2.6 用户与受众

世界性通讯社具有庞大的用户和受众群,可以对国际新闻信息传播和世界舆论产生广泛影响。

世界性通讯社的影响力最终而且只能体现在对国际新闻信息传播和世界舆论产生的影响上,而这种影响主要是通过接收和使用它的新闻信息的用户和受众的规模数量来体现的。

从西方三大通讯社的情况来看,世界性通讯社的影响力主要体现在以下两个方面:

1. 用户群庞大,覆盖范围广

路透社

全世界共有37万个接收路透新闻信息的终端(相当于新华社所称的"产品用户"),分布在世界209个国家和地区。其中大约35万个终端的使用者是金融领域的专业人士,其余用户包括世界各国主要媒体。路透自称世界上每天有10亿人可以看到路透的新闻信息。

法新社:

用户在10 000家以上(具体用户数法新社也很难统计,因为它有很多代销商),遍布全球160多个国家和地区。其中,国家级媒体用户约为2000家,包括平面媒体、电台和电视台。媒体用户中,欧洲地区用户数占30%,亚太占15%,北美占10%。

美联社

为世界121个国家和地区的1万多家新闻媒介供稿,其中包括美国国内的1700家报纸用户,5000多家电台、电视台用户,以及1000家AP广播网附属台用户、550家国际性广播机构。美联社宣称,世界上有一半人口能够看到来自美联社的新闻。

2. 在各国主流媒体中的用户覆盖率达50%以上

主流媒体对舆论有着巨大的影响力,只有覆盖了主流媒体,通讯社才有可能真正对世界舆论产生影响。

根据新华社新闻研究所2005年进行的调查统计，在28个国家的83家主流报纸中，三大通讯社的用户覆盖率分别是：美联社78.31%，路透社83.13%，法新社78.31%。

另据介绍，美联社电视新闻用户在全球主流电视媒体的覆盖率达到了87%，路透电视的覆盖率估计接近90%。

据新华社驻外分社记者2005年统计，阿根廷几家主流报纸的国际新闻有大约一半是采用西方三大通讯社的稿件，日本主流报纸的图片有10%～20%是西方三大通讯社供稿。据央视索福瑞统计，美联、路透、法新的电视节目在我国电视媒体播出的新闻节目中约占10%。

第4节　西方三大通讯社国际传播内容分析

传播学认为，媒介并非简单地反映客观现实，而是通过对信息的选择来重新构造世界。在国际传播中，世界性通讯社也通过信息把关来重新塑造世界。那么，世界性通讯社是基于何种价值观来重塑信息世界的呢？他们使用的是怎样的报道框架？美联、路透、法新等西方通讯社，又是以何种模式来组织关于中国的各种信息的呢？

新华社新闻研究所对西方三大通讯社进行了长期持续跟踪，分别在1999年、2004年、2009年三个时间段对西方三大通讯社的总体报道框架及中国新闻报道模式进行了实证研究。本书将这三项研究成果收录如下。这些跨度长达10年的跟踪研究，较为清晰地勾勒了西方三大通讯社的报道框架及涉华报道的趋势性变化。

4.1　西方通讯社的报道框架

为了全面研究世界性通讯社的报道框架，研究者在1999年以综合抽样的方法，选取1999年5月新华社多媒体数据库中三大通讯社播发的稿件为样本，以5天为一个研究时段，截取当日播发的全部稿件，从发稿数量、稿件题材、地域构成、中国报道四个维度进行切片式分析。[①]

---

① 具体研究时段为：1999年5月5日、5月10日、5月15日、5月20日、5月25日、5月30日。

1. 发稿数量

A. 发稿数量

根据调查结果统计，1999 年 5 月的研究时段之内，西方三大通讯社（亚太专线）的发稿数量为：

美联社日均发稿 587 条，160218 字；路透社日均发稿 664 条，187109 字；法新社日均发稿 661 条，180319 字。其中，发稿量最多一天的情况是：美联社 742 条，246582 字；路透社 787 条，230184 字；法新社 779 条，215158 字。发稿量最少一天的情况是：美联社 421 条，140522 字；路透社 534 条，146869 字；法新社 502 条，143096 字。（见表 1）

表 1　西方三大通讯社每日发稿条数和字数　（单位：英文单词）

通讯社＼时间		5.5	5.10	5.15	5.20	5.25	5.30	日均
美联社	条数	742	539	547	678	596	421	587
	字数	246582	164564	174541	215169	199930	140522	160218
路透社	条数	657	682	551	787	771	534	664
	字数	194860	185541	153258	230184	211941	146869	187109
法新社	条数	710	704	502	779	742	510	661
	字数	189073	183407	143096	215158	201528	149655	180319

B. 稿件的篇幅及情况分析

在抽样调查的 6 天中，每篇稿件的平均字数为：美联社 324 字，路透社 282 字，法新社 272 字；新华社中文大广播 562 字，对外中文广播 568 字，对外英文广播 205 字。其中最长的稿件篇幅为：美联社 786 字，路透社 763 字，法新社 956 字。可见，1999 年时，美联社的稿件平均字数要多于路透社和法新社稿件的平均字数。（见表 2）

表 2　西方三大通讯社稿件平均字数统计　　（单位：英文稿为单词）

时间 通讯社	5.5	5.10	5.15	5.20	5.25	5.30	平均
美联社	332	305	319	317	335	334	324
路透社	297	272	278	293	275	275	282
法新社	266	260	274	276	271	293	272

2. 题材构成

对题材构成的调查与分析，是了解通讯社发稿情况必需的另一个基础数据。课题组根据研究需要，将"题材构成"分解为"政治外交""经济""科技卫生""文化教育""体育""军事""法律社会""其他"8 个指标。通过考察这 8 个指标在各家通讯社所发稿件构成中所占比例，来研究其新闻报道的侧重。

A. 政治外交

政治和外交类题材包括各国的对内对外政策及其实施、各国主要领导人在国内外的重大活动、重大国际事件等，它是当今各国情况及国际形势最直接、最明显的体现，因而是世界性通讯社报道的主要内容。美联社、路透社、法新社对这类题材的报道平均每天为 161 条、213 条和 211 条，分别占发稿总量的 27.4%、32.2%和 31.9%。（见表 3）

表 3　西方三大通讯社所发政治外交题材稿件统计分析

时间 通讯社		5.5	5.10	5.15	5.20	5.25	5.30	平均
美联社	条数	189	168	177	177	158	94	161
	比例	25.5%	31.2%	32.4%	26.1%	26.5%	22.3%	27.4%
路透社	条数	201	248	188	276	226	141	213
	比例	30.6%	36.4%	34.1%	35.1%	29.3%	26.4%	32.2%
法新社	条数	239	278	178	206	183	182	211
	比例	33.7%	39.5%	34.1%	26.5%	24.6%	35.4%	31.9%

注："比例"指各类稿件在发稿总量中所占的百分比。以后部分其他表同。

B. 经济

西方三大通讯社中，经济报道发稿量比重最高的是法新社，日均 148 条，占日均发稿的 22.4%；美联社日均 80 条，占日均发稿的 13.6%；路透社日均 68 条，占日均发稿的 10.2%。（见表 4）

表 4 西方三大通讯社所发经济题材稿件统计分析

通讯社＼时间		5.5	5.10	5.15	5.20	5.25	5.30	平均
美联社	条数	110	45	77	138	96	16	80
	比例	14.8%	8.3%	14.1%	20.4%	16.1%	3.8%	13.6%
路透社	条数	94	57	57	97	93	10	68
	比例	14.3%	8.3%	10.3%	12.3%	12.1%	1.9%	10.2%
法新社	条数	178	154	79	243	202	32	148
	比例	25.1%	21.9%	15.1%	31.2%	27.2%	6.3%	22.4%

C. 科技卫生与文化教育

美联社、路透社和法新社日均播发科技卫生稿件 10 条、14 条、7 条；在日均发稿总量中所占的比例分别为 1.7%、2.1% 和 1%。文化教育报道在美联社、路透社和法新社发稿总量中所占的比例分别为 3.7%、0.9%、1%，日均发稿分别为 22 条、6 条和 7 条。（见表 5 和表 6）

表 5 西方三大通讯社所发科技卫生题材稿件统计分析

通讯社＼时间		5.5	5.10	5.15	5.20	5.25	5.30	平均
美联社	条数	12	5	2	17	17	9	10
	比例	1.6%	0.9%	0.4%	2.5%	2.9%	2.1%	1.7%
路透社	条数	24	7	9	24	15	6	14
	比例	3.7%	1%	1.6%	3.1%	1.9%	1.1%	2.1%
法新社	条数	7	6	7	11	8	5	7
	比例	1%	0.9%	1.3%	1.4%	1.1%	1%	1%

表6 西方三大通讯社所发文化教育题材稿件统计分析

通讯社＼时间		5.5	5.10	5.15	5.20	5.25	5.30	平均
美联社	条数	24	23	9	27	20	28	22
	比例	3.2%	4.3%	1.6%	4%	3.4%	6.7%	3.7%
路透社	条数	8	4	1	9	12	4	6
	比例	1.2%	0.6%	0.2%	1.1%	1.6%	0.7%	0.9%
法新社	条数	5	1	7	11	8	5	7
	比例	0.7%	0.1%	1.3%	1.4%	1.1%	1%	1%

D. 体育

体育报道在美联社、路透社、法新社发稿总量中所占的比例分别达23.9%、23.9%和22.5%；日均发稿分别为140条、159条和149条。（见表7）

表7 西方三大通讯社所发体育题材稿件统计分析

通讯社＼时间		5.5	5.10	5.15	5.20	5.25	5.30	平均
美联社	条数	156	134	138	129	128	153	140
	比例	21.1%	24.9%	25.2%	19%	21.5%	36.3%	23.9%
路透社	条数	113	184	150	164	147	197	159
	比例	17.2%	27%	27.2%	20.8%	19.1%	36.9%	23.9%
法新社	条数	118	153	151	125	157	189	149
	比例	16.6%	21.7%	28.9%	16%	21.6%	37%	22.5%

E. 军事

西方三大通讯社在军事报道方面的差别比较大：美联社日均发稿6条，占1%；路透社日均发稿14条，占2.1%；法新社日均发稿39条，占5.5%。（见表8）

表 8　西方三大通讯社所发军事题材稿件统计分析

通讯社＼时间		5.5	5.10	5.15	5.20	5.25	5.30	平均
美联社	条数	10	0	8	8	6	2	6
	比例	1.3%	0	1.5%	1.2%	1%	0.5%	1%
路透社	条数	37	10	16	10	3	8	14
	比例	5.6%	1.5%	2.9%	1.3%	0.4%	1.5%	2.1%
法新社	条数	37	3	48	60	47	38	39
	比例	5.2%	0.4%	9.2%	7.7%	6.3%	7.5%	5.5%

F. 法律社会

法制新闻和社会新闻在西方三大通讯社发稿总量中所占的比例分别为：美联社 11.8%，路透社 7.1%，法新社 11.3%。这三家通讯社日均发稿量分别为 70 条、47 条和 75 条。（见表 9）

表 9　西方三大通讯社所发法律社会题材稿件统计分析

通讯社＼时间		5.5	5.10	5.15	5.20	5.25	5.30	平均
美联社	条数	113	68	37	71	86	42	70
	比例	15.2%	12.6%	6.8%	10.5%	14.4%	10%	11.8%
路透社	条数	50	48	13	79	56	35	47
	比例	7.6%	7%	2.4%	10%	7.3%	6.5%	7.1%
法新社	条数	87	83	40	94	109	35	75
	比例	12.3%	11.8%	7.7%	12.1%	14.7%	6.9%	11.3%

G. 其他

上述各类题材所无法涵盖的稿子归于其他类，主要包括发稿目录、新闻预报、新闻摘要、新闻资料、更正、通告等为用户服务的信息。调查发现，这类稿件在西方三大通讯社的发稿总量中所占的比例相当大：美联社为 16.9%，路透社为 21.4%，法新社为 4.1%。（见表 10）

表10 西方三大通讯社所发其他类题材稿件统计分析

通讯社 \ 时间		5.5	5.10	5.15	5.20	5.25	5.30	平均
美联社	条数	128	96	99	111	85	77	99
	比例	17.3%	17.8%	18.1%	16.4%	14.3%	18.3%	16.9%
路透社	条数	130	124	117	128	219	133	142
	比例	19.8%	18.2%	21.3%	16.3%	28.4%	24.9%	21.4%
法新社	条数	39	26	17	28	28	25	27
	比例	5.5%	3.7%	3.3%	3.6%	3.8%	4.9%	4.1%

3. 地域构成

A. 西方三大通讯社报道的地域构成

表11 西方三大通讯社稿件的地域构成情况

通讯社 \ 时间			5.5	5.10	5.15	5.20	5.25	5.30	平均
亚洲	美联社	条数	133	150	106	144	166	97	133
		比例	17.9%	27.8%	19.4%	21.2%	27.9%	23%	22.6%
	路透社	条数	75	132	72	140	146	110	113
		比例	11.4%	19.4%	13.1%	17.8%	18.9%	20.6%	17%
	法新社	条数	243	307	172	318	297	182	253
		比例	46.3%	43.6%	33%	40.8%	40%	35.7%	38.3%
非洲	美联社	条数	14	9	9	9	16	17	12
		比例	1.9%	1.7%	1.6%	1.3%	2.7%	4%	2%
	路透社	条数	17	23	10	17	23	32	20
		比例	2.6%	3.4%	1.8%	2.2%	3%	6%	3%
	法新社	条数	16	40	35	21	27	30	28
		比例	2.2%	5.7%	6.7%	2.7%	3.6%	5.9%	4.3%

续表

欧洲	美联社	条数	198	152	157	204	164	143	170
		比例	26.7%	28.2%	28.7%	30.1%	27.5%	34%	29%
	路透社	条数	438	467	374	506	492	370	441
		比例	66.7%	68.5%	67.9%	64.3%	63.8%	69.3%	66%
	法新社	条数	321	291	227	312	324	240	286
		比例	45.2%	41.3%	43.5%	40.1%	43.7%	47%	43.2%
拉美	美联社	条数	13	13	12	8	9	10	11
		比例	1.8%	2.4%	2.2%	1.2%	1.5%	2.4%	1.9%
	路透社	条数	12	19	19	23	21	5	20
		比例	1.8%	2.8%	3.4%	2.9%	2.7%	0.9%	3%
	法新社	条数	21	9	7	24	20	20	17
		比例	3%	1.3%	1.3%	3.1%	2.7%	3.9%	2.5%
北美	美联社	条数	384	215	263	313	241	154	262
		比例	51.8%	39.9%	48.1%	46.2%	40.4%	36.6%	44.5%
	路透社	条数	115	41	76	101	89	17	73
		比例	17.5%	6%	13.8%	12.8%	11.5%	3.2%	11%
	法新社	条数	109	57	81	104	74	38	77
		比例	15.4%	8.1%	15.5%	13.4%	10%	7.5%	11.7%

注：亚洲类中包括报道大洋洲的稿件。

从表11可以看出，从稿件的地域构成情况看，西方三大通讯社的亚太专线各有自己报道的侧重点。根据来自各大洲稿件数量分析：

美联社报道的地域重点依次是：

北美：平均每天播发262条，占平均播发总条数的44.5%；

欧洲：平均每天播发170条，占平均播发总条数的29%；

亚洲：平均每天播发133条，占平均播发总条数的22.6%；

非洲：平均每天播发12条，占平均播发总条数的2%；

拉美：平均每天播发11条，占平均播发总条数的1.9%。

路透社报道的地域重点依次是：

欧洲：平均每天播发441条，占平均播发总条数的66%；

亚洲：平均每天播发 113 条，占平均播发总条数的 17%；

北美：平均每天播发 73 条，占平均播发总条数的 11%；

非洲：平均每天播发 20 条，占平均播发总条数的 3%；

拉美：平均每天播发 20 条，占平均播发总条数的 3%。

法新社报道的地域重点依次是：

欧洲：平均每天播发 286 条，占平均播发总条数的 43.2%；

亚洲：平均每天播发 253 条，占平均播发总条数的 38.3%；

北美：平均每天播发 77 条，占平均播发总条数的 11.7%；

非洲：平均每天播发 28 条，占平均播发总条数的 4.3%；

拉美：平均每天播发 17 条，占平均播发总条数的 2.5%。

从西方三大通讯社亚太专线报道的重点可以看出，美联社、路透社、法新社对世界上所发生新闻事件的报道数量各有侧重。美联社的报道以北美为主，路透社和法新社的报道以欧洲为主，且对各洲的报道量的排序基本一致。

但是，从西方三大通讯社亚太专线对非洲和拉美的报道量来看，均低于 5%，最高的是法新社对非洲的报道，平均每天播发 28 条，仅占平均总条数的 4.3%；而最低的是美联社对拉美的报道，平均每天播发 11 条，仅占 1.9%。

B. 本国新闻与国际新闻的比重

调查表明，美联社、法新社对本国报道的比例都不大，国际新闻的报道量和自采率都比较高。

表 12　美联社、法新社亚太专线对本国新闻的报道情况

通讯社 \ 日期		5.5	5.10	5.15	5.20	5.25	5.30	平均
美联社	总条数	742	539	547	678	596	421	587
	报道美国条数	206	78	118	160	114	50	121
	比例	27.8%	14.5%	21.6%	23.6%	19.1%	11.9%	19.8%
法新社	总条数	710	704	502	779	742	510	661
	报道法国条数	59	50	31	67	97	81	64
	比例	8.3%	7.1%	6.2%	8.6%	13.1%	15.9%	9.9%

从表 12 可以看出，美联社和法新社对本国报道的比例都不大。美联社 6 天中播发的平均总条数 587 条，源自美国的新闻(包括源自联合国的新闻)平均每天 121 条，占平均总条数的比例为 19.8%，其中比例最高的一天是 5 月 5 日，播发 742 条，源自美国的新闻 206 条，占 27.8%；法新社 6 天中播发的平均总条数 661 条，源自法国的新闻平均每天 64 条，占平均总条数的 9.9%，其中比例最高的一天是 5 月 25 日，播发 742 条，源自法国的报道 97 条，占 13.1%。

本项研究没有涉及路透社。其主要原因是有关英国国内(除伦敦外)的报道主要由英国的另一家国内通讯社——报联社负责。报联社主要向英国主要报纸和爱尔兰报纸以及全国或地区性报纸、电台和电视台以及路透社等世界性通讯社提供英国新闻，也向各成员提供路透社和美联社的国际新闻。这一体制使路透社在本项比较中不具备可比性。

4. 中国报道情况分析

表 13　西方三大通讯社中国报道的统计

通讯社 \ 时间		5.5	5.10	5.15	5.20	5.25	5.30	平均
美联社	总条数	742	539	547	678	596	421	587
	报道中国条数	14	41	10	19	31	11	21
	比例	1.9%	7.6%	1.8%	2.8%	5.2%	2.6%	3.7%
路透社	总条数	657	682	551	787	771	534	664
	报道中国条数	4	33	1	8	9	4	9
	比例	0.6%	4.8%	0.2%	1%	1.2%	1.3%	1.5%
法新社	总条数	710	704	502	779	742	510	661
	报道中国条数	23	50	7	29	18	7	22
	比例	3.2%	7.1%	1.3%	3.7%	2.4%	1.4%	3.2%

从表 13 可以看出，在研究时段的 6 天之内，美联社平均每天有 21 条稿件是报道中国的，占平均报道量的 3.7%；路透社平均每天有 9 条稿件是报道中国的，占平均报道量的 1.5%；法新社平均每天有 22 条稿件是报道中国的，占

平均报道量的3.2%。这三家通讯社报道中国最多的一天都是5月10日，美联社41条，占当日报道量的7.6%；路透社33条，占当日报道量的4.8%；法新社50条，占当日报道量的7.1%。这一天中，西方三大通讯社亚太专线有关中国的报道全部是中国政府强烈抗议以美国为首的北约轰炸中国驻南联盟大使馆以及抗议内容、中国学生和市民举行抗议示威游行以及美国等国驻华使馆被围困、中国停止和美国的人权对话和军备对话、军事交流等。美联社播发了题为《中国在玩火》的新闻分析，大肆为美驻华使馆被围而进行威吓和恐吓。一时间，北京乃至中国成为西方通讯社报道的热点，其报道充满了一种职业偏见。但是，尽管是热点，西方三大通讯社亚太专线的报道量也没有超过8%，没有报道热点时的平日报道量应该远远低于这一数字。

数据分析：比较而言，西方三大通讯社对非洲、拉美以及对中国的报道量是明显偏低的，这反映了在国际新闻传播领域的不平衡格局。

自第二次世界大战以来，国际传播的一个很明显的特点就是美国等西方国家依靠其经济和科技优势，在"信息自由流通"的原则下，对发展中国家进行控制。而西方通讯社作为职业的信息传播机构，有权决定哪些信息应予传播，哪些信息不予传播。媒体的"把关人"①角色实际上决定了本国受众应该知道什么和可以知道什么，一般公众所接收的关于国外的信息都是经过"过滤"的信息，把关的过程对于媒体选择现实中的哪部分给予报道有着重大影响。这种"把关"实质上是用自己固有的价值观念和文化观来有选择性地报道事物，因而这种"把关"成为形成国际传播不平衡格局的主因。从所调查的6天的情况看，西方三大通讯社无一例外地是把本国所在地域作为第一位的报道重点，即便这三个通讯社的亚太专线也不例外，而非洲、拉美的报道量无一例外地少得可怜。这种传播流向带来的结果是：西方国家的新闻观点（政治观点、经济观点等）满天飞，大量的是传播西方的价值观念的报道，而来自第三世界国家的新闻基本上无外乎政变、天灾人祸、人权、压制民主等内容。在国际传播不平衡的格局下，这种有失公正的报道无疑是对第三世界国家的巨大伤害。

4.2 西方通讯社的中国报道模式

媒体通常被比喻为巨型的探照灯，光柱所指，无论是人物还是事件，立刻成为全球瞩目的焦点。那么，西方通讯社的光柱，通常是照耀在中国的哪些地

① 库尔特·卢因：《群体生活的渠道》，1947。

方呢？

为了建构西方通讯社中国报道的模型，研究人员 2004 年对美联社、路透社和法新社的中国报道进行了抽样调查。

研究人员采用综合抽样调查方法，选取这三大通讯社 2004 年下半年每月第二周为研究时间段，从 6 月到 12 月抽取不连续一周的新闻稿件为样本进行研究。具体样本时间分别为 6 月 7 日（星期一），7 月 5 日（星期二），8 月 11 日（星期三），9 月 9 日（星期四），10 月 8 日（星期五），11 月 13 日（星期六），12 月 12 日（星期日）。之所以选取第二周作为研究的时间段，是因为下半年的节假日通常都集中在每月的第一周；研究第二周，可以有效地避开节假日新闻对正常报道量的冲击，能较为准确地反映西方三大通讯社对中国报道的日常报道情况。

这项研究选取的样本为新华社多媒体数据库中美联社、路透社和法新社这三大通讯社中国报道的文字稿件。研究中提到的中国报道，特指三大通讯社在稿件电头中明确标明在中国签发的文字报道。

需要说明的是，许多涉及中国的比较重大的新闻，由于发稿地不在中国，也没有被纳入这项研究范围。比如关于中航油的有关报道，基本上都是发自新加坡，虽然意义重大且影响深远，但也被排除在外。同样，8 月 11 日有好几条关于北京申奥的消息，因为发自雅典，也没有被纳入统计范围。

1. 发稿数量分析

表 14　西方三大通讯社发稿数量统计

通讯社＼时间	星期一	星期二	星期三	星期四	星期五	星期六	星期日	合计	日均
美联社	621	602	746	808	811	492	419	4499	643
路透社	511	451	663	800	553	338	354	3670	524
法新社	705	650	739	832	835	465	519	4745	678
合计	1837	1703	2148	2440	2199	1295	1292	12914	1845

美联社、路透社和法新社这三大通讯社发稿量非常大。从表 14 的数据中可以看出，每家日均发稿量都在 520 条以上，最高达到 835 条。三大通讯社中，法新社发稿量最大，日均 678 条，一周内共计 4745 条；路透社发稿量最少，日均 524 条，一周内共计 3670 条。

表 15 西方三大通讯社中国报道数量统计

通讯社＼时间	星期一	星期二	星期三	星期四	星期五	星期六	星期天	合计	日均
美联社	20	11	14	17	16	8	10	96	13.8
路透社	2	8	14	11	7	1	5	48	6.8
法新社	19	17	22	25	15	14	13	125	17.8
合计	41	36	50	53	38	23	28	269	38.4

表 15 的统计显示，三大通讯社的中国报道数量比较少，合计平均每天 38.4 条，占每日发稿总量的 2.1%。一周之内，中国报道的总量为 269 条，其中最少的一天 23 条，最多的一天 53 条。路透社的中国报道发稿量仍然为最少，一周总量为 48 条；法新社的中国报道数量最多，一周总计 125 条。

表 16 西方三大通讯社中国报道占发稿总量的比例

通讯社	中国报道	日均发稿量	比例
美联社	13.9	643	2.2%
路透社	6.9	524	1.3%
法新社	17.9	678	2.6%
合计	38.4	1845	2.1%

从表 16 来看，尽管这三大通讯社发稿量非常大，但对中国的报道在数量上却非常有限，平均每天只有 38.4 条，只占报道总量的 2.1%。

分析：尽管近年来中国综合国力不断上升，世界影响力不断增强，美联社、路透社和法新社这三大通讯社对中国的关注也在不断增强，但从总量上来看，仍然比较少。毋庸置疑，如此有限的报道是绝对不能够完整反映我们这个世界上人口数量最多的国家的发展情况的。数量上的局限决定了三大通讯社对中国的报道只能是一些片断。

2. 报道内容分析

A. 西方三大通讯社中国报道题材分布

表 17　西方三大通讯社中国报道题材分布

题材分类	消息数量	所占比例	题材分类	消息数量	所占比例
政治	65	23.7%	体育	19	6.9%
经济	71	25.9%	环境	9	3.3%
文化	11	4.0%	灾难	19	6.9%
外交	11	4.0%	卫生	15	5.5%
科技	6	2.2%	娱乐	8	2.9%
法制	26	9.5%	其他	4	1.5%
军事	10	3.6%	合计	269	100.0%

从表 17 反映的稿件内容构成上看，三大通讯社稿件中政治、经济、法制类稿件占中国报道的比例最大，分别占到 23.7%、25.9%和 9.5%，此外，灾难新闻和体育新闻的比重都是 6.9%。

分析：西方媒体对我国政治新闻、经济新闻关注比较多，这符合新闻传播的规律。一方面，由于独特的重要性，政治、经济领域发生的新闻本来就较其他领域多；另一方面，对西方媒体而言，我国的政治动态、经济发展对他们的意义更为重大，因此这类新闻所占的比重较大。

西方媒体对我国法制新闻报道的比例达到 9.5%，灾难新闻报道的比例达到 6.9%。这两类新闻之所以得到三大通讯社的青睐，大概有两方面的原因：一方面是西方新闻理念的影响。在西方新闻理念里，负面新闻的价值，远远大于正面新闻的价值。犯罪、暴力、灾难等负面新闻对读者有着特殊的吸引力。因此，记者在选取新闻的时候对这类新闻有特殊的偏好。另一方面，不排除有些西方记者在"冷战"思维的影响下，继续用挑剔的眼光看第三世界的发展，对我国发展过程中取得的成就传播比较少，对问题传播比较多。

卫生新闻报道的比例达到了 5.5%。从历史的角度看，第三世界的医疗卫生条件向来是西方挑剔发展中国家的一个"伤疤"；从现实的角度看，SARS 危机影响深远，尽管已经过去一年，但西方世界对此仍然十分关注。

环境报道也是中国报道的重要内容，在三大通讯社的中国报道中占到了 3.3%。这是近年来新的报道趋势。生态环境保护是近年来世界关心的热点问题，西方通讯社的中国报道也显示出了这种趋势。

B. 对香港、台湾的报道

表 18　西方三大通讯社中国报道中的港台报道数量

地区	香港	台湾	其他地区	合计
报道数量	59	49	161	269
所占比例	21.9%	18.2%	59.9%	100%

从表 18 数据来看，对台湾和香港的报道是西方三大通讯社中国报道的重要内容。其中关于香港的报道共 59 条，占总报道量的 21.9%；台湾的报道 49 条，占 18.2%，这两项内容共占报道总量的 40.1%。在对台湾的报道中，2004 年下半年的报道重点是：台湾"立法委员"选举、美国对台湾出售武器、陈水扁的"去中国化"进程。这些报道重点同国内关于台湾报道的重点是基本一致的。不同之处在于，关于台湾报道的稿件，除三大通讯社自采稿件之外，基本都是抄发台湾当地媒体消息，对新华社的稿件采用比较少。另外，香港报道中对内地的负面报道稍微多一些。

3. 消息来源分析

表 19　西方三大通讯社中国报道消息来源分析

消息来源	自采	新华社	《中国日报》	大陆其他媒体	港台媒体	《南华早报》	其他
报道数量	151	45	16	29	15	7	6
所占比例	56.1%	16.7%	5.9%	10.8%	5.6%	2.6%	2.2%

自采稿件是三大通讯社稿件的主要来源，在 269 篇稿件中共有 151 篇是记者自己采写的。新华社稿件是三大通讯社的第一大消息来源，一周之内共有 45 篇稿件是直接转载、改写或者引用新华社的稿件，占稿件总量的 16.7%。此外，内地媒体中，西方三大通讯社对《中国日报》的稿件采用率也比较高，共 16 篇，占稿件总量的 5.9%。另外值得一提的是，西方三大通讯社中国报道经常引用《南华早报》的内容，这一周之内共有 7 篇，平均每天一篇。西方三大通讯社中国报道中香港和澳门部分的报道，经常引用当地的媒体，比如台湾的《中国时报》和《联合报》，香港的《大公报》《苹果日报》和《星岛日报》。

4. 采用新华社稿件情况分析

表 20 西方三大通讯社采用新华社稿件数量统计

通讯社	法新社	美联社	路透社	合 计
数 量	23	14	8	45
比 例	51.1%	31.1%	17.8%	100%

在调查选取的不连续一周之内，法新社采用新华社稿件最多，共 23 条，占西方三大通讯社采用新华社稿件的 51.1%。其次是美联社，共 14 篇，占 31.1%。路透社采用新华社稿件最少，一周之内只有 8 条，占总量的 17.8%。

表 21 西方三大通讯社采用新华社稿件的题材分布

稿件题材	灾难	法制	政治、外交、军事	文化、科技	体育、卫生	环境、旅游	社会、娱乐	其他
数量	13	6	7	6	4	3	2	4
比例	28.9%	13.3%	15.6%	13.3%	8.9%	6.7%	4.4%	8.9%

在调查选取的不连续一周之内，三大通讯社采用新华社稿件共 45 篇，其中灾难类稿件共 13 篇，占所有稿件数量的 28.9%；法制类新闻 6 篇，占总量的 13.3%；政治、外交、军事类稿件共 7 篇，占 15.6%；文化、科技类稿件共 6 篇，占 13.3%。

分析：通过题材分布的数据可以判断，西方媒体对我国的灾难和法制两类新闻较为关注，仅这两类新闻就占采用新华社所有稿件的 42.2%。这一数据同前面的分析是相互验证的。除了新闻价值观的因素外，从业务层面来看，许多灾难新闻都是突发事件，单枪匹马的西方记者当然比不上新华社庞大的记者网络，而且在采访的机会和条件上也会受到一定的限制。在这种情况下，他们当然只能转发新华社的稿件了。

5. 世界性通讯社中国报道的特征

A. 西方三大通讯社中国报道数量增加，但总量仍然比较少

从 2004 年统计来看，三大通讯社 2004 年下半年日均播发中国报道稿件 38.4 条，占发稿总量的 2.1%。据新华社新闻研究所 1996 年所进行的一个抽样调查，当时西方三大通讯社日均播发中国报道稿件 29 条。据本课题组对西方三大通讯社 1999 年 5 月发稿情况的统计，美联社平均每天有 21 条稿件是报道中国的，占平均报道量的 3.7%；路透社平均每天有 9 条稿件是报道中国

的，占平均报道量的1.5%；法新社平均每天有22条稿件是报道中国的，占平均报道量的3.2%。

从1996年、1999年和2004年三组数据的比较可以看出，近年来，西方三大通讯社中国报道的日均发稿量呈上升的趋势，但总量仍然很少，同中国日益上升的国际地位不相符合。

B. 政治、经济、法制新闻仍然是西方媒体关注的重点，卫生新闻与环境新闻成为西方三大通讯社中国报道的新热点

政治、经济、法制新闻一直是西方媒体关注的重点，西方三大通讯社2004年的中国报道仍然显示出这种趋势。但在报道中出现了新的关注重点，那就是环境新闻与卫生新闻。这一年，卫生新闻的比重达到了5.5%，环境报道占到了3.3%。

C. 港台新闻是西方三大通讯社中国报道的重中之重

在西方三大通讯社的中国报道中，关于香港的报道共59条，占总报道量的21.9%；台湾的报道49条，占18.2%，这两项内容共占报道总量的40.1%，关于港台地区的报道量大于内地任何单一地区。

D. 新华社仍然是西方三大通讯社中国报道最重要的消息来源

在所统计的一周之内，西方三大通讯社共有45篇稿件是直接转载、改写或者引用新华社的稿子，占其中国报道发稿总量的18.4%。新华社是西方三大通讯社中国报道最重要的消息来源，《中国日报》仅次于新华社，居消息来源的第二位。

E. 西方三大通讯社转发的新华社稿件之中，灾难新闻、法制新闻比例最大

数据显示，三大通讯社采用新华社播发的灾难类稿件共13篇，占其采用新华社稿件总量的28.9%；法制类新闻6篇，占总量的13.3%。

4.3 西方通讯社的中国地方新闻报道模式

北京作为中国政治、文化的中心，是世界性通讯社最为关注的新闻发生地。除北京之外，西方通讯社还关注哪些中国地方新闻呢？世界性通讯社的镜头，聚焦在哪些中国地方新闻上？

新华社新闻研究所2009年对美联社、路透社、法新社三家通讯社报道的中国地方新闻进行了调研，较为全面地描述和分析了世界性通讯社对中国地方新闻的报道。

1. 样本选择与统计方法

本调查以了解路透社、美联社、法新社三大通讯社如何报道中国地方(不包含港澳台)新闻为目的,抽取2009年2月25日~3月26日之间(实际日期30天)美联社、路透社、法新社所播发新闻稿件为样本,所有数据均来自新华社多媒体数据库。

本次研究首先在三大通讯社发稿线路中全文搜索"China",获得所有涉华新闻的原始数据。然后,笔者在此样本中逐次剔除以下数据:发稿目录、公鉴等无效信息;国际涉华新闻(这类新闻虽然有关键词China或Chinese,但新闻发生地点在其他国家,不纳入本次调查);中央新闻,全国新闻(以中央政府/官员/机构为新闻主体/消息源/活动地点的中国新闻,比如外媒有关两会的报道,温总理的活动与讲话,虽然数量较多,但也不纳入本次统计);台湾、香港、澳门新闻。

最后保留的数据被定义为三大通讯社在研究时段内所播发的中国地方新闻,即在中国内地发生的地方新闻。

2. 三大通讯社中国新闻的传播概况

A. 发稿量日均30~35条,同5年前比保持稳定

在统计时段内,美联社共播发各类涉华稿件(国际新闻和中国新闻)2232条,路透社播发涉华稿件2198条,法新社播发涉华稿件1994条。

统计时段内,美联社播发中国新闻292条,日均9.72条;路透社播发中国新闻203条,日均6.8条;法新社播发中国新闻401条,日均13.36条。

比较笔者在2004年下半年做的同类研究发现,三大通讯社关于中国报道的发稿量,5年来基本保持稳定。其中路透社日均发稿量上升0.1,美联社和法新社的中国报道数量略微下滑。考虑到统计方法以及样本选择的实际误差,可以忽略这种差异,可以判定5年来三大通讯社关于中国报道的发稿量基本保持稳定。

表22 西方三大通讯社中国新闻日均发稿量

时间 通讯社	2004年日均	2009年日均
美联社	12.4	9.72
路透社	6.7	6.8
法新社	16.0	13.36
合计	34.8	30.88

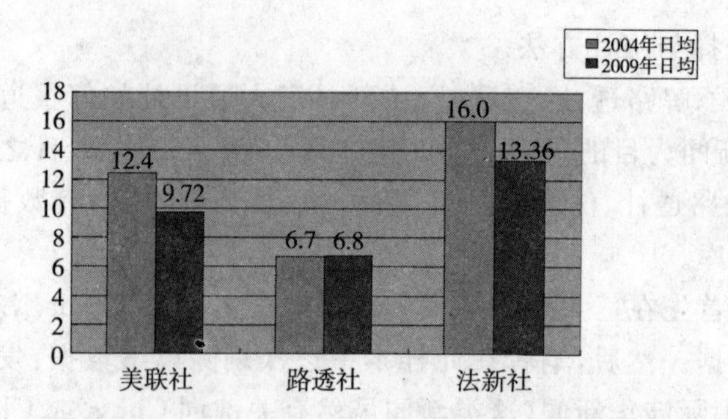

图1　西方三大通讯社中国新闻日均发稿情况

B. 每日播发中国地方新闻5～6条，约占中国新闻总量的17.85％

表23　西方三大通讯社播发中国地方新闻在中国新闻中的比重

	中国新闻	地方新闻	地方新闻比重
美联社	292	57	19.52％
路透社	203	45	22.17％
法新社	401	58	14.46％
合计	896	160	17.85％

美联社共播发中国地方新闻57条，日均1.9条；路透社共播发中国地方新闻45条，日均1.5条；法新社共播发中国地方新闻58条，日均1.9条。

表24　西方三大通讯社中国地方新闻日均发稿量

通讯社	美联社	路透社	法新社	总计
发稿总量(30天)	57	45	58	160
日均发稿量	1.9	1.5	1.9	5.3

综上，三大通讯社每月播发中国地方新闻160条，日均5.3条，其中，路透社播发中国地方新闻的比例最大，法新社数量最多。

据新华社对外部统计，目前新华社每日播发中国新闻80～100条，其中地方新闻约30条，占总数30％。

3. 地方新闻的结构特征

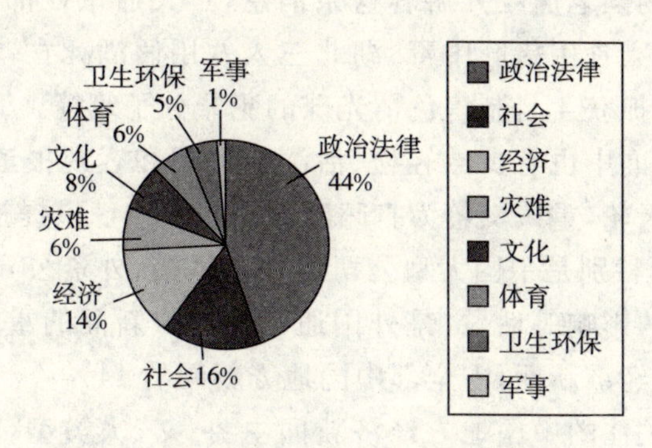

图 2　西方三大通讯社地方新闻主题分布

表 25　地方新闻主题分布情况

分类	政治法律	社会	经济	灾难	文化	体育	卫生环保	军事
数量	71	25	23	10	12	9	8	2

A. 政治和法律类新闻占三大通讯社中国报道的绝对多数，而“藏独”、“疆独”、人权等题材是其核心内容

统计时段内，西方三大通讯社播发中国各地政治和法律类新闻共计 71 条，占报道总数的 44%。就政治类题材的新闻稿件而言，出现在三大通讯社地方新闻中的大多数都是“涉藏”、“涉疆”等政治题材。

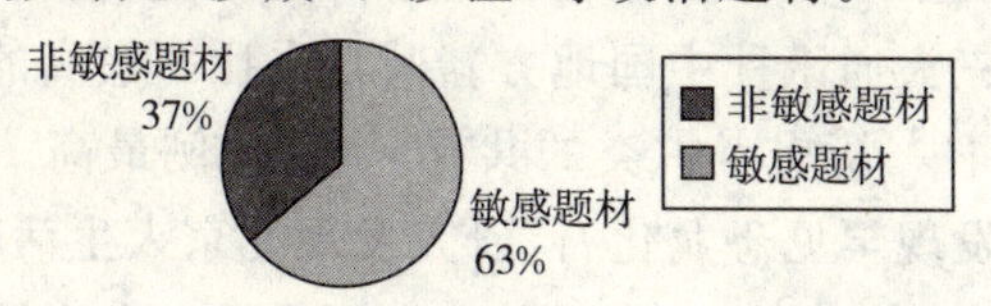

图 3　西方三大通讯社中国地方新闻中的政法新闻

在法制新闻部分，三大通讯社中国地方新闻中出现的也以负面的报道为主。统计时段内，三鹿奶粉案件开始审理、央视新大楼大火案件相关责任人受到惩处、中国惩治两贪官等法律新闻同样受到三大通讯社的关注。

B. 社会新闻以猎奇为主，也有轻松活泼正面的稿件

社会新闻在三大通讯社中国地方新闻中的比重排名第二。共计 25 条，占三大通讯社播发中国新闻总量的 16%。统计时段内，三大通讯社播发的社会

新闻以猎奇、负面的为主，凶杀、暴力和犯罪内容比重大。比如《新京报》播发的八达岭野生动物园老虎咬死游客这条消息，三大通讯社都转发了。类似的新闻还有广东 14 人食用猪肝中毒，湖北三人饮用假酒死亡，海南两个村子村民械斗，上海警察抓获 4 名制售色情光碟的犯罪分子等等。

不过，社会新闻中也有少数轻松、活泼的趣闻和客观报道，比如广州将建世界上最高的摩天轮，重庆交警为打瞌睡的司机提供辣椒提神等。

C. 经济新闻，特别是中国大型公司的发展举措、外资公司在华生存状况、经济危机对中国的影响等话题，是外国通讯社地方新闻的重要内容。统计时段内共出现 23 条经济新闻，占全部中国地方新闻的 14%

三大通讯社关注的中国地方经济新闻主要为三大类型：一是地方大型公司新闻，即位于全国各地的大型中国公司的发展举措，比如首钢拟收购多家小型钢厂，TCL2008 年盈利上升 28%等；二是外国公司在我国各地的活动，比如福特即将推出新车，哈飞即将同空客组建合资企业，强生婴儿香波接受化学药品安全性检测等等；三是全球经济危机对中国的影响。三大通讯社都采写了一系列反映这一趋势的经济类新闻。比如美联社采写了两篇特写：《湖南为 200 万返乡农民工找工作》《中国雕刻石材之乡受经济危机影响而衰落》。法新社播发的《东星航空公司总裁失踪》《由于大量工厂倒闭，中国南方电力供应出现富余》，也都属于这类稿件。

D. 历史文化类新闻自采比率高达 66.7%，“体验”或许是文化传播的最佳方式

三大通讯社 12 条中国地方文化新闻中，8 条均为自采，比率高达 66.7%。比较发现，这也是三大通讯社中国地方新闻自采比率最高的一个板块。

12 条文化新闻中，历史考古类的共有 5 条，比例最高。分别是：广东打捞明代沉船、内蒙古发现罕见恐龙化石、研究发现北京人生活时期比目前已经知道的要早、广西将建飞虎队纪念公园以及中国最后一名太监的生活等。

如何理解文化新闻如此高的自采率呢？文化的东西需要“体验”才能获得更深刻的感受，或许是一个解释。

E. 新华社是三大通讯社的首要信息源，其 40%的中国地方新闻源于新华社，或将新华社作为重要的新闻源；《中国日报》和各地方主流报纸并列三大通讯社第二大消息来源

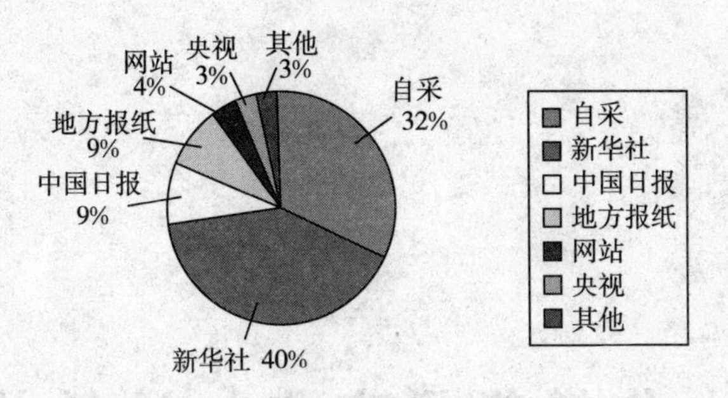

图 14　西方三大通讯社中国地方新闻的消息来源

表 26　西方三大通讯社中国地方新闻的消息来源

消息来源	自采	新华社	中国日报	地方报纸	网站	央视	其他
数量	51	65	14	14	6	5	5

新华社成为三大通讯社中国地方新闻的最主要来源。在调查的一个月时间段内，共有 65 条中国地方新闻转自新华社，或将新华社的报道引为消息源，占所有中国地方新闻比例的 40％。《中国日报》和各地方主流媒体，并列为三大通讯社的第二信息源。三大通讯社来自这两个消息源的稿件各有 14 条，分别占中国新闻发稿总数的 9％。

第2章

传媒格局变化与通讯社的核心竞争力

互联网和通讯技术的飞速发展改变了国际传播模式和全球传媒格局，通讯社生存模式遭遇挑战。为了适应新的传媒生态发展，通讯社积极探索新媒体时代的生存之道，重铸核心竞争力。

第1节　新媒体与传媒变局

1.1　数字技术与新媒体

在当今电子技术、通讯技术飞速发展的时代，数字技术、信息网络技术不仅影响着人们的传播方式，而且也改变了人们的生存方式。1995年，美国麻省理工学院（MIT）教授兼媒体实验室（Media Lab）主任尼葛洛庞帝（N. Negroponte）推出《数字化生存》（Being Digital）一书，将数字化提到了空前未有的高度。从此，有关数字化的认识不断加深。1998年，美国副总统戈尔作了题为《数字地球——认识21世纪我们这个星球》的演讲，数字化的概念开始为人们所接受，并且不断普及，运用到生活中，如数字化城市、数字化大楼、数字化家电、数字化办公等等。数字化一点点渗透到人们的生活中，尤其是传播领域，更是数字技术大显身手的空间，从模拟手机到数字手机、从胶片相机到数码相机、从模拟电视到数字电视，等等。数字化改变的不仅仅是传输方式和介质，更多的是人们接触和使用媒介的行为，乃至生活方式。在以数字技术为基础的情况下，信息技术、网络技术和计算机技术等影响着人们的生存环境，并且不断开创新的未来，“数字化生存”成了人们的一种生活方式。随着数字技术的快速发展与广泛应用，未来必定是一个更加高度数字化的社会。数字技术作为标志特征，引领人们走进了新的时代。

新媒体时代的概念，只是特定在传媒领域，特指在数字技术的普及应用下，传媒发展到一个新的阶段。在这个阶段，人类与传媒的关系进入一个以数字技术为主要特征的时代。在传媒发展的历史上，广播之于报纸，电视之于广播、报纸，都可谓新媒体，但随着数字新媒体的出现，报纸、广播、电视又成了传统媒体。但在传统媒体之中，又蕴含着新的数字媒体形式，数字技术所带来的媒体变化是革命性的，最终，所有的媒体都将统一于数字技术，成为新媒体。这种新媒体将不再是传统意义上的媒体，而将成为人类社会数字化的一个组成部分，也即新媒体时代的媒体承载形式。

从 20 世纪后半叶开始，数字技术统领下的电子计算机、网络、多媒体技术等逐渐大规模投入应用，在发达国家开始普及。到了 90 年代中后期，在全球范围内出现了数字技术快速发展应用的局面。1994 年，互联网开始大规模商用，经过十几年的快速发展，互联网已经覆盖五大洲的 233 个国家和地区。至 2009 年 5 月，全球网站总量已经达到 2.315 亿个，互联网的使用人数超过了 15 亿，达到全球人口总数的 22%。[①] 1999 年 5 月，美国商务部作的关于“数字化距离”的报告，将数字化距离定义成“已经上网和没有上过网的人之间的差距”。该定义直观地概括了数字化距离的最基本表现形式。至于数字移动通信工具手机，市场研究公司 Informa Telecoms & Media 发布的报告中显示，2011 年全球手机用户人数超过世界总人口的 70%。[②] 从中国的情况来看，2011 年 7 月 19 日，中国互联网络信息中心（CNNIC）发布了《第 28 次中国互联网络发展状况统计报告》。《报告》数据显示，截至 2011 年 6 月，我国网民规模已达 4.85 亿，互联网普及率进一步提升，达到 36.2%。受 3G 业务开展的影响，我国手机网民数量迅速增长，规模已达 3.18 亿人，占整体网民的 65.5%，手机上网已成为我国互联网用户的新增长点。[③] 同时，中国的手机用户已达 7 亿多。无论从世界的发展，还是中国的具体实际看，可以说，我们已经

---

① http://www.up66.com/lastnews.aspx? type=con&id=345

② http://tech.cn.aol.com/defaultdetail.jsp? keyid=43181

③ http://www.cnnic.net.cn/dtygg/dtgg/201107/W020110719521725234632.pdf

开始迈入新媒体时代。在新媒体时代，大众传媒成为数字技术的重要传播载体和身体力行的推动者，也是最大的受益者。数字化以后，所有新闻信息都可以通过比特组合来表达。不管是文本、图片，还是音频、视频，都在形式上获得了同一性。数字化的革命意义不仅是便于复制和传送，更重要的是方便不同信息形式之间的相互转换（如将文字转换为声音）以及使用者的参与。[①] 因此，用数字媒体就可以代表各种媒体，可以传递各种信息。

传统的媒体产业，经过数字化改造后，现在已在很大程度上被整合进信息产业，人们热议的话题如三网融合等，就是以数字化为龙头，通过广电网、互联网、电信网的渠道整合，实现电视、电脑、电信一体化，新闻信息的内容产业得以融合、贯通，在此基础上整合资源，实现全社会的数字化、网络化、信息化。有学者提出，数字媒体观就是把一切基于电子技术的传媒形态视为具有共同技术内核、运作规则、分享基础的统一体；不同形态的传媒，如广播、电视、互联网、短信、数据库，都是基于数字技术内核及其运作规则、分享基础的不同传播方式、不同传播手段。数字技术为不同传媒提供了资源整合的平台和基础，也就为不同传媒形态或业态的聚集，如广播、电视、互联网、短信、数据库、报纸、刊物等等，提供了新的基础，提供了分享资源和影响力空间的内在机制与条件。[②] 由此，大众传媒最终将成为整个现代社会信息化的普遍载体，传媒业和信息产业将实现“大汇流”。

在21世纪初，也就是人类进入新媒体时代的早期，正是新闻传播业的数字化进程波澜壮阔的时候。

1.2 传播模式之变

数字技术所带来的影响是全方位的。对新闻传播业而言，既有对大众传媒的技术推进，也有对传统媒体的多重冲击。当今所有的新闻信息传播活动几乎都离不开数字技术，数字技术已经成为新闻信息传播各个环节的基础，构建了所谓的数字新媒体。社会的数字化、网络化、信息化，使得传媒的意义和价值都在向着本质回归。数字技术又带来了大众传播模式的新变化，包括多媒体化、传受交互性和多向性、信息量的无限性、时效性的变化、储存模式的变

---

① 姜飞：《数字时代的文化倾销》，《理论与创作》2004年第3期。

② 陆小华：《数字媒体观与传媒运行模式变革》，《传媒运行模式变革》，第15页，新华出版社，2004。

革、受众习惯的改变等等。这场变革影响之广泛，程度之深刻，不亚于一场革命。

1.2.1 传播行为简便易行

数字技术实现了信息传播的低成本化和操作方式的简单化，从而使新闻信息传播变得简便易行。数字传输的优点是扩大了传输的容量、提高了传输的质量、节省了成本。互联网和手机媒体出现以后，更是改变了以前新闻信息传播必须通过专业化的传统媒体的局面。互联网及其体现、证明和促进的新媒体时代，是一个大写的补偿性媒介。这是电视、书籍、报纸、教育、工作模式等的不足而产生的逆转，差不多是过去一切媒介之不敷应用而产生的逆转。[①]以数字技术为支撑的网络传播实现了传播的交互性和多向性——通过电脑和网络，人们可以随时随地接收信息和发布信息，传受方甚至可以形成集群进行信息沟通，并且角色可以相互转化。沟通的手段也多种多样，有 BBS、聊天室、网络即时通信工具(MSN、QQ 等)、电子邮件等。这使大众传播的互动性和发散性极大增强，信息传播变得简便易行，传播的影响力也得到了几何量级的放大。

在专业的传播者方面，数字技术使得新闻信息采集传播更加方便、快捷。数码相机、数码摄像机、笔记本电脑、手机、卫星通讯等各种新闻采集和传输设备，使新闻报道更加方便、快捷。

文字记者携带数码相机已经成为比较普遍的现象。如今，更多的记者拿起了数码摄像机，这不仅有助于记者更全面地记录新闻事实，而且使他们有可能通过多种途径发稿，可以在对新闻事件进行文字报道的同时，向视频新闻编辑提供录像素材，向音频新闻编辑提供录音，从录像中提取照片供给图片编辑，实现新闻的多媒体化播发。

进入新媒体时代后，信息技术的发展使得新闻信息传播的门槛极大降低，越来越多的网民能够方便地采集新闻信息，然后通过手机和网络发布，从而不再单纯是新闻信息的受众，而成为新闻信息传播的主体。传播主体的发展呈现多元化趋势。

1.2.2 传播速度接近即时

新媒体时代新闻信息制作速度大大加快，传播发布的周期大大缩短，甚至

---

① [美]保罗·莱文森著，何道宽译：《数字麦克卢汉》，第 288 页，社会科学文献出版社，2001。

可以做到实时发布。记者在新闻事件现场采访，可以通过手机口述给后方编辑，或者直接用笔记本电脑接通无线网络，将稿件和现场拍摄的数码相片发给媒体，而媒体也可以通过网络、手机报、电子报、滚动字幕等形式即时播发新闻。在传播成本降低的情况下，大量的新闻事件甚至可以通过卫星进行现场直播(SNG)。新闻报道与新闻事件的发生几乎可以同步，新闻不再是传统意义上的已经发生过的事实，而可以是正在发生的事件。

尤其是在网络传播中，尽管信息的制作还需要一定的周期，但是从更新的角度来说已经超越了周期性，只要有新的信息发布就可以马上进行更新。这就出现了一个重要的趋势，即“截稿”观念的消失。新媒体时代的媒体一天 24 小时、一周 7 天可能都是工作时间，而且每一分钟都是截稿时间。在数字技术设备和数据传输手段的支持下，新闻媒体即时报道的观念大大增强，在即时报道上分秒必争，力求随时、随地以文字、图片、音频、视频等各种形式发稿。

1.2.3 传播媒介数字转型

传媒业是受数字技术影响最深的产业之一，通过数字化改造，媒体可以节约信息成本、提高传播时效，从而提高了媒介生产力。数字技术融入大众媒介，从载体到内容，从采集、制作到传输、接收，都在逐步实现数字化，使数字化工作成为媒体的工作常态。21 世纪初以来，数字出版、数字报业、数字电视、数字广播等媒体数字化的浪潮不断涌现，形成了新媒体时代的步伐。

数字化是一场世界范围内的新技术革命，是新闻媒体的发展趋势。以广播电视为例，数字化是广播电视升级换代的基础，数字广播电视节目频道的容量增大，图像质量提高，接收更加方便，业务功能和服务领域也极大扩展，不仅可以看电视、听广播，还可以接收电子政务、新闻资讯、生活信息、视频点播、电子商务等信息。发达国家纷纷制定了关闭模拟电视的时间表：美国 2006 年(已经推迟到 2009 年)，英国 2010 年，德国 2010 年，日本 2011 年。2003 年底，国家广电总局颁布《关于促进广播影视产业发展的意见》，要求国内广电机构积极利用数字技术和网络技术，大力发展广播电视网络和数字电视。2006 年，国家标准委正式公布了我国数字电视地面传输标准，于 2007 年 8 月 1 日起实施。按照国家有线电视数字化进程，我国有线电视数字化分 2005 年、2008 年、2010 年和 2015 年四个阶段全面实现。到 2015 年，我国将停止模拟电视播出，实现广播电视全面数字化。

报纸的采编数字化从 20 世纪 80 年代末就开始了，当时汉字激光照排技术研制成功后，在全国报社逐步推广，电脑和网络也在随后开始普及。到了

21世纪初，报纸的采编和出版工作都实现了数字化，具备发展数字报业的基础。2007年，国家新闻出版总署公布了数字报业项目的创新方向，分别是报纸网站、手机报、多媒体数字报刊、数字化平台、手机二维码、电子商务、户外数字媒体、电子阅读器、移动采编系统等九大类。

媒体数字化是一个完整的概念，也是一个系统、动态的工程，发展到成熟阶段就是数字媒体。数字媒体属于信息产业的范畴，很多研究者都从产业融合的角度来看待数字媒体，如认为电子计算机是数字媒体的终端载体：数字媒体不仅是一个高科技的流行词语，也是一种有效的教育、娱乐和获取信息的方式。它已经使计算机传递信息由单纯的文本方式发展为运用图片、声音和视频讲述故事。数字媒体把计算机用户从令人望而却步的主机终端带到了提供乐趣、冒险和互动学习的高科技桌面系统。数字媒体技术是使计算机在家庭和办公室同样普及的重要原因之一。[①] 连接网络的电子计算机是数字媒体的重要载体，而且随着各种移动终端如手机、PDA等的大规模应用，全面数字化后的新闻传播业与信息产业融合也越来越深。

1.2.4　媒介形态不断更新

信息网络技术带来了一场新闻革命，数字技术和网络技术创造出许多新的媒体形态，同时也提升了传统媒体。1998年5月，联合国新闻委员会正式提出了“第四媒体”的概念，互联网成为第四媒体。随着互联网Web2.0时代的来临，互联网以最大的内容包容度进一步全媒体化，在兼收并蓄各种新媒体形态的同时，获得了更大的发展空间。互联网正在与电信和广播电视在终端、接入、传输和应用等多个层面走向融合，不断产生新的媒体形式。基于互联网的新的数字化信息传播形态，从时间概念看，是继报刊、广播、电视等传统媒体之后发展起来的新的媒体形态；从载体角度看，是利用数字技术、网络技术，通过互联网、宽带局域网、无线通讯网、卫星等渠道和计算机、手机、数字电视机等终端，向用户提供内容增值服务的传播形态；从技术角度看，借助数字技术和网络技术形成的有别于传统传播形式的新兴信息传播渠道都属于新媒体。

在国内，1997年网络媒体开始兴起，并且快速成长壮大。2005年起，以手机为代表，博客、播客、网络电视等一系列数字新媒体形态进一步冲击传统媒体格局。传媒业界对新媒体的重视程度也越来越高，把新媒体当作传媒业未

① [美]希尔曼著，熊澄宇、崔晶炜、李经译：《数字媒体：技术与应用》，第1页，清华大学出版社，2002。

来发展的希望。国家广电总局在《关于促进广播影视产业发展的意见》中提到，“大力开发对广播影视产业未来发展具有重要意义的高新产业，诸如卫星直播、手机电视、移动电视等”，新闻出版总署也牵头进行数字报业研究。

据不完全统计，目前比较热门的新媒体话题有几十种，如：数字电视、直播卫星电视、移动电视、IPTV、网络电视（Web TV）、列车电视、楼宇电视、手机媒体（手机短信、手机彩信、手机游戏、手机电视、手机广播、手机报纸等）、电子报纸、电子杂志、即时通讯群组（MSN、QQ 等）、虚拟社区、博客（Blog）、播客、微博（Twitter）、搜索引擎、RSS 聚合等等。其中既有新媒体形式，也有不少属于借助数字媒体硬件的新载体，或者是整合内容的新技术，还有新的媒体经营模式。

随着第三代移动通信网络（3G）、下一代互联网（Ipv6 协议下的高速网络）开始商用，三网融合，新媒体的发展将进入爆发期。手机与互联网的结合已经使其发展成为重要的大众传播媒体，成为网络媒体的延伸与组成要素，不仅如此，手机媒体除具有网络媒体的各种优势外，还能打破地域、时间和电脑终端设备的限制，可随时随地接收、传播多媒体信息。可以说，手机是新媒体时代最重要的传播工具，并将成为影响力第一的媒体。

1.2.5 传播内容跨越介质

数字编码技术和数字压缩技术的进步，使得文字、图片、音频和视频的数字化成为可能，各种信息皆可以进行数字化转换。数字化后的素材和内容可以进行多种方式的加工，自由组合或者拆解为各种要素。内容产品的构成要素越多，就越易加工成各种产品。

把信息转换为数字后，将照片、文件、音频、视频和对话透过同一种终端机和网络传送及显示的现象称为“数字融合”（Digital Convergence）。内容的数字化改变了原创内容依附于传统媒介的形态。这是因为内容变成了“0”和“1”之后，原创转换的成本被大大降低，能够非常容易地被各种类型的传输网络和媒介终端所接收。这种生产转换成本一直是内容原创依附于媒介的重要原因，这是因为适合一种媒介形态的内容原创，要转化为另外一种媒介产品，就必须按照另外一种媒介的特性进行改造，而这种改造的成本是非常高昂的，这就迫使原创内容不得不停留在原先的媒介形态内。[①] 数字内容的出现，使得内容的传播形式可以根据消费者的需求进行调整，可以是单纯的声音表达、画

---

① 赵子忠：《内容产业论：数字新媒体的核心》，第 44 页，中国传媒大学出版社，2005。

面表达，也可以是多媒体的，即包含了声音、文字、动画等多种类型的内容。数字内容可以自由地组合以适应需求，还可以自由地选择媒介传输渠道，自由地从一种媒体转向另一种媒体。

1.3 传媒格局之变

从大众媒介发展史的角度来看，媒介的种种变化通常都是从技术变革开始的，由技术领域扩展到内容生产，动摇原来的传媒生态秩序，最后波及社会沟通传播的方式。

近年来，以互联网为代表的新媒体发展十分迅猛，直接而剧烈地引发了新闻信息传播的变革。无论是媒体的形态或运作，还是受众获取信息的心理和行为；无论是宏观的传播环境和传媒格局，还是微观的产品内容和形式，都发生了广泛而深刻的变化。这些变化不仅改变了全球每个国家的传媒生态，也直接关系着各种传媒机构的命运。

1.3.1 受众需求：碎片化与个性化

新媒体时代，受众对新闻信息的需求进入数量大、范围广、系统性强、层次高、个性化突出的新阶段。受众获取信息更加自由，这种自由主要基于数字技术带来的海量信息可检索、可存储。当然，由于信息规模的空前巨大，也使人们在面对信息时出现了选择上的困难，以个人的接受能力，根本不可能对全部信息进行接收和处理。有研究者认为，信息传播的空前自由反而造成了选择的不自由，因为过多的信息会使人无所适从。阿尔温·托夫勒在《未来的震荡》中说："有朝一日，选择将是超选择的选择，自由将成为不自由的自由。"[①] 但同时，在技术上对信息进行筛选、复制和传递已经非常容易，因此，信息接收者按照什么样的标准，通过什么途径，如何选择和过滤信息就变得十分重要，这决定了信息传送者的传播意图能否实现。

正如尼葛洛庞帝在《数字化生存》中所言，"数字化会改变大众传播媒介的本质，'推'(pushing)送比特给人们的过程将一变而为允许大家（或他们的电脑）'拉'(pulling)出想要的比特的过程"。[②] 在新闻信息内容和形式都具有更

① [美]阿尔温·托夫勒：《未来的震荡》，第313页，四川人民出版社，1985。

② [美]尼古拉·尼葛洛庞帝著，胡泳、范海燕译：《数字化生存》，第103页，海南出版社，1997。

多选择性的条件下，受众获取新闻信息的手段、方式、心理与习惯等，都逐渐发生了变化。因此，受众内部发生了很大的分化，个性化需求日益强烈，而以互联网为核心的数字技术的发展，为个性化需求的满足提供了可能。在这种情况下，受众不再像过去那样是一个统一的整体，而是分裂成一块块基于不同需求或兴趣的“碎片”。与此相适应，传媒市场也分化成面向不同地区、不同行业、不同年龄、不同兴趣的受众的细分市场。

受众碎片化的趋势就是受众需求个性化的趋势，这意味着受众在接收信息时的主动性和消费偏好变得日益重要。以手机媒体为例，把5亿多个用户的构成状况、需求意向、消费倾向、分布状况、支付能力等市场信息，进行类型细分，进而针对不同类型的人群，提供、发送适合其私人贴身通讯工具特点的信息，这样，针对性、有效性、命中率都会提高。

在新媒体时代，任何一个人通过互联网、手机等，都可以随时进行信息沟通，这甚至成为传统媒体的重要信息来源，人际传播的性质得到凸显和强化，传统的广大受众开始分割为“小众”。网络导致的交互性，使传播者和接收者的身份转换极其容易。通过互联网、手机等新媒体方式，人们可以经济而便捷地以多种形式传播信息。

年轻受众，尤其是成长在新媒体环境下的一代，其接受信息的习惯和方式与老一代不同，他们的消费会逐渐主导市场。

1.3.2 市场状况：年龄分流与类型细分

新媒体正在对广告和受众进行双重分流，如新闻网站、楼宇电视直接分割了传统媒介的市场，手机短信、MP3、MP4、网络游戏等又间接分流了人们对传统媒体的消费兴趣和能力，进一步加剧了媒体间的市场竞争。而且年青一代获取信息越来越倚重互联网等新兴媒体，传统媒体受众呈现明显的老龄化趋势。调查显示，2005年，欧洲消费者用于上网的时间首次超过读报和看杂志的时间。[①] 美国哈佛大学2007年7月一项调查结果显示，美国12岁至17岁的中学生有28%不闻天下事，另有多达46%的中学生完全不读报。调查显示，人们的阅读习惯已全面转移至互联网。[②] 从国内的情况看，中国出版科学研究所2006年9月发布的国民阅读状况调查显示，国民阅读率正在持续下降。调查结果表明，2005年我国识字者阅读率为48.7%，首次跌破50%。

---

① 英国《金融时报》中文网(ftchinese.com)2006年10月9日。

② 《中国青年报》2007年7月12日。

1999 年首次调查的该阅读率为 60.4%,2001 年为 54.2%,2003 年为 51.7%。与传统阅读率相反,近年来中国人网上阅读率正在迅速增长,从 1999 年的 3.7%到 2003 年的 18.3%,再到 2005 年的 27.8%,7 年间增长了 7.5 倍。目前,已经有超过 10%的中国人有网上阅读的习惯。而通过互联网了解时事新闻的网民则占网民总体的 19.0%,与 2001 年相比提高了 9.8%。[①] 传统的新闻信息获得渠道变化巨大,而且正在影响着年青一代的新闻信息获得方式。

新媒体业务在产业化概念下迅速融合,产生新的影响力空间。而新媒体通过数字技术和网络技术,降低了规模成本,使得大众潜在的传播需求可以比较经济地得到满足。新媒体从不同的角度切入,但提供的却是与传统媒体相同的服务,这就影响了传统媒体的原有利益格局,对现有市场进行重新分割。如互联网上的弹出式、背景式、嵌入式广告,就是对报纸和电视广告的直接模仿,而其占有的受众注意力,一定程度上也是由报纸和电视分流而来。还有楼宇电视广告、移动电视广告,也是对传统电视广告市场的直接分割。另外,小众化的传播状态,也增强了新媒体细分市场的动力。

1.3.3 产业整合:边界重塑与业态融合

在新媒体时代,信息技术的发展直接而剧烈地引发了新闻信息传播的变革,无论是媒体的形态或运作,还是受众获取信息的心理和行为;无论是宏观的传播环境和传媒格局,还是微观的产品内容和形式,都发生了广泛而深刻的变化。这些变化,不仅将改变今后全球及每个国家的传媒生态,而且将影响现有的传媒机构的命运。新媒体使大众传播的状态和大众传媒的业态发生了并且还在发生着深刻的变化。

新媒体对于市场份额的分割,对于盈利模式的改变,同时也影响了整个媒体产业的生态环境。媒体的产品形态和行业边界将被重塑。数字媒体将适应新的媒介生态,在媒介定位、发展方向、制度架构、管理手段、经营方式、盈利模式等方面实现媒体整体的战略升级。

迄今为止,已经形成的数字网络技术平台都是新媒体的基础,运用这个平台开展媒体业务的关键还是内容提供。数字媒体由于数字技术和网络技术赋予的交互性和跨时空的特点,使传媒行业的传播形态发生改变,最主要的是传播主体由传媒机构单向传播转变为多元媒介传播,以及由此导致的传播内容多媒体化。数字内容提供者的内容产品,可以通过多种媒介和渠道进行传播

① 《中国新闻出版报》2007 年 8 月 30 日第 6 版。

及销售，而受众也可以通过多种终端进行接收和消费。在新媒体时代，媒体内容生产者的本质并未改变，关键在于自身是否根据传播格局和媒介市场此消彼长的变化，推出不同的内容产品形态并产生效益。

数字技术的迅速发展和全面应用，使语音、数据和图像信号等通过统一的数字信号编码进行传输和交换，为各种信息的传输、交换和处理奠定了基础。数字技术加速了传统媒体业务与新媒体业务的结合、整合、融合，推动了多元传播格局下经营模式的转型，使得媒介产业与外部产业的结合日趋紧密，外部产业对传媒业的影响和支持日益重大。

数字新媒体诞生的直接推动力是技术发展。正是由于网络技术和现代数字通信技术的发展，使得广电和电信、互联网等行业在技术和应用上逐步产生融合之势。新媒体与传统媒体间的融合，打破了原来的产业界限，尤其是大众媒介领域的界限，在使不同产业融合的同时，成为大众媒介产业发生变化的根本动因。

数字媒体产业融合表现在三个层面：传输网络上的电信网络、广播电视网络和信息产业的宽带网络融合，终端上的电信、计算机、消费类电子产品融合，以及文本、图片、音频、视频等内容产业的融合。原本属于不同行业的电信产业、信息产业、家电产业，在内容产业中相互进入、合作、融合，形成了巨大的数字媒体产业。

第2节　通讯社面临的挑战与机遇

2.1　多重冲击下的通讯社

通讯社是一个新闻信息采集、加工和发布的专门机构，通过向国内以及世界各地派出的大批记者采集各种新闻信息资源，经过编辑加工处理后再发布给本国、一定区域内甚至世界范围内的报刊、电台、电视台、网站等媒体，通过媒体用户将新闻信息传播给广大受众；同时，也为企业、政府机构、研究机构、地区和国际组织等非媒体用户提供各类新闻信息。通讯社是一个专门提供新闻信息的信息产业机构，它不是媒体，与报纸、广播、电视等媒体不同，传统意义上的通讯社没有直接面向受众的终端渠道，也就是媒体本身。因此，在某种意义上说，新闻信息是通讯社生存和发展的根本。

通讯社本身不是新闻的最后载体，新闻要通过媒体才能与受众见面，这使通讯社的影响力大打折扣。近年的研究表明，虽然通讯社是网站新闻的主要来源，但是，对于一般的互联网用户来说，他们所关心的仅仅是网站的品牌，而很少能够追溯新闻的来源，并意识到通讯社的存在。[1]

通讯社 → 大众媒体 → 受众

数字技术本身给通讯社业务带来的是，新闻信息传递更加快捷、成本不断降低，这对于通讯社是有利的一面。通讯社也总是选择最先进、最便利的采集、发布形式，例如电报的试验成功就为通讯社的产生提供了物质条件。世界上成立最早的通讯社哈瓦斯社，1845 年使用法国新建的第一条巴黎和里昂之间的电报线路发送新闻，1851 年，哈瓦斯社已经使用电报向法国各地及欧洲其他城市的报纸供稿。当时，各国通讯社纷纷利用电报传送新闻，因而新闻通讯社又有电讯社之称。[2] 到了新媒体时代，电脑和互联网等传播形式给新闻信息业发展创造了条件，通讯社率先应用了先进的采集、发布技术。

但是，新媒体时代造成的整体传媒生态环境的变化，也给通讯社的生存和发展带来了威胁。新闻传播业的发展和竞争的加剧，以及现代信息技术和新媒体的大量出现，使通讯社面临的竞争领域大大拓宽，进入全媒体竞争时代。随着以电脑和互联网为核心的信息传播技术的迅猛发展，通讯社新闻信息总汇的独特地位受到了比较严重的冲击。

2.1.1 产品生产：多样化需求挑战单一供应

通讯社过去面对的新闻媒体数量相对有限，性质单纯，所以长期以来出现的产品一直比较单一。进入新媒体时代，新闻信息市场发生翻天覆地的变化，媒体用户的数量、种类、要求在日益增多，传统的单一性产品已难以满足各种媒体用户的需要。

而且在数字媒体时代，受众个性化需求日益强烈，而以互联网为核心的信息技术的发展，为他们个性化需求的满足提供了可能。受众碎片化的趋势形成了对媒体内容供应的挑战。

传统媒体为了适应受众个性化需求，纷纷进行调整，综合性媒体增加细分内容，专业媒体则强化优势提供独特内容。媒体用户由此对通讯社的新闻信息产品也产生个性化需求。比如，不同地区的媒体对涉及本地区新闻的稿件

---

① 李林芳译：《通讯社对互联网国际新闻的垄断》，《世界广播电视参考》2008 年第 1 期。

② 郑超然、程曼丽、王泰玄：《外国新闻传播史》，24 页，中国人民大学出版社，2000。

有偏好；报道重点不同的媒体等对各类稿件的量有不同的需求；很多媒体对稿件的性质、内容和长短有不同的要求，希望提供“点题服务”。媒体的个性化需求目的在于满足各自的目标受众需求，形成差异化的市场竞争力。而通讯社的诞生在一定程度上是媒体降低生产成本的选择，播发通稿是通讯社的本能所在。大量研究表明，新闻通讯社的新闻报道内容表现出高度的格式化和同质化倾向。[①] 通讯社的新闻虽然是海量的，但出于成本和运行方式的需要考虑，仍然要以通稿为主，很难做到个性化。

通稿是指用同一种产品供应不同的用户，通过同时向众多用户批发出售同一新闻产品来取得规模效益。这在交通和通信不发达、地域鸿沟十分明显的时代是行之有效的，但随着现代化水平的提高，尤其是新闻传播事业的发展，这种“一对多”的发稿模式越来越受到媒体用户的诟病。[②] 媒体之间的竞争十分激烈，都希望以自己的独家新闻而见长，而通讯社则希望采用其稿件的媒体越多越好。这就构成了通讯社这个新闻供应商和其新闻用户之间的一个矛盾。显然，通讯社原有的发稿模式已经不能满足媒体的需求。

而受众碎片化对个性内容需求大增，这种情势之下，通讯社产品种类还不够丰富，形式还比较单一，不能满足市场的个性化需求。通讯社需要改变过去以通稿对待所有用户的传统，开始探索如何提供个性化产品，以服务于细分化的市场。

以新华社为例，新华社有庞大的多媒体新闻信息产品体系，有 7 万多个机构用户，新渠道的拓展和通稿线路的改革带来新闻信息服务业务量的激增，但个性化服务水平仍然不高。能否实现产品和用户之间的有效传播，更有效地满足用户的需求，是新华社在新媒体时代面临的一大考验。

用户需求的满足在一定程度上决定了报道的影响力和竞争力，核心是寻找产品与受众之间最快捷、最方便、最有效的对接手段。构建服务型营销支撑平台是满足用户、提升传播力的重要环节。很长一段时间内，新华社在营销体制上一直是采编和营销严重脱节，没有形成新闻信息产品的反馈机制。采编人员不直接和用户打交道，不清楚用户的具体需求；营销人员不懂采编。这种情况产生的直接后果是用户需求信息不能及时反馈给编辑部门，编辑部门提供给用户的产品在相当程度上是盲目的，将同一产品提供给不同用户，缺乏个

---

① 李林芳译：《通讯社对互联网国际新闻的垄断》，《世界广播电视参考》2008 年第 1 期。

② 新华社新闻研究所课题组：《世界性通讯社标准研究》，《传媒发展与未来规划——2005 年新华社新闻学术年会论文选》，第 16 页，新华出版社，2007。

性化服务。新华社营销总平台的建立，架起了两个部门之间的桥梁，让用户需求得以顺利反馈给产品生产部门。

2.1.2 传媒整合：集团化与联合化“夹击”通讯社

数字技术的资源整合，使得媒体集团与通讯社形成竞争。同时，媒体之间加强联合，也减少了对通讯社的依赖。

首先，媒体集团对通讯社的需求减少。新媒体时代，媒体可以很方便地建立整合资源的数据库，通过内容积累实现价值增值。如今，国内很多发达地区的报业集团都在酝酿资源整合，形成区域强势媒体。对媒体而言，其实力越大，对通讯社的依赖程度越小，尽管大媒体也会是通讯社的用户，但一旦新闻采集形成规模优势，大型媒体集团就会降低对通讯社的需求。例如，南方日报传媒集团的许多尝试和构想已经类似一个小型通讯社。南方日报传媒集团已经建设了集团图片库，建设的南方新闻数码港正在整合集团内新闻资源，待整合内部所有信息资源之后，将成为区域新闻的“消息总汇”，具备一个区域性通讯社的功能，完全可以为其他媒体供稿。新华日报报业集团也在整合旗下报纸的图片资源，形成图片库，供各子报和网站使用。

地方媒体的内容数据库形成规模后，必然要寻求利用价值最大化，向外提供服务。通讯技术和互联网的发展，使媒体传播的技术门槛越来越低，成为地区性的新闻信息内容提供商已经是许多媒体的既定发展方向。这样，一方面媒体集团可能会降低对通讯社的依赖程度；另一方面，形成新闻信息资源库的媒体也会在业务上与通讯社形成竞争。

例如，广州日报报业集团探索传统报业与互联网、手机等新媒体相互融合、相互促进的战略举措，《广州日报》在国内是第一家建立滚动新闻部，旨在实现24小时全天候连续不断地跨媒体传播。《广州日报》滚动新闻部的主要功能：①为各个媒体，包括传统媒体、网站、手机、移动报纸等，实时提供内容；②提供给读者当天的新闻；③互动，通过网络平台、手机平台等，获取更多有新闻价值的素材。

2007年6月15日早晨5时10分的九江大桥撞桥事故，上午《广州日报》滚动新闻部通过大洋网在第一时间实现滚动报道。当天下午见报的北京《法制晚报》封面主图，便是《广州日报》记者所拍摄的撞桥现场图，这在以往是不可能实现的。一般来说，日报对该事件的报道也只能是第二天见报。作为通联媒体，《法制晚报》也只能在第二天才能转用《广州日报》的新闻图片。但有了纸媒和大洋网联动的滚动式报道，《法制晚报》当天对事件最新进展进行了报道。

实际上，事发当天以及此后十多天的连续滚动报道，通过大批门户网站对《广州日报》、大洋网新闻的转载，加深了读者及业界对《广州日报》突发性事件反应报道能力的认可，从更深层面看，极大地提升了《广州日报》的影响力和品牌价值。[①]

从国际上来看，媒体购并使得传媒集团变得越来越大，能够通过内部整合资源降低对通讯社的依赖。像加拿大的媒体集团加西环讯，经过整合旗下报纸、电视的新闻资源，成立了自己的通讯社——加西新闻桌，退订了加拿大通讯社的产品。

目前，美国报业正面临急剧的变化，市场衰退也使地方报纸更加关注本地新闻，而对通讯社产品的需求减少。美联社认为自己的内容是必需品，但许多报纸却认为它是奢侈品。对于他们来说，替代的方法有很多种。

据国外媒体报道，近年来很多美国报纸都开始或者打算撤销同美联社的合约，原因之一就是美联社地方新闻变少，无法满足各报需求。现在美国报人普遍认为，尽管报纸要有国际和全国新闻，但是成功的报纸一定是那些拥有丰富地方新闻、长于本地及区域性事件报道的佼佼者。所以，区域性报纸不能依靠美联社。在《爱达荷瀑布城登记邮报》，全国和国际新闻中只有最重要的才会见报，80%～90%的内容是区域性及本地化的。《斯波坎发言人评论报》正试着用其他内容供应商来替代美联社，比如汤姆森路透集团、《洛杉矶时报》《纽约时报》《华盛顿邮报》及其他共享内容的报业联盟等。

而通讯社由于缺少终端载体，单纯靠出售产品盈利，与其他媒体相比，盈利渠道单一，在新闻信息产品采集制作成本上付出多而综合回报少。面对新媒体时代媒体集团化造成用户减少的趋势，亟须开拓更广阔的市场。

其次，来自媒体联合的竞争增多。网络带来的媒体联合也使得通讯社面临新的竞争。例如，当前新华社面临的一个主要矛盾是新闻产品的供给难以满足新闻市场日益增长的需求。且不说满足电视、网络、电台等电子媒体的需要，单单满足报纸这种传统媒体的需求也远远不够。于是，一些地方报社便成立了一种类似报联社（通讯社的一种）的新闻交换网——换稿联盟或报联网。随着媒体竞争的加剧和报业增长势头趋缓，越来越多的报社在内容和经营方面展开合作，以图提升影响力和竞争力。换稿联盟的实质就是报社之间的地域性新闻资源共享，通过异地媒体之间的稿件定期定量互换，实现新闻内容的

① 王栋、田曼：《滚动新闻如何发挥威力》，《南方传媒研究》第九辑，南方日报出版社，2007。

多次利用和影响力的扩大，同时降低了新闻的运营成本。换稿联盟如果足够强大，将会削弱对通讯社稿件的依赖性。各地的都市报由于发行区域只在本地，与外地同行不存在直接竞争关系，所以使用报联网交换的稿件比较多，尤其是社会新闻等“软稿件”。

国内的报联网起源于20世纪90年代早期，像《北京青年报》，就是从1991年开始与外地报纸交换稿件，当时主要是自发行为，传输方式主要是通过发传真；20世纪末，随着都市报的兴起和互联网在国内的普及应用，报纸主要通过电子邮件方式收稿，同时也通过这种形式向入网报社群发稿件。报联网所提供的稿件大多都是各成员报纸当天准备上版面的稿件，这使入网报纸能够与新闻事件发生地的报纸(或新闻的采集单位)实现同步发稿，使都市报在本地报业的时效竞争中抢占了先机。

都市类媒体组建的报联网或换稿联盟已经具备报联社的功能。以《现代快报》为例，其目前已与全国各大城市的百余家都市报建立了稿件互换的关系，每天接收各家都市报提供的稿件邮件多达上百封，每封邮件平均包含有8篇稿件，且质量上乘，在次日见报的国内国际时事板块中，交换稿件的上版率约占60%。同时都市报联盟的建立，更加强了彼此间在应对重大突发新闻事件时的快速反应和协作能力。譬如2005年连战访问大陆期间，根据行程安排，南京、西安、北京的都市报均和其他地区的都市报建立了协作供稿平台，彼此利用自己的地方资源和人脉关系采写新闻稿件。

异地新闻的同步发稿是报联网吸引报社之处。目前，发行区域不冲突的都市类报纸之间几乎都存在各种不同形式、不同级别的交换稿件的协议。报联网虽是个松散的联盟，但却有一定的组织规则，即“一个地方只能有一家报纸参加”，能确保每个成员得到在本地范围内的独家外埠新闻。国内有都市报报联网，也有地方晚报的报联网，他们彼此之间并不相互交换稿件，实际上就是为了维护新闻资源在本地范围内的垄断性。在具体操作环节上，报联网对诸如传稿时间、传稿数量以及一些报纸的特别重要的板块做一些适当的细节划分和规定，都有约定俗成的惯例。名牌栏目的重点报道，在互允了一些前提条件之后，都可以通过协议明确互换关系。

报联网的稿件以国内社会新闻为主，外埠新闻当日发稿，使报联网的加盟报社越来越多。报联网具有发稿数量多、时效快、稿件可读性强等特点，这些特点不仅满足了报纸对各地新闻，尤其是各地社会、文化新闻的多样化需求，也成为其他供稿形式不能取代的一种方式。

报联网的成员单位以采集本地新闻为主，有些报社还跨省采写重大突发性新闻。这样，新华社原有的国内新闻采集网的优势在一定程度上受到了影响，报社对新华社稿件的依赖程度也有所降低，这在一定程度上使新华社的影响力受到了挑战。

在美国，随着报业经济压力的加剧，会员对美联社的抱怨越来越多，一些报社开始加强合作，试图降低对美联社的依赖程度。合作建立内容分享平台就是所采取的措施之一。美国新罕布什尔州的5家报社，在过去15年里一直是这么做的。俄亥俄州最大的8家报社创立了一个名为“俄亥俄新闻机构”的合作组织，通过互换信息来降低对美联社的依赖。蒙大拿州的5家报社开始更多地分享内容。

而且在国际上，像《纽约时报》《今日美国》、CNN、BBC等顶尖媒体也在一些新闻领域与通讯社存在一定的竞争关系。据美国《主编与发行人》杂志网站报道，CNN于2008年12月邀请众多美国报社主编参加一个为期3天的高峰论坛，目的是推出一项面向报社及其网站的通讯社供稿业务。业内人士分析认为，CNN此举或将与面临“解约危机”的美联社构成竞争。负责销售与会员关系的CNN新闻销售部副总监乔·米德尔堡，向众多报社主编发出了邀请信。信中声称，“正如大多数大型新闻机构一样，CNN有自己的内部通讯社服务，可以提供原创的世界新闻报道。CNN在世界范围内拥有3800名员工、22个国际分支机构、15个国内分支机构、900家北美广播电视会员、1家网站和1个广播网，有能力持续提供实时新闻报道。我们自信有实力向其他新闻机构提供这项服务”。

类似CNN这样的大型传媒机构在世界各地广泛派驻记者，采集、传播新闻的实力不断增长，拥有丰富的新闻信息资源，在业界享有很高的知名度和美誉度，完全有能力开展向其他媒体供稿的业务。

2.1.3 传播角色：网络媒体冲击“信息中介”地位

网络媒体对通讯社新闻信息中介的地位形成冲击。首先，网络媒体形成新的“新闻信息总汇”。新媒体时代，信息来源的多元化和信息发布机会均等也给通讯社带来了极大的挑战。信息来源多元化，对于作为消息总汇的新华社来说，意味着竞争的对手越来越多，国内许多地方都筹建了报业集团、广电集团、出版集团，媒体微观组织的活力日益加强。随着通信技术、网络技术的飞速发展，网络媒体表现出了勃勃生机，引发了信息获取手段的革命，对传统媒体产业形成了巨大的挑战。网络媒体凭借其技术优势有可能成为一种新的“新闻信息总汇”，从而对通讯社的固有地位构成一定威胁。通讯社一直以新闻信息中介的地位而有别于其他传统媒体，并把它作为自己生存与发展的核心竞争优势。成为新闻信息中介的重要条件是拥有遍布各地、反应快捷的新闻信息采集网络和信息传递系统。过去，历史形成的分工和先天的技术限制，使报刊、广播电视等媒体无法具备这一条件，而让通讯社独享其美。而如今，数字技术的发展推动了信息传播的进步，使通讯社独有的一些竞争优势大为削弱。

通讯社发布的新闻信息以及时全面而著称，然而，卫星直播电视的出现，使受众可以在新闻事件发生的同时看到对它的现场直播，从而使通讯社新闻"快"的优势相形见绌；通讯社供应的新闻信息产品数量虽然巨大，但与互联网上的信息量比起来仍然相距甚远，不在一个数量等级，使通讯社新闻"全"的优势不复存在。网络媒体对传统媒体的冲击非常大，不仅因为其快捷的传播方式、年轻的受众群体，网络对新闻信息的海量吸纳能力也使得传统新闻机构难以望其项背。网络媒体在信息报道面、信息传输速度、信息容量等各方面都大大超过通讯社，从而成为新的"消息总汇"。据统计，新浪每天滚动新闻 1 万多条，其地域覆盖面和题材覆盖面都丝毫不逊于任何一家通讯社。

而搜索引擎百度更是可以把传统媒体网站新闻一网打尽，播发的新闻由机器每 5 分钟自动选取更新，根据内容类型分类进行阅读率排行。这样，很多媒体都从网上寻找新闻线索，甚至直接从网上下载新闻使用。

大型新闻类网站和综合性网站、搜索引擎以整合全球信息资源为运作方式，每天可以很容易地整合发布上万条新闻，国外的 Google、Yahoo 自不待言，国内的百度、腾讯、新浪等也在朝着这个方向迈进。这种强大的整合能力是任何一家通讯社都无法比拟的，对通讯社产生新的威胁。但国内网络新闻最大的缺点就是缺乏原创，为此，网络媒体也在通过网上访谈等形式增加独家内容。从做强优势的角度看，网络媒体发挥好内容整合能力非常重要，这也是新媒体时代重要的媒体竞争力。对于通讯社来说，利用网络，借助自身权威性的优势整合外来内容也是一条可行之路。

其次，互联网传播方式对新闻发布渠道惯性形成挑战。新技术革命带来了新闻采集手段、新闻传输手段等方面全新的变革。在新媒体时代，许多信息都先在网上发布，所有媒体均处在同一条起跑线上。从大众传播模式看，互联网的出现使得信息传播由过去的点对面单向传播为主，变为点对点双向传播为主。网络传播的互动特性打破了传统媒体因拥有传播权而控制传播内容和效果的局面，造就了点对点的互动式传播。博客等互联网新技术、新应用的出现，更是为个人信息的发布和传播提供了手段和阵地。

CNNIC发布的互联网调查报告称，当前网民获取信息的主要途径首先是网络，其次才是电视、报纸。调查还表明，网民当前使用最多的网络服务就是浏览新闻、搜索引擎等。网络技术呈现裂变式发展，以前的BBS演变出博客、播客，手机短信演变成手机彩信、手机报纸、手机电视，博客逐渐呈现出“自媒体”趋势。这些都改变了且还将继续改变传统的新闻信息传播渠道和格局，即信息传受通道由以传统媒体为主，扩展到涵盖网络包括论坛、博客、即时通讯工具等新兴传播渠道。网民更多地选择上网获取新闻，这其中包括浏览媒体网站的新闻信息，也包括浏览商业网站的新闻信息，还包括从个人网站以及论坛、博客、即时通讯工具等获取信息。由于互联网的技术特性，网上舆论经常产生迅速放大、迅速聚焦等效应，它不仅追踪社会焦点、热点问题，而且制造社会热点话题，甚至监督一些热点事件的处理。网民既可以通过对传统媒体的报道跟帖、讨论，形成网上热点，又可以通过关注经济社会的热点、难点或新发布一个事件制造网上热点并引发传统媒体跟进。在这种环境下，新华社发挥引导舆论作用的难度越来越大。

为适应经济全球化和中国社会经济发展的需要，各级政府将建立健全新闻发布制度，作为一项紧迫任务加以推行。同时，随着新媒体日新月异的发展，网络越来越发达，以2006年1月1日中国政府网正式开通为标志，中国的国家、省（自治区、直辖市）及地区（市、州）的多数部门都已经上网，政务公开、网上办公正在逐步推出。各级政府部门都拥有自己的信息发布平台，可以随时通过自己的官方网站发布政务信息，新华社不再是唯一的“权威发布”机构。在新华社稿件中占主体地位的国内时政新闻信息的采集不再拥有独家垄断权，这对构成新华社核心竞争力的受权发布新闻提出了极大的挑战。

同时，在新华社的优势资源聚集区国际新闻对内报道领域，也有越来越多的具有实力的国内媒体涉足，互联网更成为国际新闻传播的一个重要渠道。新闻信息采集由垄断向平等竞争转变，这给新华社报道提升竞争力提出了新的课题。

此外，通讯社的新闻发布速度也遭到互联网的挑战。互联网信息传播不受出版周期、播出时段等限制，可以在几乎是新闻事件发生的同时将信息上传。过去对于突发性事件的报道，人们只能等待政府或官方权威媒体的声音，而今天，当世界某地发生重大突发性事件时，网民已经习惯于上网查看信息。现在受众自发地对突发性事件的信息进行传播，很快就在网上和手机上扩散，这对通讯社突发性事件报道的及时、准确、深入都是挑战。

在国内，新华社建立了30多个分社和20多个支社、记者站，形成了国内新闻采集网。从地域上来说，国内分社再加上较大城市设立的支社和记者站，相对国内其他任何单一媒体来说，新华社的新闻采集网络都是最强大的，但如果与整个新闻界的媒体网络相比，在特定事件，特别是在一些突发性事件、社会新闻等领域，很难取得时效上的绝对领先。尤其是在互联网技术得到深入应用之后，网上舆情打破了媒体话语垄断格局，很多重大新闻都是先出现在网络上。

时效是新闻的生命。目前，重点新闻网站和门户网站已经开始24小时新闻发布的工作方式。当网络新闻铺天盖地的时候，滞后的报纸、广电新闻将不为受众所感兴趣。然而，通讯社还有其他传统媒体发布新闻信息有固定的流程，采编仍是一条直线作业，记者采访结束后发稿，编辑进行选择、修改，经审核后才能经过电台、电视台播发，报纸还要隔天才见报。尤其是在重大突发性事件的报道上，稿件需要多道编辑把关，重要稿件还要送有关部门审定。而消息往往在第一时间通过一些网站、博客等发布并快速传遍网络，在网民中形成先入为主的印象，以至于真实准确的消息发布后反被一些网民所质疑。因此，适应新媒体时代的时效要求，提高新闻信息发布的速度尤其是重大事件新闻的发布速度，是对新华社实力和竞争力的挑战。

新华社面临的挑战是严峻的：一旦新华社漏发某地发生的重大新闻事件，外地媒体照样会通过网络等途径铺天盖地地刊出其他媒体的报道。甚至一些国内很难报道的事件，网络上也会很快出现境外媒体的报道。

从国际新闻来看，第一时间深入重大事件现场采写第一手新闻，是对通讯社记者提出的要求，是世界性通讯社之间竞争的焦点。虽然任何一家通讯社记者都不可能每次都在第一时间赶赴重大事件现场采访，但是应该在尽可能短的时间内赶赴现场，发出消息。如果在一次次重大事件现场见不到记者的身影，一次次重大事件的报道中都在播发第二手的新闻，这样的通讯社不可能在竞争中得以生存和发展。

2.2 数字化背景下的新机遇

数字化的压力和挑战在带来新旧媒体产业间融合的同时，也成为推动新闻信息产业发展的动因。对通讯社而言，数字技术在带来巨大冲击的同时，也提供了广阔的发展空间。借助数字技术提供的机遇，通讯社的角色定位、业务模式、业务范围、组织结构都已经并且正在发生积极而深刻的变化。当今世界的主要通讯社在数字化这一背景之下，都制定了一些共同的战略来应对上述冲击,摆脱困境。

2.2.1 新定位:综合信息提供商转型

在传统意义上,通讯社主要是提供文字通稿。随着对照片作用认识的加深,从20世纪后半叶开始也陆续提供新闻照片,如路透社的图片业务从1985年才开始。数字技术的发展,使得数据量大的照片和音、视频能够更方便的采集和传输,因此从20世纪90年代后期开始,世界各大通讯社也纷纷提供图片、音频、视频、图表、数据库等多种传播手段的产品,适应传媒市场发展趋势,不断丰富新闻信息产品种类。

数字技术创造的新兴业务竞争,使通讯社走向事业发展的多元化,综合实力和可持续发展能力更多地依靠新兴业务的发展。除了新闻信息产品种类多样化,通讯社还在内容多样化上下工夫,切合用户对新闻信息的需求。

通讯社通过发展信息业成为综合性新闻信息传播集团,这大致可以路透集团为代表。拥有向媒体用户和非媒体用户提供新闻信息产品和经济信息产品的能力,路透的目标是使用户能利用任何网络接入工具,如台式机、笔记本电脑、掌上电脑、移动电话、PDA以及诸如此类的所有数字设备,获取路透的新闻信息服务以及更多的新型服务。

据《华尔街日报》2008年6月26日报道,作为报纸联合体的美联社已经名不副实,来自报纸的收入远不及来自广播电视媒体和互联网公司的收入。过去20年里,新用户使美联社收入增长近3倍,从1987年的约2.5亿美元增至2007年的逾7.1亿美元。尽管1500家会员报社仍然拥有美联社,其他媒体只是准会员或者非会员,但是,来自报纸的收入在总收入中的比重已从20世纪80年代中期的逾50%下降至27%,远不及来自其他媒体的收入。广播电视和网络等新媒体用户在通讯社用户中所占比例越来越大,通讯社也在向综合信息供应商转型。

新华社除文字通稿的传统业务外,还拥有《新华每日电讯》《参考消息》《中国证券报》等有影响的报刊,并且建设了新华网、中国新华新闻电视网,推出音视频、手机报、手机电视等新产品和服务项目。

2.2.2 新业务:大力拓展网络业务

对于通讯社来说,数字技术和网络平台可以提供一个全新的从新闻采集、加工到播发及反馈等整套的业务流程解决方案,而且比传统流程更快、更安全、更丰富、更便于使用,也更经济。因此,世界性通讯社都在大力应用数字和网络技术，更新自己的新闻业务技术平台。

路透社的网络业务在西方三大通讯社中起步最早、规模最大，而且其发展模式也极具特色。早在1993年，当互联网对大多数人来说还是一个陌生概念的时候，路透社就开始将“路透新闻”出售给每一个愿意接受它的网站。1994年，路透社组建了路透新媒体公司，负责路透社的网络业务。

2000年2月，路透社宣布对其业务基础设施加以改造，实现“网络化”，即将所有的产品和服务都转移到互联网平台上进行加工处理、销售和传输。以互联网为平台，则可以极大地降低处理和传输新闻信息产品及服务的成本。

美联社的方针是“全球化、数字化和商业化”。美联社从1995年开始酝酿发展网络业务，1996年10月推出了为其成员服务的网络新闻网站“连线”(The Wire)。该网站不但能够随时在网上发布全球最新消息并实现24小时更新，还可以使美联社的所有成员机构把该网站改为自己的网站：即在该网站上打上自己报纸(或广播电台)的名称，并加入自己所在地的广告，实现与本机构其他网页的链接。为适应网络业务发展的需要，2000年3月27日，美联社宣布成立“美联数字”部门，专门负责向网络媒体销售该社的产品。2004年，美联社推出网络媒体的视频产品，这一产品最初每天播发15～25条新闻，这一产品的营销模式与传统的通讯社产品不同，美联社在产品中加入了15秒和30秒广告，用户可以分享广告带来的收入。此外，2004年，路透社停止向Yahoo等商务网站提供财经新闻，美联社得知这一消息后，在短短的几周内迅速组建了财经报道团队，推出了面向商业网站的财经新闻。

在互联网浪潮席卷全球的新世纪，任何一家通讯社都不能无视网络的存在。法新社网络业务发展的规模和力度原先一直逊色于路透社与美联社，但从1999年开始，该社对网络业务的重视程度大大加强。2005年，有600家网站购买法新社的新闻素材。美联社在同一时期总共拥有15000家新闻订户，其中网站订户300家，包括美国在线、雅虎和微软网站等。[①]

新华社的新媒体业务主要由新华网负责。新华网是国家重点新闻网站之一，在全球1000多万个网站综合排名中位列前50位。创办10多年来，新华网进行了300多次改版，其中重大改版就有8次。新华网建立了适应网络新闻信息采编规律的运行机制，新华社的重大新闻事件报道抢发新华网，组织采集网络专稿只发新华网，多语种、多媒体及社办报刊资源汇集新华网。新华网在国内网站中首创“大头条新闻”、首页通栏报道、国际连线、重大活动现场报

---

① 李林芳译：《通讯社对互联网国际新闻的垄断》，《世界广播电视参考》2008年第1期。

道等，报道手段不断出新。根据受众需求，不断推出新频道和新服务。

中央有关部委把中国政府网、中国文明网、中国平安网、振兴东北网等一系列国家级重要网站交由新华网承办。新华网借助中国政府网等网站，拓宽了报道覆盖面，进一步提高了权威性，增强了影响力。目前，新华网海外网民比重超过20%，大量稿件被海内外网站转载。此外，新华网先后承办了中俄国家年、中韩交流年、上合组织元首会议、亚洲博鳌论坛、中非合作论坛北京峰会等官方网站。

新媒体时代，依托网络和数据库，通讯社能够打破作为传统新闻信息批发商的束缚，开展直接面向终端消费者的业务，与终端用户直接联系，单纯以媒体为用户的观念在逐渐改变，向更多形式的用户提供新闻信息的产品和服务成为可能。

2.2.3 新手段：逐步增加多媒体内容

多媒体是融合多种新闻信息形态而形成的一种新的新闻信息形态，或者说它是包括文字、图表、图片、音频、视频等不同信息类型的一种综合新闻信息形态。多媒体在20世纪90年代以前还是个新鲜词语，而数字媒体的发展，为新闻信息产品实现多媒体化不仅提供了技术上的可能性和便捷性，而且提供了广大的市场。

随着数字技术和市场的不断发展，通讯社新闻信息产品的多媒体化趋势越来越明显。一方面，市场对多媒体产品的需求日益强烈，用户希望得到的新闻信息产品内容更加丰富，单一形式的新闻信息服务已不能满足需要，文字、图片和视频相结合的多媒体新闻越来越受到用户欢迎；另一方面，技术发展为产品多媒体化提供了可能和条件。于是，通讯社在提供传统的文字新闻、图片新闻的同时，又相继开始提供图表、音频和视频产品；进入新世纪后，又推出了集图文及音视频为一体的网络产品及数据库产品，以适应网络作为人类信息沟通基本方式的变化。

美联社于1994年11月13日在英国伦敦成立多媒体总部，24小时连续发送多媒体信息，报道全球新闻。从原有的提供文字、图片稿件，发展为同时提供电视和网络使用的多媒体稿件。路透社1999年公布了向用户提供多媒体产品、加大对网络业务投入的发展计划。新华社1992年开始探索音像新闻供稿业务，2009年建立多媒体中心，编发文字、图片、音视频和多媒体融合稿件，向电视、网站、手机、户外屏幕供应多媒体融合稿件。目前，新华社视频报道实现24小时滚动发稿。法新社1987年开始图片传输数字化，现在摄影记者全部采用数码相机发稿。法新社专门成立了多媒体发展部,下力气发展多媒体业务。

宽带网络的成熟,也为多媒体业务的开展提供了技术支持。在以秒为单位的新闻竞争中,世界性通讯社每天要面对总社与分社间上百万文字、几百张图片、大量音视频素材及各种业务信息的传递,多媒体业务导致信息传输量急剧增加,宽带网络的发展则为多媒体内容提供了传输通道,为通讯社向多媒体内容提供商转型打下基础。

2.2.4 新领域:积极进入新媒体

传统媒体发展方式和发展空间受到制约,从而使通讯社业务对社会的间接影响力表现出越来越多的局限性,转而通过媒体形式和手段的创新发展新媒体新闻业务。数字技术创造的新媒体也为通讯社业务提供了新的平台和载体,如手机媒体、IPTV、移动电视等等。

以 IPTV 为例,IPTV 集纳了互联网、多媒体、通信、广播电视及新一代网络等基本技术,提供包括视频节目在内的各种数字媒体交互型业务,实现宽带多媒体信息服务,成为互联网传播的一种延伸。这种延伸对通讯社最基本最直接的应用价值就在于,通过互联网传播视频节目,从发展方向上找到了一个具有生命力的应用平台。

手机媒体的发展具有广泛的用户基础。我国手机网民数量增长迅速,规模已达 3.18 亿人,占整体网民的 65.5%,手机上网已成为我国互联网用户的新增长点。手机媒体在国内的业务雏形最初是手机短信,业务形式还有彩信、IVR(无线音频)、WAP(无线网页)、手机电视、手机报等。手机报目前在中国遍地开花,各级报社办的手机报已经覆盖了所有中等以上城市。受 3G 业务开展的影响,手机媒体发展开始有质的变化,媒体形态逐渐成熟。新媒体形式为通讯社创造了新的业务条件。

而博客作为网络媒体的新锐力量,满足了普通受众对传播的参与需求,博客上传播的信息量越来越大,博客已成为通讯社收集报道线索、传播内容的新通道。

2.2.5 新终端:开发金融信息服务端

新媒体时代,通讯社发布新闻信息能够采用终端机的形态。传统上通讯社电稿的电报接收方式改为终端机接收,这样,就能实现多数据、多媒体传播。技术的发展已经能让任何形式的数据、资讯内容的实时传递在终端机上成为现实。

从20世纪80年代开始，通讯社开始在客户端设置终端机，也就是电脑终端，通过专线传输新闻信息，方便用户接收。新闻通讯社的终端机以媒体接收为主，因此传输内容为文字等数据，经济信息通讯社的用户是金融单位，在信息传输上以实时数据为主。彭博通讯社的终端机较早实现多种数据传输，发展成为集数据、数据分析、新闻资讯于一体的一站式信息解决方案，改变了传统新闻信息的运作模式。各种金融产品的交易信息不再需要依赖传统的新闻通讯社、报纸或广播电视等媒介进行传播，而是在交易一发生时就在终端上显示出来。终端机给新闻资讯的传播也带来了同样的革命，它打破了不同媒体之间的界限，几乎可以以任何媒体形式进行报道，是集所有媒体形式的大成。在彭博通讯社进军新闻界以后，彭博的终端机就成了多媒体的平台。

新华社的新闻信息产品“新华08”也是以终端机为平台，是信息资源、信息技术和通讯手段高度结合的产物。新华社通过全球采集网络最大限度地占有资讯，利用现代信息技术进行专业化整合、加工，最后借助现代通讯手段快速传播，展示在“新华08”客户终端上。路透、彭博的终端机也是这样工作的。

2.2.6 新平台：建立大型综合数据库

数据库是新媒体时代信息的存储形式，数据是记录现实世界中各种信息的符号，是信息的载体和具体表现形式，它不仅仅只是数字，还包括字符（文字和符号）、图形（图形、图像和表格）及声音、视频等。数据以格式化的形式，再通过通信和计算机技术的解码和处理存储起来，就形成了数据库。

在新媒体时代，内容产品越来越成为信息集成的产物。数字内容的源头是素材与原创，依托内容产品数据库，生产者可以自由利用各种数字化渠道的软件和硬件，通过多种数字化终端，向消费者提供多层次的、多类型的内容产品。

对于通讯社来说，应用的数据库更多的是非结构化数据，即文字、图片、音频、视频的数据库。数据库存储的要求是所有稿件分类标准统一，这样便于存储、查询和使用。从通讯社进行数字化改造以后，大量的新闻信息开始以数据的形式进行存储和编辑，形成了日益壮大的数据库。通讯社也利用数据库进行新闻信息资源的整合，充分发挥资源的最大效益。2000年路透社的编辑系统就已实现资源共享，编辑都可以从数据库中调阅各地记者发来的所有文字、图片、音像稿件，同时共享已处理好的稿件。此外，系统设置有最新新闻（文字和图片）滚动提示窗口，随时提醒编辑最新来稿，从而保证突发新闻的快捷报道。

新华社2003年运行的待编稿库系统，实现了采编人员对全社新闻信息资源的共享。待编稿库系统为用户提供对待编稿库的浏览、调阅和检索功能，提供在编辑系统（包括文字编辑系统、图片编辑系统、多媒体编辑系统等）内直接建稿功能，提供编辑需要的稿件关联功能等。

待编稿库系统与新华社各业务部门的编辑系统、产品生成系统、需求线索系统、采集系统、统计与分析系统等紧密结合，形成了一个功能完整、互动性强、系统性能好的采编发一体化业务系统，更加高效、灵活地为采编业务提供服务。待编稿库的运行将促进和实现新华社新闻信息资源、人力资源的整合与共享，进一步理顺运行体制和管理体制。

第3节　重铸核心竞争力

新媒体时代带来了传播环境的变化，对媒体本身的运作方式、性质、功能产成了影响，使得作为大众媒体新闻信息来源的通讯社也深受冲击，传统的以采集播发电讯稿为主要业务、盈利模式的通讯社遭遇到了发展困境，2002年路透集团发生了自1984年上市以来的首次亏损——税前亏损4.93亿英镑，这也是它有史以来最严重的亏损。还有在21世纪初入不敷出要卖大楼的法新社、已经倒闭的以通社、一场伊拉克战争就出现大额赤字的美联社、因国家支持不足而竞争力大幅下滑的塔斯社等等。

可以说，新媒体时代通讯社的境遇反映了转型的痛苦。作为新闻信息产业链条上的一个环节，通讯社在新媒体时代的变革与转型需要从自身的竞争力出发，找出发展的优势和劣势。通讯社的性质和特点决定了其核心竞争力与报纸、广播、电视、网络等媒体有所不同。因此，面对新媒体时代的机遇与挑战，需要首先明确通讯社的核心竞争力，以此为切入口来分析通讯社未来的发展空间和变革再造的可行途径。

3.1　核心竞争力的概念

“核心竞争力(core competence)”又称核心能力，其作为管理学术语首次出现，是1990年由美国著名企业战略管理专家普拉哈拉德(C. K. Prahalad)和哈默尔(Gary Hamel)在《哈佛商业评论》中首次提出：“核心竞争力是在一组织内部经过整合了的知识和技能，尤其是关于怎样协调多种生产技能和整合不同技术的知识和技能。”[①]这种技能和知识的结合，具有使一项或多项业务达到竞争领域一流水平、具有明显优势的能力。

国内研究者金碚则认为：“核心能力是指企业所具有的不可交易（不可竞争）和不可模仿的独特的优势因素。每个企业都或多或少具有一定的竞争力（否则就不可能在市场竞争中生存），但未必具有自己的核心能力。”“核心能力可以成为企业竞争力中最具有长远的和决定性影响的内在因素，通常存在于竞争力的‘知识’层面的最里层。核心能力的实质是企业的核心理念。”[②]

简单地说，核心竞争力就是企业在经营过程中形成的不易被竞争对手效仿的能带来超额利润的独特的能力。它是企业在生产经营、新产品研发、售后服务等一系列营销过程和各种决策中形成的，具有自己独特优势的技术、文化或机制所决定的巨大的资本能量和经营实力。[③] 核心竞争力是企业获得长期稳定的竞争优势的基础。核心竞争力主要包括核心技术能力、组织协调能力、对外影响能力和应变能力，其本质内涵是让消费者得到真正好于、高于竞争对手的不可替代的价值、产品、服务和文化。其中，创新是核心竞争力的灵魂，主导产品（服务）是核心竞争力的精髓。

近年来，国内传媒界也开始引入“核心竞争力”理论来指导我国新闻传媒业的实践。许多研究者从传媒经营和管理的实践出发，借鉴经济学和管理学对核心竞争力的定义，对媒体的核心竞争力的概念进行界定。

郑保卫教授认为，新闻媒体的核心竞争力，是这种媒体独有的、支撑媒体在市场上取得持续性竞争优势的一种能力。具体地说，它是该传媒以其主体业务（新闻传媒的采、写、编、评等）为核心形成的能够赢得受众、占领市场、获得最佳经济和社会效益，并在众多传媒中保持独特竞争优势的那些资源和能力。相对于竞争对手而言，这些资源和能力应具有明显的、独特的优势，而且是竞争对手难以企及和模仿的。[④]

喻国明教授认为，核心竞争力：就是指别人拿不走、学不去的、专属于自己的那种产业竞争能力。[⑤]

---

① 陆小华：《传媒核心竞争力界定》，《再造传媒》，第164页，中信出版社，2002。

② 金碚：《透析企业竞争力与企业核心能力》，《中国经营报》2003年11月2日。

③ 中国竞争力网，http://www.china－cc.com/textshow.asp? id＝613

④ 郑保卫、唐远清：《试论新闻传媒核心竞争力的开发》，《新闻战线》2003年第1期。

⑤ 喻国明：《全民DIY：第三代网络盈利模式》，《新闻与传播》2005年第11期。

丁和根在《传媒竞争力——中国媒体发展核心方略》一书中则借鉴经济学对企业竞争力的定义，对媒体核心竞争力给出了如下的定义：

传媒核心竞争力是一个媒体在市场竞争中所具有的能够持续地比其他媒体更有效地向目标受众提供产品或服务，并获得盈利和持续发展的整体性力量或综合素质。①

对传媒竞争力的理论界定，具有高度的概括性和普遍适用性，综合来看，新闻媒体的核心竞争力是在比较竞争中产生的概念，是传媒在经营和发展过程中胜过竞争对手的核心的资源和能力的总称。或者说，新闻媒体的核心竞争力是新闻媒体在竞争中体现出来的核心的、独有的、持续的、以获取最佳的经济和社会效益的资源和能力。核心竞争力应该是难以被竞争对手所模仿和复制的一种集合能力，它的魅力在于其不可模仿性，也不存在一成不变的模式和通用的标准。同样，新闻媒体的核心竞争力是一种竞争中的比较优势，需要媒体的不断摸索和长时期的积累，其培育需要通过对经营机制和管理机制的不断创新来实现。

新闻媒体之间的竞争，越来越体现在核心竞争力方面的竞争。不论从国内还是国际的传媒竞争来看，新闻媒体的竞争激烈程度并不亚于企业的竞争，对已占据市场地位的媒体而言，如果已有的成绩主要源于率先进入传媒市场的先发优势，而没有自身独特的竞争优势，便难以抵挡住市场跟进者和克隆跟风者的冲击。对新生的传媒而言，在已有传媒占据先发优势的威胁下，抢占市场份额，尽快开发形成自己的核心竞争力，更是必须采取的竞争战略。

3.2 新闻媒体的核心竞争力

核心竞争力是独特的、难以模仿的、不可替代的能力，这种能力可以是多种要素的集合体，存在的要素越多，核心竞争力就越强大。

但对于新闻媒体来说，不同介质媒体之间的核心竞争力的构成要素又有所差异，所以喻国明教授认为，核心竞争力包含两个层面的内涵：一是指不同媒体之间的“类别”性质的核心竞争力；二是指同一类别的媒体内某个媒体的“个别”性质的核心竞争力。这种媒体的“类别属”性质的竞争力无疑与其技术可能性的开发程度成正相关的关系。②

① 丁和根：《传媒竞争力——中国媒体发展核心方略》，复旦大学出版社，2005。

② 喻国明：《全民 DIY：第三代网络盈利模式》，《新闻与传播》2005 年第 11 期。

新闻媒体的核心竞争力既有共性也有个性，作为媒体，共性的方面居多。个性的方面则是依据不同媒体的特性而定，例如报纸相对来说是以深度取胜，电视凭借直播、主持人等可以形成差异化。

有研究者以凤凰卫视为案例来分析核心竞争力的基本构成要素：其一，核心团队：一大批明星主持、资深评论员和记者等人力资本是凤凰卫视的核心竞争力的保障；其二，核心内容：定位是拉近全球华人的距离；其三，核心受众：以受众为中心的发展战略，不断提高受众的满意度和忠诚度。①

国内传媒学者曹鹏认为："报业的核心竞争力由核心团队、核心内容与核心受众三者构成。"②就是说，必须有一支以高素质、高水平的灵魂人物为核心的队伍，能够提供高质量、有特色的内容，并且能团结、吸引一批对于营销有至关重要价值的读者。也有研究者认为，新闻媒体的核心竞争力构成要素为：内容为王、杰出的人才结构、良好的资金状况、高质量的受众。③

不论是何种媒体类别，核心竞争力要素都离不开人才、内容与受众。这实际上与企业的核心竞争力类似。美国哈佛商学院著名的战略管理学家迈克尔·波特在《竞争优势》一书中提出了价值链概念，认为价值链将一个企业分解为战略性相关的许多活动。在行业中，各企业的价值链会有一定不同，这表示各个企业的竞争优势在哪里。但行业会存在一个基本价值链，这个链条说明此行业的基本价值实现过程。通过分析行业价值链，我们可以找出企业最值得和最有可能的切入点，确立自己的竞争优势。④ 对于新闻媒体来说，核心竞争力在价值链上的体现就是内容和受众，内容是源头，受众是结果。

内容是媒体的核心资源和资产，媒体的价值来源于内容，媒体的核心竞争力之一就是内容。因此，几乎所有的新闻机构都注意内容创新，以此形成自己的核心竞争力。如今在新闻传播中强调"内容为王"，一家媒体要想在竞争中取胜，关键是要在传播内容上能够吸引受众，赢得市场，这是形成自己核心竞争力的根本所在。因此，坚持内容创新应当是新闻改革永远的追求。⑤ 在新媒体时代，媒体的核心竞争力依然是以内容为王。内容是获得受众持久注意

---

① 王军：《如何识别和构建媒体的核心竞争力——凤凰卫视的竞争优势解密》，《新闻界》2004年第1期。

② 曹鹏：《2001年中国报业的20个关键词》，《中国媒介前沿》，第299页，新华出版社，2003。

③ 付蓓：《媒体的核心竞争力要素分析》，《新闻爱好者》2004年第5期。

④ 《有关竞争力问题的理论综述》，中国竞争力网2007年8月30日。

⑤ 《在发展中创新　在创新中发展——访中国人民大学新闻学院教授郑保卫》，《新闻传播》2004年第6期。

力的根本，是媒介可持续发展的关键。

在价值链的另一端，媒体的核心竞争力在很大程度上体现在对受众的掌控能力上：媒体靠提供新闻信息服务来吸引受众的注意力，然后将受众的注意力“二次销售”给广告商，其获利的很大一部分来自于广告收入。在受众群体得到细分和定位的前提下，一家媒体的竞争力大小，关键要看其提供的新闻信息内容能否吸引受众的注意力。每一家新闻传媒都必须对受众的实际差异加以区分，从而找出具备不同个性特征的细分市场，确定最适合自己的目标受众，发现最佳的市场机会和切入点。传媒确定了自己独特的受众定位，便占据了特定的读者对象和市场空间。拥有受众的规模和质量，决定着媒体的收入水平和效益。

作为一个经济组织，竞争的核心可能集中在质量上，或集中在产品的性能上，或集中在品牌形象与声誉上。在新媒体时代，传统媒体面临新的传播竞争环境，核心竞争力的要素也在发生变化。如喻国明教授指出的，传播渠道的拥有和掌控能力对于传媒产业核心竞争力形成的贡献将越来越小，而传播内容的原创能力及内容资源的集成配置能力，以及对于销售终端的掌控能力、终端服务链、产业链、价值链的扩张能力，却越来越成为传媒产业核心竞争力的要素。[①]

3.3 通讯社的核心竞争力

通讯社在竞争中有它的特殊性，处在新闻传播链条的上游，缺少进行大众传播的载体，因此也不以面向直接受众为目的。传统的通讯社用户就是新闻媒体和机构用户。鉴于通讯社缺少媒体终端渠道，所以与众多的新闻媒体在竞争上有所区别，它是新闻媒体的资源提供者，而不是直接竞争对手。因此，核心竞争力也有所差异。

有研究者认为，通讯社赖以生存的条件无非就是两个，一个是通讯社的网络资源，另一个是通讯社的加工与传播方式。所谓“通讯社的网络资源”，是指通讯社的新闻信息搜集网和传播网。一家通讯社要想保持足够有利的市场地位、权威地位和竞争能力，就必须有足够强大、足够高效的新闻信息搜集网和传播网。所谓“加工能力与传播方式”，是指通讯社的新闻信息加工能力，是其他新闻媒介所不擅长或难以做得更好的优势；通讯社的传播方式是批发式的，

---

① http://www.stcsm.gov.cn/learning/lesson/guanli/20041223/lesson－1.asp＃3

是大批量地加工并批发式向用户提供信息，不是零售式或者说自我满足式的。批发式可以降低自己的成本和用户的成本，这正是为什么诸多媒体要在信息服务方面在相当程度上依赖通讯社的内在原因。正是因为通讯社有强大的信息加工能力，可以提供足够数量的信息，使用户有较强的选择性，从竞争意义上说也给新闻信息市场的新进入者设置了更高的市场进入门槛，从而增加新竞争者的进入难度。①

也有研究者认为，通讯社的核心竞争力应当包括以下四个方面：

a. 新闻报道对舆情民意的整合能力。舆论整合能力是新闻传媒报道质量、水平、规模、速度、效果等的全面反映，是一种综合能力和整体实力。整合能力也是区别新闻传媒重要性、权威性和影响力的主要标志。

b. 信息咨询对经济决策的参考价值。新闻传媒提供信息咨询产品，对于用户来说，关键是看产品的质量，看产品对决策参考所具有的价值。

c. 信息网络对投资者的工具性地位。信息网络的价值在于规模覆盖，在于成为投资的基础工具。通讯社信息网络的效率、效益和生命力，取决于它对于投资者的“吸引力”和“附着力”，取决于它能否成为信息消费的基础性工具。

d. 实业品质对资本的吸纳能力。企业的发展既依靠产品，也依赖资本。资本的趋利性青睐具有投资价值的实业。因此，企业首先要创新产品，提高产品的附加值，同时，还要优化产品、营销和管理。从竞争和发展的角度看，实业品质对资本的吸纳能力，将成为通讯社核心竞争力的一个重要方面。

研究者对通讯社的竞争力分析有不同的切入角度，得出的结论也不尽相同。通讯社作为新闻机构，与大众传媒在竞争力上存在一定差异，这种差异既有通讯社的短板，也有通讯社的核心竞争力。总的来说，通讯社的核心竞争力与新闻媒体的核心竞争力相比，共性多于个性。以新华社为例分析通讯社的核心竞争力构成，可以看出通讯社与媒体的异同。新华社的核心竞争力构成主要有以下几个组成部分：

1. 特殊地位

新华社作为国家通讯社，承担着中央新闻受权发布的任务，这也是国内其他媒体所不具有的优势，为新华社所独享。从法理上讲，新华社受权发布新闻的依据是中央有关文件和全国人大对新华社的职能认定。

一是新中国成立之初中央人民政府政务院《关于统一发布中央人民政府

① 李烽：《信息化时代通讯社影响力研究：新华社发展战略探讨》，中国人民大学 2006 年博士论文。

及其所属各机关重要新闻的暂行办法》规定："凡须经过中央人民政府委员会、政务院、人民革命军事委员会、最高人民法院和最高人民检察院通过或同意的一切公告(如文告、法律、法令、决议、命令、训令、通令、计划、方针、外交条约、外交文书、判决、起诉书等)，以及须经上述机构负责首长同意后发布的一切公告性新闻(如关于政府会议、政府重要措施、政令解释、工作总结、外交事件、重要案件等的新闻)，均由国家通讯社即新华通讯社统一发布。""中央人民政府所属各院、委、部、会、署、行首长，均应负责以有关新闻稿件供给新华通讯社，或将应发布之新闻材料通知新华通讯社。"

二是 1982 年五届全国人大常委会第 24 次会议进一步明确了新华通讯社作为"国家集中统一的新闻发布机关"的重要职能。对国内的新闻媒体来说，对新华社最依赖的，就是国家通讯社的受权发布职能。而受权发布的新闻也构成了新华社作为国家通讯社业务的重要基础。

国家通讯社的特殊地位构成了新华社新闻报道的权威性基础，新华社总编辑何平提出，权威就是指新华社的核心竞争力。新华社拥有的最大的资源就是权威性，因为新华社与国务院、中央部委、各金融机构、各个行业协会、各大企业有着密切的联系，能够掌握权威的信息资源。所以，抓住权威性就是抓住了核心竞争力。

2. 庞大的新闻采集网络

新华社依托遍布国内外的分支机构，组成了覆盖全球、运转顺畅的新闻信息采集网络。在全国除台湾省以外的各省、自治区、直辖市以及香港特别行政区、澳门特别行政区设有 33 个分社，在台湾省派有驻点记者，在一些重点大中城市设有支社或记者站，在中国人民解放军、中国人民武装警察部队设有分支机构，在境外设有 120 多个分支机构。

新华社从 20 世纪 80 年代开始了建设世界性通讯社的步伐。1983 年 2 月，党中央和国务院批准了新华社建设具有中国特色的社会主义现代化的世界性通讯社的报告，并拨出专款以更新新华社的技术装备，建设新闻大厦，发展国外事业，开创拉美报道新局面和解决电传供稿等问题。

从 1983 年开始，新华社先后建立了亚太、中东、非洲、拉美、欧洲、北美、亚太等地区总分社，在联合国分社、莫斯科分社和墨西哥总分社分别建立了欧美编辑部、俄文编辑部和葡文编辑部。国际上发生的重大事件，通过各地的记者网，在当天就可迅速把消息传到编辑部，及时发出新闻。地区总分社和编辑部作为总社的派出机构拥有独立发稿权，确保了新华社作为世界性通讯社每天 24 小时不间断发稿，大大提高了新华社对外各文种的发稿时效。同时，地区总分社作为总社的新闻报道前沿指挥部，加强了对本地区报道的组织、指挥与协调，提高了新华社对世界范围内发生的重大事件的快速反应能力以及整体报道水平。

3. 全面快捷的发布体系

目前，新华社已形成多渠道、多层次、多功能的新闻信息发布体系，每天24小时不间断向世界各地播发文字、图片、图表、音频、视频、网络、手机短信等各类新闻和经济信息产品，信息提供渠道有卫星、互联网、文本等多种方式。在2001年“万户工程”的基础上，2009年新华社新闻信息产品机构用户达2万多家。新华社新闻信息产品已覆盖200多个国家和地区，对195个主权国家实现了全面覆盖；新华社在国内地市以上媒体市场覆盖率达100％。

新华社与中国联通、中国移动、中国电信等合作，新华社手机报和分社的手机媒体付费用户超过8000万。外媒驻华音视频机构以及美联社、路透社、法新社、CNN、BBC、新闻集团等西方主流媒体都已成为新华社英语电视新闻线路的试用户。对于通讯社来说，能够将新闻信息传播给最广大的受众群体，自身的价值也就能最大限度地实现。

4. 丰富的内容

新华社新闻信息的特点：一是多媒体。除文字新闻信息外，还发布图片、图表、音频、视频等多种媒体形态的新闻信息；二是多语种。有中文、英文、法文、俄文、西班牙文、阿拉伯文、葡萄牙文和日文等8种文字的新闻信息。目前新华社日均播发文字、图片稿15000多条（张）。文字新闻报道是新华社传统的报道形式，它及时、准确、权威地报道党和国家的方针政策及国内外时政、经济、军事、外交、文化等领域的重要新闻，全天24小时滚动发稿。互联网用户可通过新华网，浏览新华社每天播发的采自全国和世界各地的新闻信息。

5. 人才队伍

新华社现有工作人员13000多人。新华社新进人员坚持选招具有较高外语水平的应届高校毕业生，并且有新入社外文岗位大学毕业生到国内分社实习锻炼的制度。为加强人才队伍建设，新华社在人才培训方面有相关制度，并且形成体系，在社内实行职工教育培训考核登记制度，要求全社职工每人全年累计培训时间不少于40小时。每年都举办新闻英语普及班和英语干部小语种培训班，举办各类英语高级培训班，并且有“培训必考”的制度，重点组织实施年度总社终审发稿人考试、国内分社采编业务签发人考试、全社外文干部外语水平考试等。

3.4 五角理论模型

综合新闻媒体核心竞争力的有关判断与通讯社核心竞争力的案例分析，可以得出新闻信息机构的竞争力要素组合。根据普拉哈拉德（C. K. Prahalad）和哈默尔提出的竞争力定义，核心竞争力源于能力，而能力又源于资源。企业需要包括有形资源和无形资源在内的各种资源的投入才能得以运行，资源的战略价值取决于其对核心竞争力形成的贡献程度，单一资源无法形成产生核心竞争力的能力。核心竞争力是一种集合能力，新闻信息机构的竞争力要素主要有：

生产要素——包括人力资源、采集网络、采集能力、资本资源、技术设备、基础设施等。

产品——包括生产能力（加工力、整合力）、内容、媒体终端等。

用户——包括经营策略、传播能力、市场、受众等。

地位——包括竞争中所处位置、品牌、公信力、影响力等。

战略——包括价值观、发展战略、组织结构、机制、组织文化、应变能力、创新精神等。

这五个要素具有双向作用，形成五角形体系。在新媒体时代，这五大要素之外还存在两大变数：数字化与机会。机会是无法控制的，数字化的影响是巨大的。

依据管理大师波特提出的分析产业竞争力的菱形理论模型，新闻机构的核心竞争力可以归纳出五角理论模型。

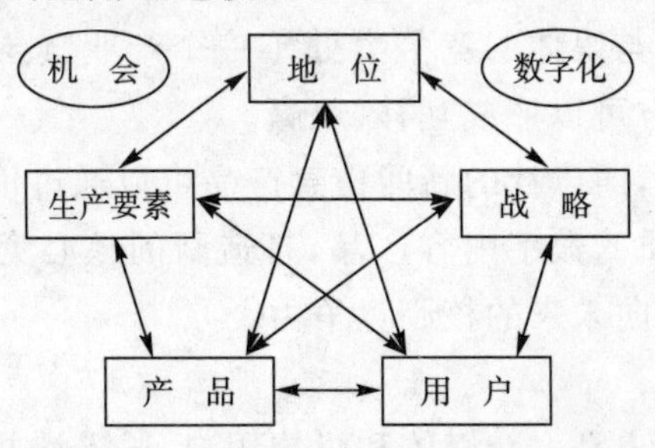

新闻机构的核心竞争力的五角理论模型图

1. 生产要素

从生产要素来看，通讯社遍布全国乃至世界的新闻采集网络资源是其核心竞争力的重要部分。大众传媒通常都没有必要像通讯社那样进行采集网络布局，因为这样做很不经济，通讯社的产生正是源于新闻媒体的专业化分工。有了通讯社，一般的媒体就不用在世界各地或者各个领域都派出记者，而同样可以获取所需的新闻，并且成本更低。

但通讯社的资本资源往往不如同级别的新闻媒体，由于缺少最终载体，通讯社的新闻信息产品无法实现二次销售，因此盈利能力并不强。而传媒的经营运作并不是依赖出售自身产品获得全部回报的。这是传媒产业不同于其他产业类型的一个重大区别点。麦克卢汉提出了传媒的“二次销售”理论：第一次是“出售”新闻信息，以获得受众；第二次是“出售”受众，以获得广告。他指出：传媒所获得的最大经济回报来自于“第二次销售”——将凝聚在自己的版面或时段上的受众“出售”给广告商或一切对于这些受众的媒介关注感兴趣的政治宣传者、宗教宣传者等等。[①] 第二次销售出售的是受众的“注意力”，即媒介所凝聚的受众的注意力资源。

很多通讯社处于政府拨款、补贴，或者政府订阅支持的状态，即便是报联社，也不以盈利为目的。

在技术设备方面，从历史经验看，通讯社必须采用最先进的技术设备，才能保证新闻信息的及时传播。因此与媒体相比，通讯社的技术设备往往领先，如通讯社是比较早利用数据库整合资源的新闻机构。

2. 产品

从产品、内容方面看，通讯社与大众传媒的竞争力存在较大差异。通讯社的产品就是新闻信息本身，可以是针对不同媒体形态的产品，但由于缺少编排和组合，一般不表现为媒体最终产品，如报纸版面或者电视频道。但由于通讯社的产品用户主要是媒体，只有经过媒体的编辑加工，通讯社产品才得以落地。通讯社的竞争力与媒体的竞争力处于一个产业链条的两个层次，彼此之间并不冲突，而且双方可以形成互补、双赢。

在数字媒体时代，通讯社的新闻信息产品可以通过价值要素整合，实现新的发展，形成不同介质的数字内容产品，打造新的核心竞争力，而通讯社的内容整合力也构成了面向未来的核心竞争力。

3. 用户

传统的通讯社用户是大众媒体和机构用户，通讯社并不掌握终端渠道，也不直接面对终端受众，因此与媒体相比，通讯社的竞争力在于产品满足媒体需求的程度和拥有媒体用户的数量和质量。而对渠道的掌控能力和受众群体的

---

① [加]马歇尔·麦克卢汉：《理解媒介——论人的延伸》，第259页，新华出版社，2000。

数量、质量则构成了媒体的核心竞争力。由于不直接面向受众，通讯社的影响力要打很大折扣。

4. 地位

在地位和品牌方面，通讯社的特殊地位构成了通讯社的一个核心竞争力。由于通讯社具有消息总汇和面向媒体的特点，因此从世界范围来看，大多数通讯社都是国家通讯社、官方通讯社或者半官方通讯社。作为国家机器的一个组成部分，承担着新闻信息发布的任务。如新华社、埃菲社、法新社、俄塔社等等。路透社、美联社尽管不是官方通讯社，但也有着历史形成的传统地位。特殊的地位决定了通讯社对新闻信息的垄断性和权威性，而且因为面对的是专业媒体，通讯社的稿件对客观真实性要求很高，通讯社也因此具有很高的公信力。媒体在采用外埠新闻和国际新闻的时候更愿意使用通讯社的稿件，因为在自己没有采集力量的报道领域，使用通讯社的报道能够保证权威性。

5. 战略

战略方面，发展战略体现了价值观和结构、机制、创新等因素，它与这些因素一同构成竞争力的一个要素。有什么样的价值观、结构和机制，就有什么样的战略。可以说，战略是在一定物质水平之上的选择，而创新则构成发展战略的内涵和方向，因为战略面向的是未来。

通讯社的战略指向通常是国家、地区性甚至是世界性，而对于多数媒体来说，发展战略都是本土化的，即便是世界性的传媒集团，也需要有不同地区的地方版来进行分区域控制，这源于受众的需求具有很强的地域性，因此地方性媒体的发展质量往往优于广域媒体，像美国直到20世纪80年代才出现《今日美国》这样的全国性报纸，才开始有CNN这种靠世界新闻而闻名的电视台。而通讯社从诞生之日起就以尽可能采集最广泛的新闻信息为己任，这也与大众媒体构成了竞争差异。从世界范围内来看，几乎每一家通讯社都以本国作为自己的核心市场，同时不同程度向本国以外的市场扩张。相对于中小型通讯社而言，美联社、路透社、法新社等西方大通讯社的全球化程度非常高，他们不但稳定地占领着本国市场，而且在海外市场也拥有相当大的市场份额。以路透社为例，在全球三大市场中，北美、亚太和欧洲分别占其收入的25%、25%和50%。与路透社相比，美联社拥有8500家海外用户，与国内用户数量相差不大。

在结构方面，通讯社的结构层级相对复杂，既有本土的垂直层级，也有采集网络的水平层级，相应新闻信息采编的生产流程也较长。而从媒体单纯新闻采集的角度来看，采编部门的层级并不复杂。

创新是核心竞争力的灵魂。新闻机构只有依靠创新才能提高自己的核心竞争力，在竞争中获胜，并适应不断变化的环境。创新也是其他核心竞争力要素的推动力。

生产要素、产品、用户、地位、战略五个竞争力要素相互作用，彼此关联，相互影响，共同构成了新闻机构的核心竞争力。具体到某个通讯社或者媒体，可能某个方面的要素更强，其他稍弱。核心竞争力要素具备的越多，通讯社或者媒体的核心竞争力就越强，就越能够在竞争中处于优势地位。

核心竞争力的要素组合是动态的，不同要素的强弱处于变化中，因为影响新闻机构核心竞争力的还有另外两个变数：机会和数字化。

机会——市场中存在不可控的因素。如2004年彭博的销售收入首次超过了路透，一举成为全球最大的财经信息供应商。[①] 路透的信息终端市场份额居于世界第二位，2007年，居于第三位的汤姆森提出对路透的并购案，面对互补的机会，路透接受了并购。2008年并购案通过欧盟审核，并购后的新路透占据了信息终端市场份额世界第一的位置。

数字化——数字化打破了传统媒介领域信息与载体的单一捆绑关系。在传统媒介领域，信息与载体一一对应，内容与渠道密不可分。现在，业务与承载分离，不同形式媒体间的互换性和互联性得以加强，形成"无所不在"的业务与网络，即业务可由任何网络进行承载，网络也可以承载任何业务。[②] 如一条新闻，可以分别由电视、网络、手机等媒体渠道传播。数字化的发展给了新闻机构众多的传输手段和接收终端，以及更多的拓展市场的模式，扩展了传输渠道，并大大降低了制作成本。电脑发展有个摩尔定律，网络发展有个梅特卡夫法则：电脑网络的价值与联结到网上的电脑的数量的平方成正比。索取信息的人越多，信息的资源就越丰富而不是越贫乏。进入新媒体时代，传媒产业应该遵循网络经济规律，使内容作为信息产品不断实现共享与增值，将传统的二次销售理论、广告模式与通信模式相结合，共同构建一个新的融合的产业链，创造一种新的商业模式。一次制作支出，多次消费贩卖，掌握越多的传播形式，盈利发展空间越大，这是内容产业的发展方向。

在新的发展阶段，新闻机构的核心竞争力表现在它是否具备对于相关产业资源更大、更强的整合能力上。可以认为，一旦与通信网络及网络发展模式

---

① 吕利民、童山、杨燕梅：《从彭博的用户服务策略看效益》，《从战略层面竞争》，第413页，新华出版社，2005。

② 肖弘弈、杨成：《手机电视：产业融合的移动革命》，第196页，人民邮电出版社，2008。

相结合，内容产品就符合信息经济和网络经济的规律，具有梅特卡夫特性。[①]

相对于报纸、广播、电视、网络这四大媒体，甚至包括手机这种逐渐成形的第五媒体，通讯社由于以内容生产为核心，反而在转型中更容易进行定位，甚至能进行功能延伸扩张。

通讯社在新媒体时代的发展需要以已有的、适合新媒体时代竞争环境需要的竞争力要素为基础，同时依靠数字化创造的新的条件进行创新。不断创新是经济组织保持竞争优势的根本。作为一个信息产业机构，通讯社在整体发展、机构设置、产品结构、运营模式、运行机制以及组织文化等方面，都应当遵循新媒体时代信息产业的发展规律。从创新的角度看，通讯社核心竞争力模型的要素组合：生产要素、产品、用户、地位、战略都需要有新的举动。创新的要素越多，通讯社的核心竞争力也就越强。

---

① 肖弘弈、杨成：《手机电视：产业融合的移动革命》，第272页，人民邮电出版社，2008。

第3章

加速战略转型　再造传播能力

新西兰报联社2011年被迫关门，为全球传媒业尤其是通讯社行业再次敲响警钟：迅速适应技术变革后的新生态，是事关生死存亡的大事情。通讯社只有不断创新，自觉提升核心竞争力，才能保持竞争中的长期主动性，实现传播能力再造。

当前，世界各大通讯社纷纷在进行变革，以求在新媒体时代保持和增强国际传播能力。美联社提出了"数字美联"计划，路透社则实施了"快速前进"计划，法新社也在推出视频和新媒体产品，积极应对新媒体的挑战。新华社在新媒体时代也进行了一系列旨在增强传播能力的业务改革。

第1节　产品形态

随着数字技术、数据库和传输网络技术的发展，内容产品可以以数字形式提供，用户可以自己选择符合需求的产品。专门为单个客户生产小批量个性化产品的成本逐渐降低，个性化大规模的定制成为可能。在大规模定制中，低成本主要是通过范围经济实现的：应用单个工艺过程便可更便宜、更快速地生产多种产品和服务。[①] 在从大规模生产向大规模定制转型的过程中，新技术扮演了关键的角色。

大规模定制有两种方式：一种是消费者可以从众多的选择中选择一类自

① [美]B.约瑟夫・派恩著，操云甫等译：《大规模定制》，第45页，中国人民大学出版社，2000。

己需要的内容;另一种是产品可以自己去满足消费者的需求。如基于数据库基础上的内容,按照各种检索方式和链接方式,能够提供小批量的、针对成百上千万的消费者并由消费者自己设定需求的内容。①

为了满足用户在新媒体时代的需求,各大世界性通讯社都在跟踪信息技术潮流,把信息内容与信息技术紧密结合,运用先进的技术手段来创新产品和服务。内容产品从单一纸质产品向多媒体内容产品和增值服务延伸;由单一的通稿向多种渠道产品发展。

美联社通过21世纪初的改革,搭建起数字产品体系,目的在于使用户方便地找到和使用美联数字化数据库中的多媒体内容。这个体系运用元数据和自动分类方法,可以对所有的内容进行智能化分类,从而使所需内容易于被追踪、查找及方便的链接。美联社数字化的目标很明确:通过互联网为成员和用户提供定制化的打包服务。②

美联社社长汤姆·柯里表示,在新媒体时代的数字化进程中,美联社每年在技术上的投入是3500万美元,“技术转型不光是在美联社的范围而言,是媒体技术上的基础架构的转型。评判的标准不应该仅仅限于几个新闻机构,而是要看到这种技术更广泛的代表性。比如说我们看到Google、雅虎、微软在做什么,而我们跟他们比是不是富有竞争力的。而且,我们的任务不是一个单纯的新闻社的任务,单纯提供内容媒体流给客户,我们要提供一个完备的、技术先进的、可应用的商业模式。也就是说,把内容和技术进行了完美的整合”。③

路透社的新闻产品根据不同的要求设定不同的分类标准。例如,按照终端渠道分类,路透社的新闻产品可以发到适于不同用户使用的终端,有整合路透财经资讯的R3000系统,也有媒体用户的路透社接收专线等;根据载体形态,可以将路透社新闻产品分为文字报道、图表、电视、照片、网络多媒体报道。此外,路透社也根据客户的要求,不断丰富产品线。

新华社的新闻信息服务手段也在逐渐丰富,除通稿线路外,大客户信息、网络新闻、音视频产品、手机短信等新产品和新渠道不断增加,并在新的数字平台上对产品进行重组,形成一个系统、科学、有序的新闻信息产品架构。通

---

① 赵子忠:《内容产业论》,第47页,中国传媒大学出版社,2005。

② 王亚红编译:《美联社数字化产品介绍》,《中国传媒科技》2007年第8期。

③ 丁飞洋:《美联社总裁柯利:我们更关心微软、Google和雅虎在做什么》,《中国经营报》2007年6月18日。

过多媒体数据库，可以满足用户个性化的产品需求，也就是大规模定制。

1.1 从综合产品到个性化产品

1.1.1 从多条线路到“1＋X”方式供稿

传统通讯社往往把稿件分成不同类别的线路进行播发，而在新媒体时代，个性化需求越来越强烈，要求通讯社对发稿线路进行改革，在提供重点新闻的同时，给用户以选择的权力。

由于美国的报纸越来越将重点放在增加本地相关新闻的报道上，美联社也对新闻产品结构进行了调整，允许用户使用“1＋X”的方式订阅新闻，即在订阅核心的突发性新闻的同时，再根据自己的需要添加订阅别的新闻包。而在此前，美联社提供的新闻服务是根据新闻包的大、中、小来提供的。

根据这项于2009年生效的调整计划，美联社的用户可以订阅包括核心的突发性新闻在内的新闻服务。用户可以添加类似新闻分析的内容，也可以根据新闻的分类，如体育、生活、商业及娱乐等进行订购。这一新的产品结构能够满足用户个别购买自己所需文字新闻及图片的要求，而此前美联社并没有这样的服务。①

新华社的发稿线路也在21世纪初进行了大的调整。新华社电讯稿传统上被称为“大广播”。20世纪50年代初，按照中央、省、地三级分为一、二、三路报；1988年9月诞生了向电台、电视台供稿的四路报；1993年开设了为晚报、都市报服务的晚报专线，即五路报；1995年创办了为媒体用户提供专特稿产品的六路报；1996年开设了为产业报、行业报和专业报服务的七路报。这样，新华社的发稿线路有的按照行政级别划分，有的按照媒体性质划分，逐渐产生了矛盾，特别是一路报、二路报、三路报、四路报，意在分别向中央、省、地级媒体和广电媒体提供稿件，力求适应不同用户需要。然而，这四条线路都是综合性的，内容几乎全部重复。随着网络海量信息的特点不断凸显，而新华社各条发稿线路存在定位不清晰、重稿率高、同质化等问题，用户希望新华社在提供受权新闻、重要新闻的情况下，提供个性化供稿服务。

整合对内发稿线路，建立通稿新闻线路，是新华社业务改革的重要举措。针对新媒体时代媒介环境的变化和用户的需求，2002年3月新华社出台了新

① 王亚红编译：《美联社社长汤姆·柯利谈数字化挑战》，《中国传媒科技》2007年第8期。

闻业务改革方案，调整现行对内发稿线路的定位与结构，建立综合线路加若干专线的发稿架构，这就是“1＋X”的稿件线路调整方案。确定“1”即通稿新闻线路，是各条线路的龙头，体现新华社的特点和优势。其基本定位是：以满足最广大用户的基本需求为主，为广大用户提供普遍感兴趣的、以国内外要闻为主的新闻。“X”线路即按照知识属性划分的线路，“X”包括专线、专稿和点题服务，是一种细分化的结果，体现区域性和专业性特色，实现定向服务。为增强报道的针对性，体现新闻服务的个性化，一批以特定用户为指向的专线相继开通。

“1＋X”的发稿线路调整方案实施以后，调整和充实了国内专线，加强和改进了对外专线，开辟了网络专线、体育专线、图表专线，新增了彩色照片专线、晚报都市报照片专线、英文对外照片专线，进一步完善了面向各类媒体的多渠道发稿体系。

1.1.2 从专线到各取所需的多媒体数据库

传统的通讯社供稿模式是：通讯社向用户提供产品大多采用卫星或专线，批发式提供某一类型稿件，包括提供文字、音频和视频等不同类别的产品。用户按时间顺序被动地接收通讯社的稿件，而且使用不同类型产品必须订购不同专线。产品以专线的形式提供，不但成本较高而且缺乏互动及较好的检索功能，在具体使用过程中有很多不方便之处。以报纸为例，使用文字和图片不但要订购相应的文字、图片专线，而且采用报道同一事件的文字和图片产品时，还要在不同的专线里找，既浪费时间又缺乏效率。

数字技术使信息传播具有多媒体信息的整合能力，传播模式也由“单一”向“多元”方向发展。在这种趋势下，发挥基于内容建设的多媒体数字化信息处理平台——多媒体数据库的作用，为传播和经营模式由“单一”向“多元”转变提供了技术基础。

美联社于2007年开始着手建设“数字合作”平台，这一平台的核心是对日常新闻内容做标准化标引和索引。目的在于使用户方便地找到和使用美联社数据库中的多媒体内容。这个体系运用元数据和自动分类方法，可以对所有的内容进行智能化的标引和分类，从而使所需内容易于被追踪、查找及方便的链接。美联社建设“数字合作”平台的目标很明确：通过互联网为成员和用户提供定制化的打包服务。美联社的移动新闻网络也应用该平台，自动发现所需新闻内容，并且将其及时发送到正确的地方。

美联社通过建立多媒体数据库，1万多名记者以及其他工作人员都可以从这个数据库里面提取他们为客户定制的需求内容。美联社社长柯里认为，在这个新的技术时代，意味着以后的媒体服务要转变成为个人进行定制化服务，所以对于美联社来说，也要把所提供的内容进行定制化准备。①

新华社多媒体数据库整合了新华社的全部新闻信息资源，能够进行多媒体供稿，可以根据用户的不同需求提供个性化服务和推送式服务。从客户的角度说，登录互联网上的新华社多媒体数据库外库，可以同时用几种方法限定检索，可以在相当长的时间范围内检索全部与某一主题相关的稿件，尤其是可以根据自己的需要，随意选择新闻的文字、图片或音、视频内容。多媒体数据库专门设计了推送模块，以满足新华社现有的部分大客户和其他推送需求。通过推送功能，可以保证用户订购的新华社产品准时发送到客户端，客户可以通过本地的发布及检索系统对这些订购的产品内容进行发布，发挥与新华社多媒体数据库相似的功能。同时还可以保证用户具有一定的访问权限，满足用户在本地访问新华社多媒体数据库产品的需求。

1.1.3 个性化供稿

目前，媒体之间的竞争十分激烈，都希望以自己的独家新闻而见长，这就要求通讯社必须考虑如何有选择、有针对性地给媒体供稿，进行个性化供稿。

新华社近年来突出个性化供稿服务，提出“为 39 家报业集团创新 39 种服务模式”的思路，为报业集团专设了联络员。个性化供稿，可以提高稿件的有效性，扩大通讯社的影响力。但个性化供稿并不是一家媒体提供一种稿件，与其他家绝对不同，这种个性化应是相对的。可以是区域内的个性化，也可以是整合后的个性化。

例如法新社大广播中的科技新闻较少，这是因为他们把科技消息和科技稿件截留下来，登在自己出刊的《法新社科学简报》上，以此作为定期新闻稿出售，满足用户的特定需求。

新华社发稿线路进行大的调整后，综合线路加特色专线的发稿模式已基本成型，待编稿库投入运行，为更加细分用户群体、划分更小的发稿单元提供了可能。而且多媒体数据库管理系统能够自动统计、自动管理，通过统计结果知道用户喜欢什么样的稿件，用户喜欢用什么关键词来检索，这样能对用户的需求进行详细了解，对用户进行分析和分类，征求用户的意见，有利于调整产

① 丁飞洋：《美联社总裁柯利：我们更关心微软、Google 和雅虎在做什么》，《中国经营报》2007 年 6 月 18 日。

品结构,尽可能满足用户的要求。多媒体数据库产品生成系统将由多媒体编辑系统加工制作的多媒体新闻信息产品通过卫星、专线、客户端、网站、电子邮件、手机等方式推送给用户,为新华社海内外用户提供全方位、多样化、个性化的服务,为大型企业、政府部门和高校等集团和专供用户提供专供产品服务,提高个性化服务水平。

通过"X"的特色线路和数据库的个性化组合供稿,充分体现共性和个性化服务的特点,形成新华社多样化供稿模式,从而使个体特色综合为新华社的整体优势,更好地为各种类型新闻用户提供大量而有针对性的服务,增强新华社的社会影响力。这样,新华社为用户提供的服务就更加完备,和用户之间的良性互动更加促进新闻信息产品质量的不断提高。

1.1.4 适应新媒体时代受众和市场需求新变化

近年来,新媒体发展势头咄咄逼人。作为新闻信息内容供应商,美联社也逐渐把发展的重心和资源的分配向这些领域倾斜。新媒体的受众与传统媒体,尤其是报纸的用户有着很大区别,在 Yahoo、Google 等新媒体巨头成为用户之后,美联社相应地将更多的精力放在了如何满足这些新媒体用户的需求上。在以年轻人为受众主体的新媒体上,最受欢迎的、为之带来巨大流量和广告收入的是娱乐、体育和财经新闻。

2008 年美联社成立娱乐新闻部,致力于开发和生产媒体用户和普通受众喜爱的娱乐产品,产品形式以图片和视频为重点,产品可同时供广电用户、互联网用户和移动媒体用户使用。

在体育新闻领域,目前,除了图片、文字以及 APTN 中的体育视频内容,美联社最为著名的体育产品是体育新闻电视网 SNTV。SNTV 不仅为全球 100 多家广播公司提供产品服务,同时,还为互联网和手机等用户提供视频产品。

财经报道也是重点加强报道力量的领域。为适应传媒业对财经报道的需求,美联社在财经数据服务上进行了创新,其崭新的界面和全新的信息组合让人耳目一新。以股市报道为例,Money&Markets 帮助报纸用户重新思考传统的股市报道形式,提供了一个标准的股市报道模型,在减少版面空间的同时,扩大了相关内容和评论的报道。

这种做法的好处在于为本地化和广告提供了巨大机遇。肯萨斯州一家报纸的发行人说,"这是面向普通人的财经报道"。他的报纸对 Money&Markets 所提供的股市版面稍加了改进,以吸引年轻读者的关注。实际上,这项服务对于那些已经订购了美联社股票服务的用户是免费的。[1]

1.2 从文字电讯到多媒体新闻

数字技术使信息传播具有多媒体信息的整合能力，在这种趋势下，多媒体新闻信息有了更大的市场。通讯社开始将优势资源进行整合，充分编辑、改进、延伸多种传播形态的新闻产品，从而实现内容产品的多平台发布。

过去，通讯社都在传统的电讯社模式下运作。从20世纪90年代开始才大量增加图片、图表，乃至提供音、视频报道，这也是与媒体需求的变化紧密相连的。

数字新媒体的出现，为多媒体新闻创造了条件，也给通讯社提出了内容需求：多媒体新闻成为报道的一种常态。渠道形成一定规模后，新媒体最终将步入"内容为王"的时代。满足新媒体需要的产品，首先是理念上要突破现有产品在形态上的约束，按照新媒体的传播特性创新产品形态。在重大事件和突发性事件报道中，派出多媒体报道团队，进行多媒体滚动报道，是适应目前新闻竞争的一种有效报道机制。

近几年，新华社利用多媒体数据库待编稿库完成了全社新闻信息资源的第一轮整合，能够进行多媒体新闻的组合报道发布。新华社拥有的多媒体新闻信息资源无论从门类还是数量上，都可以基本满足新媒体内容传播的需要，而且新华社目前是国内唯一能提供全媒体内容服务业务的机构。

面对新媒体的冲击，国内报业集团根据报网互动的传播特性及集团自身的实际情况，加快新媒体建设，涉足数字报业，建立高度整合的数字内容平台，在不同介质间实现共享，开发各种内容产品和增值服务，适应新媒体的发展趋势。新华社作为向国内报业集团提供新闻信息产品的供应商，需要有效整合现有报道资源，根据报业集团在新媒体发展中的不同着力点开发内容，创新产品和服务形式。

从作为新闻信息内容提供商的角度来看，虽然新华社目前已经具有多媒体的新闻品种，但多媒体新闻报道的紧密结合度还不够，还缺少用户市场需求的各种新形式的多媒体组合品种。尤其是在日常报道中，缺少多媒体的立体化、组合式的新闻报道。针对新媒体时代的变化，新华社需要做出的反应是做全能型内容提供商。新华社要从采编角度加快多媒体报道等项目建设的同

---

① 王亚红编译：《美联社数字化产品介绍》，《中国传媒科技》2007年第8期。

时，尽快完善对优势内容资源进行再整合、再配置、再编辑、再加工的机制，打造强大的多媒体内容加工能力，用新产品、新服务适应新的媒体需求，生产内容融合的多媒体产品。

新华社提出进一步加快发展视频报道的要求。2008 年 12 月 30 日零点，新华社试开通了视频新闻专线，标志着新华社的业务形态从以文字图片为主的“两翼齐飞”报道格局向文字、图片、音视频“三位一体”的多媒体报道格局迈出了重要一步。

新华社电视通稿线路重点以快捷的电视新闻、丰富的电视画面、突发性事件的直播、标准化的电视播出形态取胜，全天 24 小时实时播发，突发性事件随时插播。电视通稿继承文字、图片通稿特色，兼容文字、图片、音视频报道形态，突出多媒体报道手段，发挥全球记者网优势，与路透、美联实行差异化竞争。目前，新华社已经在香港开通了中国新华新闻电视网，先期推出两个电视频道，覆盖亚太地区各国和欧洲部分地区，成为新华社面向海外的新的传播平台。

美联社于 1979 年开始提供电视新闻服务，是首家推出电视新闻专线——美联社电视专线(APTV Wire)的通讯社。20 世纪 90 年代是美联社电视业务突飞猛进的 10 年。1991 年，美联社推出图表库，成为第一家通过标准电话线向电视台提供在线图表档案馆的通讯社。

1994 年，美联社在英国伦敦成立电视部(APTV)，推出国际新闻视频服务。为了快速拓展国际视频业务，它于 1998 年购买了国际电视新闻视频公司(WTN)。与此同时，美联社电视部更名为电视新闻部(APTN)。这次并购极大地增强了美联社的视频制作实力，迅速奠定了其作为世界领先视频通讯社的基础。

在世界性通讯社中，路透的电视业务起步最早。从 1964 年起，路透就同英国维斯(Visnews)电视新闻社合作经营电视新闻。1985 年，路透买下维斯社 55%的股份，取得了对这家电视新闻社的控制权。1992 年，路透收购了该社的全部股份，将其改组成路透电视公司。

21 世纪初，除了网络之外，路透社的视频服务也是经营多元化的重要体现。现在路透的电视新闻业务每天提供 7500 条视频报道或相关素材，客户包括世界各地的 530 家电视台和上千个电视频道。①

路透电视新闻产品有两种，一种是基本上按地区划分，为该地区用户服

① 刘笑盈：《世界财经信息专家：路透社》，《对外传播》2009 年 6 月。

务，主要有路透全球新闻、亚洲、东欧、欧洲、次大陆、拉美、中东、每日非洲、德国新闻等；另一种是按内容题材分类，有路透财经、路透生活、路透娱乐和路透体育四大类。

近年来，多媒体及视频产品成为法新社新的业务核心。法新社首席执行官皮埃尔·鲁埃特认为："视频内容是多媒体化的重要基石，而实现多媒体化是法新社未来战略的核心。通过大力发展视频新闻，法新社可以更加自信地面对未来。"2007年法新社发布面向广播公司、互联网服务提供商和手机运营商的国际电视新闻服务AFPTV，通过卫星以及专门的互联网平台，向多媒体客户提供视频内容。[①]

1.3 从传统的新闻到正在发生的新闻

新闻竞争，尤其是通讯社之间的竞争，首先拼的就是时效。在重大新闻发生时，通讯社的发稿时间都是以秒来计算，能够领先对手几秒就是报道的成功。如果说以前因为报纸的刊期和广播电视节目时段的限制，通讯社发出的快讯还难以很快落地，影响力难以直接体现的话，随着各种新媒体的出现，新闻已经可以同步发布了。

1.3.1 新闻24小时滚动播出

顺应新媒体时代传媒竞争的趋势和需求，通讯社也在结合新闻采写与信息流动二者的特点，建立全新的滚动发稿制度。一线记者能根据事态的发展，同步及时传回事发现场新闻，不仅可为第二天见报提供稿件，而且可即时在网络媒体和手机媒体上滚动播出。此外还尝试采用前方记者直接用手机发稿到手机媒体平台的方式。

21世纪初以来，美联社对其总部和国内外各分社都进行了业务上的整合，让文字和多媒体稿件能够同时采集，滚动播发。社长柯里认为，通过整合意味着做到基本上在同一时间通过不同的传播渠道发布同一条新闻。柯里希望此举"极大地提高美联社的新闻报道时效"。

新华社建立了24小时值班发稿制度。新华社实现24小时不间断发稿，始于1986年4月23日，当时新华社的对外广播由设立在香港的亚太总分社、开罗的中东总分社、墨西哥城的拉美总分社、内罗毕的非洲总分社直接处理本

---

① 刘笑盈：《历史最为悠久的世界级通讯社：法新社》，《对外传播》2009年9月。

地区所辖分社采写的新闻，向本地区用户播发；同时将本地区所辖分社采写的新闻发到总社，经总社向全世界播发。打破了以往均由驻外分社将稿件发到总社，再由总社编发的传统。形成了以总社为中心，由总社和四个总分社24小时不间断发稿的体制。

1.3.2 新媒体时代通讯社的新闻传播方式——快讯

网络媒体和手机媒体报道新闻最快的传播方式是快讯，快讯几乎可以与突发性事件同步来报道新闻；即便是在电视直播新闻事件中，滚动快讯也是加大新闻信息量的重要方式。而快讯也是通讯社报道突发性事件最重要的报道形式之一，通过快讯，通讯社在新媒体时代有了重要的竞争手段。

传统上，播发快讯是通讯社在重大新闻事件发生时才启用的报道方式。新媒体对新闻实时发布的能力使得通讯社对新闻时效的竞争更加激烈。新媒体时代，快讯成了通讯社发稿的常规手段，以适应新兴媒体的需要。

为了保证稿件的速度，路透社创建了一些独特的方法。例如路透社的消息大致有特急快讯、急电和普通电讯三种。这三种电讯的时效按顺序递减，篇幅按顺序递增。

为了保证重大新闻发布的时效领先，新华社在“两会”等可预知的重大报道中都提前预制了快讯，抢在活动开始之际播发出去。在重大事件发生时，通讯社的报道往往与新闻事件同步播发，通过即时滚动快讯的形式实时报道新闻事件。2003年伊拉克战争期间，新华社编发的快讯被中央电视台和许多地方电视台的电视滚动字幕大量采用，编辑部将电视快讯推而广之，成为每日报道的一个固定栏目。通过充分利用快讯等形式，新华社进一步加强来自新闻事件现场的滚动报道，积极占领新媒体市场。

在较重大的突发性事件中，进行滚动报道和多媒体报道是体现通讯社优势的一种重要报道形式，新华社的网络、音频、手机短信、新华手机报等新形式一起参与报道，扩大了新华社的影响力。在2006年秋天“神六”飞船发射报道中，新华社启动重大战役性报道机制，设立了国内部、军分社、国际部、对外部、摄影部、新华网集中编发稿件的新华社神六发稿中心。新华社还向发射和回收的现场派出无线通信车，配备铱星低轨电话，开通军用电话专线，启用海事卫星M4车载天线发稿系统。新华社神六报道发稿中心开创了在重大事件报道中利用快讯连续发稿、滚动发稿的新模式。采取前方记者与后方编辑连线的方式，由前方记者口述所见所闻，后方编辑迅即听打、核校和签发，发稿流程环环相扣，快讯播出几乎达到了与新闻事实同步的速度。①

1.4 推出面向非媒体市场的产品

非媒体市场与媒体市场相比潜力巨大。世界上盈利能力最强的通讯社就是彭博社，从创办开始，彭博的产品就主要面向财经金融界的用户，每天 24 小时为用户提供资讯和交易服务。彭博资讯的旗舰产品包括"彭博专业终端"和 Bloomberg Anywhere 系统。"彭博专业终端"是将新闻、数据、分析工具、多媒体报告和"直通式"处理系统前所未有地整合在单一的平台上。通过即时提供历史财经数据和研究方法，彭博改善了证券交易的运行模式，目前彭博有 17 万个专业终端，并向 100 多个国家提供资讯服务。彭博资讯于 2003 年底推出了 Bloomberg Anywhere 系统，开始在互联网上提供资讯服务，它让任意一台接入互联网的电脑，使用彭博 B－Unit，都可以登陆彭博业务系统。

作为报联社的美联社也在开发非媒体用户项目，与英国 AIM 公司合作，在美国推出了 AP planner（美联日程表）。AP planner 是一个集预计将要发生的事件、会议和重要声明等于一体的大事预告，为众多媒体会员和非媒体用户提供服务。对于众多媒体、政府机构和公共关系部门而言，AP planner 这种在线一站式服务已经不可或缺。

作为国家通讯社，新华社尽管在中国国内媒体市场中尽显优势，在全国地市级以上媒体市场中的覆盖率已经达到 100％，目前还在进行深度挖掘，争取在确保覆盖率的情况下提高产品市场占有率。然而，媒体市场的用户数量毕竟有限，即使户均使用新华社产品数量有所提升，也不能带动整个新华社业务量的大幅提升。非媒体市场与媒体市场相比，其用户数量几乎是无限的。而且，在新媒体时代，随着互联网的出现，信息传输手段飞速进步，社会对信息的需求进入数量大、范围广、系统性强、层次高、个性化突出的新阶段。社会发展、经济建设对信息的需求迅速增长，各种机构、团体甚至个人都非常需要获得及时有效的信息来支撑自己的决策。因此非媒体市场的潜力非常大。

新华社面向非媒体市场的信息事业是从上个世纪 80 年代末开始规模发展的。新华社多媒体数据库建成后，信息事业更是有了整合发展的支撑。有了多媒体数据库，新华社的信息产品一方面可以最大限度地利用新华社各种

---

① 夏林：《通讯社发稿的一次"井喷"——新华社神舟六号报道发稿中心工作手记》，《中国记者》2005 年第 11 期。

报道形式的内容资源。同时,为非媒体用户专门组织的资源,也可以进入待编稿库供各种报道形式共享。目前新华社面向非媒体市场有四大产品体系,包括:经济分析报告;专供信息;财经信息;高管信息。

在借鉴路透和彭博的非媒体市场发展经验后,新华社面向金融市场的重要产品——金融交易服务平台("新华08")于2007年9月底正式运行。"新华08"以终端形式为用户提供实时资讯、行情报价、历史数据、研究工具、分析模型等金融信息综合服务,是新华社的新闻信息业务向专业化延伸的产物。

新华社自主研发的金融交易服务平台"新华08"以专有软件和计算机终端形式为经济部门提供管理和监控资本市场动态渠道,为银行和各类金融机构、大中型企业参与相关交易提供交易平台与资讯服务,填补了中国乃至亚洲在这一领域的空白,新华社成为全球继路透、彭博之后第三家提供金融交易服务的新闻信息机构。

1.5 推出直接面向受众的数字媒体产品

数字技术与网络技术创造了多种新媒体形式。新媒体时代,通讯社充分运用新技术,新产品开发开始与新的传播技术结合起来,积极探索数字媒体传播的新形式。

通讯社需要从根本上把握新媒体时代传媒竞争的特点,重视新闻源的变化,不断开拓新闻产品的新领域。新媒体所需要的内容绝非现有新闻信息的照搬移植。并且,基于新媒体平台已开发和可开发的内容品种几乎没有止境。

1.5.1 推出新媒体的视频服务

经过多年发展和积累,西方三大通讯社尤其是美联和路透的视频业务已经颇具规模,凭借其品牌影响力拥有众多的用户,成为世界电视新闻的主要内容供应商。除了传统的视频供稿业务,他们也积极向新媒体领域拓展,推出了越来越多直接面向终端受众的产品和服务。

路透在其发展过程中,一直注重将服务媒体用户与服务非媒体用户相结合、服务机构用户与服务终端受众相结合,这是其影响力和经济实力不断增强的重要原因之一。在视频领域,路透也很重视利用新媒体技术带来的发展机遇,尝试通过各种手段开辟直接面向受众的播出渠道。

在新技术方面,路透社在实现互联网化的过程中,2003年与美国微软达成协议,将路透社的资讯服务与微软的MSN系统相连接,双方联合开发出了一种提供即时信息服务的项目——“路透社信息”。2004年10月12日，路透首先在美国开通了网络电视新闻频道。使用微软多媒体电脑的上网用户，可以接收到路透提供的未加剪辑的全球突发性事件电视新闻素材，还可以接收来自主要金融中心城市最新的商务和市场信息。此外，这一频道还提供娱乐、时尚、社会新闻。用户不但可以看到最新的报道，还可以调阅最近7天的所有新闻。2005年2月，路透集团又宣布同微软公司合作，在英国开播路透网络电视新闻频道。

如今在国内很多地方都可以看到的楼宇电视基本都是商业广告终端，政策上不允许播放新闻信息内容。但户外电视这种新媒体形式已经得到受众的认可，成为传播信息的一条新途径。新华社在这方面尝试较早，早在上个世纪90年代就在北京火车站广场设立了展示新华社快讯的二极管大屏幕，作为扩大新华社影响力的一种手段。2002年11月，新华网在京西宾馆、人民大会堂、梅地亚中心和北京火车站设立4块电子大屏幕播发十六大新闻，这次尝试拓展了新华社的报道形式，扩大了新华社报道的受众范围。

目前，新华社在全国主要城市推广“百屏计划”——安装超过100个户外超大屏幕。这是集文字、图片、音频、视频、网络实时直播为一身的多功能传播平台。为确保播出内容的权威性，“新华视屏”所播节目内容由新华社统一提供。

数字电视信号比传统的模拟信号具有更高的品质，它不仅能被固定接收，而且还可以在移动的状态下接收，移动电视实际上便是对数字电视信号在移动状态下的接收，因此人们可以在公交车、出租车、地铁、火车等流动人群集中的移动交通工具上收看到画面清晰的电视，及时获取新闻信息。

在近年的“两会”报道中，新华社利用火车移动电视滚屏，展示“两会”报道最新消息，进一步增强了新华社“两会”报道的影响力。新华社与铁道部共同打造列车移动媒体，以“新华视讯”为品牌的多媒体新闻信息产品已在200多列列车上滚动播发，年受众达1.5亿多人次。由于传输等问题，“新华纵横”节目在列车移动媒体上每周只能更新一次，时效性受到影响。为了能让列车移动媒体的受众在“两会”期间及时收看“新华纵横”关于“两会”的报道，2007年“两会”前，新华社技术局将铁路移动媒体改成通过FTP接收，实现了“新华纵横”节目每日更新，及时播出。

1.5.2 手机媒体服务逐渐成熟

美联社于2008年初成立手机新闻平台——移动新闻网，为包括苹果公司手机 iPhone 在内的智能手机用户提供新闻报道。路透在世界多个国家开通了手机电视业务，路透的大部分视频内容都已经实现了在手机等移动终端上播出。2000 年悉尼奥运会时，法新社第一次提供了“奥运会多媒体服务”，以网络视频、手机短信等形式，满足新媒体客户的需求。2002 年，在体育报道方面一向占据强势地位的法新社，率先在日本推出了专门针对 3G 手机用户的体育新闻图片服务。

新华社也大力拓展移动新媒体领域，从文字短信到彩信、再到图文互动的 WAP 业务，从 WAP 业务到掌上天下网站、再到 wap. news. cn 无线互联网与手机视频，产品实现多样化与多媒体化。形成以新华短信为龙头，包括中文短信、英文短信、无线网站、手机报、手机视频等较为完整的手机新闻信息产品链。

2003 年 3 月 1 日，以伊拉克战争报道为契机，新华社做出发展手机短信业务的战略决策，“新华短信”应运而生。2004 年“两会”期间，新华社开始播发英文短信以及图文并茂的彩信。同年 10 月，新华社决定由新华网统一负责“新华短信”内容的编发。

作为新华社新形式报道重要组成部分的手机短信业务发展迅速，产品种类、发稿量、用户数连年增加，为扩大新华社影响力发挥了重要作用。目前，新华社已成为中国最大的中文新闻短信内容提供商。

随着手机用户对资讯和文化、娱乐需求的不断增长，3G 技术的商用所提供的丰富的实现形式，以及国内短信市场竞争的日趋激烈，使得市场上以文字短信为主要表现形式的新闻短信市场将逐渐饱和，而以服务信息、经济信息和娱乐信息为主的多媒体信息将逐渐成为主流，图片、音视频将成为手机媒体主要的表现形式。“新华短信”也不断发展，在形式上扩展到手机报、wap. news. cn 无线互联网与手机视频等。

2005 年，新华社开办移动数字媒体新华手机报，朝无线增值业务领域又迈进了一步。新华手机报是为适应移动新媒体发展新趋势、加快发展新华社手机增值业务而开发的项目。

2006 年 11 月 7 日，新华手机报在中国移动上线，其大量采用新华社及新华网的新闻资源，报道国际国内重要新闻，同时也提供服务信息，并设置互动版面。

2007 年，党的十七大的召开给新华手机报的发展带来前所未有的契机。新华社及时抓住了这一重大机遇，与中国移动联手，合作创办了“十七大手机报”，开创了手机报道党代会的先河。据统计，从 10 月 14 日至 22 日，“十七大手机报”共发刊6期，发行量高达1.5亿份，平均每期发行2500万份。最高一期的发行量突破3000万份。“十七大手机报”扩大了新华社在无线新媒体领域的影响力。

随着3G商用化时代的临近，手机电视业务也逐渐出现新的发展机遇。艾瑞(iResearch)市场咨询发布的《2006年中国手机电视研究报告》显示，2006年使用手机电视的用户数量已达到90万人。

2005年1月1日，新华音像中心具体承办的“新华视讯”手机视频在中国联通CDMA1X平台上线开播。新华网联手人民网、千龙网于2005年11月在中国移动的移动梦网和中国联通的互动视界开通了“掌上天下”WAP网站，“掌上天下”在国内首次实现手机两会直播和嘉宾访谈互动，手机视频节目也在“两会”期间开通。

随着新华社多媒体数据库的建设和不断完善，手机电视业务的开展有了坚实的基础。新华社多媒体音像资料库每天存储大量电视节目，有了多媒体数据库做后盾，为开展手机电视业务提供了大量的视频资料。

1.5.3 适应用户需求的互动性产品

在Web 2.0的发展中，博客概念的推广以及博客网站的发展是最为显著的。中国国内博客读者达7500万以上，其中活跃博客读者高达5470万人。在网络博客大行其道的情况下，新华网直到2007年才正式开通博客。新华博客支持网民张贴文字、图片、音频、视频等各类形式的内容，网民可以根据兴趣选择自己博客所属的栏目。

博客、论坛作为舆论的新渠道，可以造声势、扩大影响，同时也给传统媒体带来了压力。不少轰动的新闻事件都是首先被一些知情者通过网上论坛、博客等方式披露，随后被传统媒体跟进报道。因此新华社也把博客作为线索和舆情的重要来源，从中寻找值得进一步深挖的新闻源。并且新华社记者也在新华网上开办博客，参与的一些重要报道往往能吸引读者的关注，像跟随“雪龙”号去南极科考的记者张建松的博客就受到很多读者和媒体的关注。

在没有开通博客前，新华网在2006年“两会”特别专题开辟了“博文选登”，选登各家网站“两会”博客的精彩内容，供网民浏览，让传统新闻单一的传播方式与博客、论坛等传播渠道形成互动。网民反映“博文选登”汇聚精华，比直接进相关博客浏览省时省力。

美联社创建了有通讯社特色的新闻博客，于2007年4月，推出以年轻受众为主要目标的新闻博客“纵横”。这个新闻博客随时更新，从美联社驻世界各地记者的视角告诉人们最新发生的事件。博文形式多样，包括文字、音频、视频和图片。与美联社一般新闻不同的是，新闻博客让读者有机会了解编辑人员处理新闻稿件的背后故事，对整个新闻事件有更为全面的了解。美联社的所有采编人员，包括摄影记者、音视频记者以及策划人员，都可为这个博客提供最新鲜的内容。

第2节　营销模式

2.1　直接面向终端受众，打通产业链上下游

通讯社，尤其是新闻通讯社，在新闻机构中具有特殊性，它不是一个完全参与市场竞争的新闻机构。因为新闻通讯社是为众多新闻媒体和各类非媒体用户提供新闻信息服务的机构，一般拥有分布广泛、人数众多的新闻采集网络，需要强大的通信技术支持，才能够大量收集和加工新闻产品。这就使得新闻通讯社的投资巨大，但其经济回报却并不一定很高。这点与经济信息社有很大区别，经济信息社直接对用户传播经济信息，或者承担金融交易服务，利润很高，如彭博通讯社、道琼斯等。单纯的新闻通讯社则因为盈利较少，而需要外来补贴。

如新华社是中国的国家通讯社，财政差额拨款，不足经费自收自支，目前主要经济收入来自用户订费、报刊经营和广告收入以及企业上缴利润。埃菲社是西班牙的国家通讯社，该社自成立以来一直保持股份公司形式，但国家拨款仍占其每年经费来源的三分之一。在发展中国家，国家通讯社一般多是官方机构，受到政府财政补贴。就是具有广泛影响力的世界性通讯社，也需要外来资金的支持，比如法国政府就通过订阅法新社的新闻对法新社进行补贴。法新社自创建以来经历过多次财政危机，在每次出现财政危机时，都是国家出面弥补亏损；美联社的后盾是上千家广告公司和数千家报社、电台、电视台组成的董事会，有关法律规定也在税收等方面给予它支持；而路透社已不再是单纯的新闻社，其经济信息收益占到总营业额的95%以上，新闻产品的贡献率仅占不到5%。

在新的媒体竞争环境下，通讯社面临诸多挑战，如果还是主要依靠外来支持，显然已经不切实际，传播渠道的增多已经弱化了新闻通讯社的职能，因此

通讯社必须重视用户市场。对于通讯社来说，用户就是影响，用户越多，通讯社的影响力越大。说到底，用户就是生命，离开了用户，通讯社就失去了生存的基础。路透社的价值观就是"与用户共同成长"，新华社要扩大影响力，也要通过用户来最终体现，通过稿件的落地率来实现。

2.1.1 以用户为中心

考察通讯社的新闻信息服务可以发现，新闻信息逐渐从以自我为中心的被动服务发展到以用户为中心的主动服务。在竞争环境不断变化的情况下，通讯社需要培育更多、更忠诚的稳定用户群。用户群越多，用户的忠诚度越高，通讯社的核心竞争力就越强大，就越能经久不衰。因此，通讯社都在重视培育用户，从产品、价格、营销、反馈等方面着手，以用户为中心，努力培育自己的用户群，以增强核心竞争力。

路透社正在研究、开发用户反馈系统，即每个产品发给用户后，用户可以发表意见，自动反馈给编辑，这种反馈可以一对一，也可以一对多。编辑对记者的稿子有什么意见，也可以通过这个系统反馈给记者，这样加强了记者、编辑和用户的有效沟通。

通讯社通过对用户行为的跟踪进行兴趣的描述，并形成用户的个性化信息需求库。通过建立这种特色资源库不仅可以积累相关的信息资源，而且可以保存用户的特征和需求，成为实施个性化信息服务的基础。

新华社的新闻改革必须从用户满意开始，并以此作为实施改革的出发点。新闻信息产品市场重点要前移，不是媒体市场，而是受众市场，因为媒体市场的终端永远是受众。对于享有竞争优势的企业来说，它与竞争对手间的差异(包括能力的差距和顾客利益的差异)必须体现在它所提供的产品和服务的属性上，而这些属性正是顾客的"关键购买标准"。因此，新华社也要加强用户和受众研究，分析用户的需求。

新华社的用户意识也在不断增强。从过去只管播发，不管需求，转变为尽力满足用户需求。进入新世纪后，新华社的新闻信息服务工作遵循着"为用户创造效益"的理念，也开始研究市场、研究用户，从用户的角度思考问题。在产品生产时，就考虑面对的用户群，分析用户需求，以便为不同需求、不同层次的用户提供更具针对性的服务。

新华社本世纪初先后开通体育专线、服务专线、财经专线和亚太中文线等特色供稿线路，"1+X"的国内发稿线路框架初步形成，强化了市场意识和产品指向，改变了以行政级别划分用户的传统做法。

过去，新华社的考核体系侧重内部控制，给总社各编辑部和国内外各分社下达数量指标。这样做的好处是，能保证基本发稿规模，有一个内部产品（稿件）质量的评价体系，但忽略了新闻信息产品使用者的意见和需求。通讯社要发展壮大，必须要确立用户意识，把产品交给市场、交给用户去检验和评判。2003年以后，新华社建立了用户反馈系统，实施新的考核办法，以影响力为标准，不再仅依靠内部的主观印象为主的评价，而是引入稿件的采用率和采用量，以用户评价为主，关注最终结果。用户反馈系统和内部专家系统等共同形成了绩效测评体系的框架。

用户更多考虑如何得到更快捷、全面的信息和服务。通讯社在重大事件发生后，会通过播发新闻预告、公鉴等强化对用户的服务。如今，通讯社的新闻信息服务的过程，无一不体现出主动服务的思想，主动服务也是个性化新闻信息服务区别于传统新闻信息服务的一个很重要的特点。只有强化主动服务意识，才能吸引更多的用户。主动服务使得用户和通讯社之间的联系变得更加紧密，沟通变得更加顺畅。

2.1.2 从出售产品转向出售服务

新媒体时代传媒行业获得了空前的大发展，用户面临着前所未有的丰富选择，通讯社以自我为中心的销售霸权被以用户为中心的营销竞争所替代。单纯的新闻信息产品已经无法令用户满足，用户需要的是全方位的、能满足个性需求的服务。出售服务成为新的盈利模式。决定新闻信息产品市场表现的核心因素由产品质量向信息服务质量转移，信息加工处理利用能力比以往更加影响新闻媒介的核心竞争力，延伸、增值服务成为新闻机构的基本产品，信息产业成为新闻业的下一步选择。

因而，向用户（不管是不是媒体）提供他们所需要的新闻信息产品和服务成为通讯社的必然选择。由于是依靠出售服务获取利润，通讯社必然要预先对用户的现实需求和潜在需求进行充分的市场调研，有针对性地开发新服务。为了在竞争中取得不败地位，往往设计有特色的服务来吸引用户。出售服务强调主动地服务用户，互动是服务的常态，沟通是服务的第一要义，与服务相关的互动沟通主要包括服务承诺、服务补救、日常服务交流等。

在从出售产品转向出售服务的转变中，针对用户目前的和潜在的需求精心开发的服务就是营销的内容本身，而产品则作为服务的一部分而存在，出售服务获取利润是通讯社未来盈利模式的核心。与现存的通讯社盈利模式或服务模式相比，它的优势在于：①服务是营销的内容本身，产品是服务的一部分，突出了服务意识；②强调用户导向，通讯社的一切工作均围绕用户的期望和需求展开；③体现互动性，明确指出沟通交流应该成为出售服务过程的常态。

彭博社的产品——终端机是集数据、数据分析、新闻资讯于一体的一站式信息服务解决方案，革命性地改变了传统媒体的运作模式。“彭博信息”的产品——通过特别设计的终端机呈现的实时财经数据及图表、分析软件、交易纪录以及电子、平面、电视与广播新闻——已经营销到全球各地的证券交易商、投资银行、金融机构及研究机构。目前全球各地装置的“彭博”终端机总数达25万台，终端机传递的产品就是彭博的服务。

为支援庞大及功能复杂的资讯网络，彭博集团拥有一支庞大的用于客户服务的技术队伍，他们训练有素、通晓多国语言，致力为客户解决疑难。一年365天，每天24小时，客户只需用电话或者网络联系彭博的客户服务台，即可在数分钟内得到答复。

针对彭博社在改善客户服务和售后支持领域的传统优势，路透社在“快速前进”计划中的关注焦点之一也是改善客户服务和售后支持，在推出新产品系列的同时改善客户服务。2004年，路透在新的网络上启用 Reuters Knowledge 等新产品。区隔产品线的应用，使路透能针对客户需求提供产品及解决方案。如此一来，便可针对关键领域重新调整资源的使用及投资的方向，更能提供客户所需的服务。

新华社近年来也把为用户服务作为改革创新的着力点，组建了统一的营销服务平台，主动了解用户需求，提供个性化服务。营销总平台通过多种形式培训，使所有营销人员都能对新华社新闻信息产品做到如数家珍，都能提供具有专业水平的服务。

新产品“新华08”更是以个性化服务为主，用户提出角色需求，“新华08”全力满足。“新华08”的产品理念是：“给我一个角色，还你一个世界。”在产品体系逐渐完善的同时，新华社也建立了一套完整的服务体系，包括新闻信息产品的推介、营销、售后服务、产品落地统计和用户意见反馈等。强调通过服务赢得用户，扩大影响力。

2.1.3 直接面向终端受众

传统上，通讯社一直只是内容供应的批发商，不拥有直接面向受众传播的终端渠道，新闻信息产品无法直接抵达终端受众，其社会效益和经济效益往往被打了很大折扣。

在新媒体时代，通讯社发展规律表现出新的特点，向媒体提供新闻与直接面向受众提供多媒体新闻相结合，发展直接面向终端受众的新兴业务已经成为世界性通讯社业务发展的新趋势。随着互联网的发展，通讯社的影响力日益扩大。其中主要原因在于这些通讯社能够通过互联网将内容直接送达大量的受众。数字媒体时代涌现的众多新媒体，使通讯社可以在做好内容供应商的同时，成为一个媒体运营商和服务商，从而极大地拓展通讯社的业务空间。

作为全球著名的财经资讯商，路透集团推出的产品以复合型见长，覆盖了新闻、资讯、分析、交易、风险管理的整个金融运作过程。路透集团的产品线，从最早期的"监视器"(MONITOR)到当前推出的路透多媒体系列，涵盖了路透财经电视(RFTV)、路透商业资讯(RBB)、关系数据库(RDB)、路透网(RWEB)、路透电子邮件(RMAIL)、路透电子讯息平台(RMSN)等等。这些产品复合在同一个终端的界面上，用户可以根据需要定制。用户在进行接收操作时，可以将路透终端任意划分为若干窗口，同时看到新闻、汇市、股票、期市等等资讯，还可以直接进行买卖操作。

新华社通过网络、手机、户外视屏终端发展新媒体业务，实际上是直接面向个体服务。未来发展趋势是个人也可以直接通过终端，接收通讯社的新闻信息服务。

通讯社直接面向终端受众以后，在新闻信息提供方式上也需要进行改变，长尾理论认为，一种传播途径并不适合所有人，如果只注意其中的一类顾客，就有可能失去其他顾客。[1] 新媒体时代碎片化的用户市场，需要个性化服务。通讯社要根据用户的需求，量身订制其所需要的信息。像路透社的3000Xtra系统，日均为用户提供1万条左右新闻资讯，包括预警快讯、要闻、要闻索引、重要及突发事件新闻、路透独家和拳头新闻、新闻速览、路透资料视窗、每日事件报告、报摘等类型，这些新闻资讯涵盖全球政治、经济、金融、体育等领域。3000Xtra系统提供了100多种用户角色选择功能，也就是说，100多种不同类型的人员都可以通过这个系统获得自己想要的专供信息和服务。这也是通讯社产品"个性化"的一个重要举措。

美联社已经开始着手对其所提供的内容进行定制化准备。2007年5月，美联社宣布，希望分阶段推出他们的Web2.0服务，这是一个多媒体的即时数据库。通过这种服务，用户可以根据个人喜好来对收到的美联社内容作个性化处理，同时还可以跟踪信息使用情况。

新华社多媒体数据库是一个包容各类媒介形态和多种功能的多媒体新闻

---

① [美]克里斯·安德森：《长尾理论》，第339页，中信出版社，2007。

信息平台。依托这个平台，能够为媒体用户和非媒体用户提供他们所需要的多媒体新闻信息产品。特别是随着以电脑为主要形式的新闻信息接收终端(包括固定和移动的终端)的普及，多媒体数据库可以向用户终端提供他们所需要的新闻信息资源和个性化的新闻信息产品。

数据库在直接面向用户服务之外，还可以记录分析用户的行为数据，从而开发数据库智能营销系统，从技术手段上为用户提供个性化服务。采用互联网数据库智能营销系统，主动提供用户关注的内容，有助于提升服务水平，为用户提供更好的服务。而且用户的使用特点和需求也能传到采编部门，供生产环节参考。

数字技术的创新大大拓展了通讯社新闻信息资源和产品的服务功能、服务范围和服务空间，开辟了面向广大个人受众的新市场，使得通讯社开始以全媒体的形态参与到新闻信息产业竞争中。

2.2 积极探索传统业务新的经营模式

新媒体时代，美联社、路透社、法新社等世界性通讯社都不约而同地对传统业务的经营模式进行改革，探索新的供稿与收费模式。通讯社对于经营模式的改革既是基于目前传统媒体的经营压力，希望通过减轻传统媒体用户的成本压力来维持用户忠诚度，也是对新的盈利方式的逐步探索。

2.2.1 “免费供稿、分享广告收入”新模式

2008年1月7日，路透社率先宣布在与《国际先驱论坛报》的合作中，双方打破多年来的媒体内容供应协议惯例，《国际先驱论坛报》无需向路透支付内容使用费，而是与路透共享路透新闻为其印刷版和网络版带来的广告收入，由此开创出一种新的通讯社与媒体用户收入共享的模式。

此次路透签署的协议覆盖《国际先驱论坛报》欧洲版和亚洲版的整个财经版面，版面名称也相应改为“路透商务”和“路透亚洲商务”。根据协议，路透为《国际先驱论坛报》的网络版提供视频报道，而路透当前的公司客户也可享用《国际先驱论坛报》的文章内容。

除《国际先驱论坛报》之外，路透还将在全球各地寻求与其他报纸进行类似的合作，试图把这一新的经营模式作进一步推广。路透社的合作为其提供了挖掘传统新闻业务新的收入来源的机会，同时也使自己的品牌得到了一定程度的宣传。路透集团的大部分利润来源于其为银行和投资者提供的金融数

据服务，而新闻部门是其旗下规模最小的业务部门，规模和发展速度都明显落后，路透需要对传统媒体经营领域进行创新与探索，寻求新的增长空间。

2.2.2 调整供稿与收费计划，灵活营销

2008年1月31日，美联社董事会也正式通过了酝酿已久的新闻供稿与收费调整计划，新计划于2009年1月起正式执行。

长期以来，美联社按照大、中、小不同规模报纸的基本需求，对各类新闻进行打包推送。改革之后，仍按原来的收费模式向成员报纸提供当天国内外的动态新闻。此外，报纸可根据自己的需要选订新闻分析、商业、体育、娱乐等方面更为深入的报道，但需另外付费。这样做一方面可以降低成员报纸所支付的费用，另一方面也给成员报纸以更加灵活的选择。

改革后实现的用户按主题"照单点菜"是美联社历史上的第一次，对于增强用户选择灵活性的作用是显而易见的。改革后，有80%的成员报纸所需支付的费用得以降低，10%保持不变，其余10%可能有一定程度的增长。总共将为用户降低成本约600万美元。如果这些成员报纸加入新闻索引服务计划，那么他们的成本有望进一步下降。

2.2.3 利用网络平台代销视频内容的营销模式

2007年2月13日，法新社宣布推出面向广播公司、互联网服务提供商和手机运营商的国际视频新闻服务（AFPTV International）。AFPTV International采用英语和法语两种语言，可以通过卫星或专门的互联网平台VideoForum 2下载。每天的播出内容中，70%为时事新闻报道，20%为时尚生活类报道，其余10%为调查性报道。法新社还计划推出阿拉伯语和西班牙语视频新闻，德语视频新闻也在考虑中。法新社提供的视频国际新闻报道不打算"覆盖"路透和美联等竞争对手，而是要采取"补充"的策略。

法新社对于其新媒体核心产品——视频内容的推广力度也是最大的，该社2007年先后与三家网络视频供应商达成合作协议，通过他们的网络平台在更大范围内展示法新社的视频内容。

2007年3月3日，法新社与视频内容提供商Zoom.in达成内容提供协议，通过Zoom.in为互联网、手机等多媒体用户提供法语、英语的视频内容。用户主要分布在德国、西班牙、意大利、瑞士、比利时等国。Zoom.in负责把法新社提供的内容翻译成德语、西班牙语、意大利语、荷兰语以及佛兰德语。

2007年7月6日，法新社加入全球网络内容网站Mochila。Mochila是一

家出售图片、视频、文章等媒介信息的网站，其用户包括广告商、内容提供者、内容使用者。法新社还通过该平台把西班牙语内容发布到北美地区。

2007年7月25日，法新社与数字媒体发布平台ClipSyndicate签订内容合作协议。同一天，法新社还收购了“公民记者”平台Scooplive30%的股份。该平台建立于2006年，由公民记者制作视频和图片提供给全球媒体。参股以后，法新社的视频内容AFPTV将可以通过这个平台传递到数千家网站。

2.2.4 建立网络广告合作关系

美联社在线视频网的节目主要来自美联社视频新闻采集部门APTN，他们负责每天提供50条视频新闻，每条固定时长约1分钟，内容包括美国国内新闻、科技新闻、国际新闻等，以国际新闻为主。调整之后，将进一步强化本地内容，允许报纸、电台、电视台等合作伙伴上传他们的视频内容。这些视频内容既可以是专业人员制作的，也可以是受众自制的。预计美联社在线视频平台的视频片断总量已经达到750万条。

目前，美联社在线视频网已经吸引了越来越多广告商的目光，包括通用电气公司在内的大公司都开始在上面投放广告。美联社的在线视频销售和盈利模式也日趋成熟。美联在线视频网的视频节目收入分配情况为：加盟网站拥有全国广告收入的20%，余下的部分在美联社和微软公司之间进行分配。在允许用户上传视频节目之后，这一模式也会做出相应调整。用户上传内容获得的收入可以在微软和美联社之间进行分配。

2008年1月22日，路透社与Adify公司建立网络广告合作关系。Adify是网络广告商Flycast于2005年创建的，目标是促进和优化媒体与广告商之间的直接交易，并取消因通过第三方交易而增加的成本。利用Adify的网络建设技术，路透将主要关注核心内容领域，如：个人理财、汽车、足球和新闻博客服务。

2008年2月，诺基亚通过它的媒体宣布，正式开展移动广告网络业务。路透随即与之签署合作协议，该平台允许广告主在路透社的手机网站上设置广告，送达全球1亿诺基亚用户。广告由来自诺基亚的广告团队制作。2007年诺基亚发布“诺基亚广告网关”——一个把广告与特定应用联系起来的平台。比如，广告可以对正在看电视、读地图和听音乐的用户做定向。

2.3 发展经济信息业务，重视非传统市场

在新媒体时代，随着信息全球化发展，信息服务业包括资讯业和IT产业迅猛发展，成为经济社会现代化的重要标志。信息已成为一个国家软实力的重要标志。在这一时代背景下，通讯社事业发展环境发生了深刻变化，特别是以为传统媒体提供新闻为主的事业模式遇到了空前的挑战。传统媒体发展方式和发展空间受到制约，从而使通讯社业务对社会的间接影响力表现出越来越多的局限性。另外，世界性通讯社在传媒市场的覆盖率早已接近饱和，发展新用户的潜力微乎其微，而且传统媒体的版面、时段有限，对通讯社产品的需求量和使用量也有限。在此情况下，通讯社转而通过媒体形式和手段的创新发展新兴业务。新兴业务竞争使通讯社走向事业发展的多元化，综合实力和可持续发展能力更多地依靠新兴业务特别是信息业务的发展。在这种趋势下，通讯社把采集发布新闻与提供信息开拓非媒体市场相结合，开始探索更适合生存的发展道路。通讯社的兴起就是靠发展经济信息业务，后来随着媒体业务的壮大而转为新闻电讯社。如今，随着媒体业务的饱和，通讯社需要再次重视经济信息业务，开拓非媒体市场。

回顾世界范围的通讯社业务时可以看到两条脉络：一是一些经济信息通讯社业务获得较大发展，如彭博。二是各大通讯社普遍在业务中注入经济信息传播的业务内容，包括美联社、新华社、澳大利亚联合新闻社等等，都是在上世纪80年代以来加大了经济信息采集的内容。通讯社加大经济信息的分量，也是出于拓展业务的需要。通讯社最早的业务就是传递经济信息，随着世界经济的繁荣发展，机构用户和个人用户对经济信息的需求强劲，甚至超过了媒体用户的需求量。对于通讯社来说，媒体用户数量和需求是有限的，而非媒体市场的用户及其对信息的需求却是无限的。在大多数媒体都已成为通讯社用户的情况下，全力发展非媒体用户必然成为通讯社今后利润的增长点。例如金融信息服务一直是路透较擅长、彭博最核心的业务。路透90%以上的收入、彭博95%的收入都来自金融信息业务。围绕这一核心业务，它们建立了全球性的金融资讯采集网络，以及数据录入、资讯采集、功能研发、市场营销、用户培训等完善的业务组织体系。

另外从传媒发展趋势来看，经济信息类媒体也在成为大型传媒集团不可或缺的资产配置。2007年，新闻集团以56亿美元的价格成功收购道琼斯公司，主要就是看中了道琼斯的金融信息服务（包括道琼斯金融信息产品和道琼

斯指数系列产品）以及《华尔街日报》的影响力，通过收购拥有了道琼斯及其《华尔街日报》所拥有的经济新闻信息资源，强化了新闻集团的媒体资源配置。

道琼斯是纯粹的财经内容提供商，这是它与路透、彭博信息业务最大的区别。在市场竞争中，道琼斯认为，其核心竞争力是提供“最重要的商业与财经新闻及信息”，必须专注于自己的核心竞争力，强化财经内容采集，因此道琼斯于1998年退出金融信息综合服务领域。道琼斯与路透、彭博由过去的竞争对手变成了合作伙伴——道琼斯成为它们的财经资讯提供商。汤姆森与路透合并后，道琼斯的市场机会减少，这也是促成它接受新闻集团并购条件的重要原因之一。

在经济信息需求量巨大的情况下，传统的通讯社业务也进行了转变，由一般的新闻信息搜集加工传播为主转向以搜集加工销售经济信息为主，由向媒体用户供稿为主转向以向非媒体用户供稿为主。通讯社通过提供财经信息服务深度介入当代世界经济、金融。通过提供新闻信息服务与充当市场中介相结合，路透社已经发展成为全球有影响的财经信息集团，作为一个实体，路透社早已被路透集团所代替。以商情为主的路透信息不仅是路透社的主要产品，而且是其收入的主要来源。可以说，路透社的新闻是为路透社制造品牌，而商业信息则是赚钱的主要工具。路透社超出一般通讯社的国际化水平，与其主打财经新闻和商业信息有关，因为在所有的新闻中，财经新闻的意识形态色彩和文化差异是最小的。

路透社90%的收入来自金融信息服务业，它根据客户的工作模式，提供各种先进的交易分析、定价模块、绘图和风险管理专业工具，这是其信息服务的最大特色和核心竞争力。所以，路透在其官方网站上首先声明自己“专为金融、媒体与企业中的专业人士提供不可或缺的重要资讯”。在路透集团全球CEO汤姆·格罗瑟看来，最能体现路透集团“综合能力”的莫过于3000Xtra及时交易平台。该终端结合跨市场数据与分析、绘图功能以及新闻，面向交易员、分析师、投资经理和经济学家。另一个终端是Reuters Dealing3000，能让交易商进入最大的交易指令传送网络之一。路透社推出一系列产品，包括即时信息服务和面向资本市场从业人员的新产品。路透社共有多达32万个终端可以处理固定收益产品的交易。

近年来，美联社不断应用新技术完善财经新闻报道，拓展财经业务领域。在推出了针对个人理财用户的定制财经新闻之后，美联社又于2004年推出了“美联社金融新闻”(AP Financial News)。2006年初开始，美联社大力发展经济新闻业务，大量招聘财经记者，增加编辑岗位，专门从事针对大型公司和财经市场的深入报道。目前经济新闻部已成为美联社发展最为迅速的部门，大多数报道供给了雅虎财经、MSN 金融和 CNN 金融网站。

新华社建设"新华 08"正是基于对通讯社规律和信息规律的深化认识。建设"新华 08"是扩大新华社影响力、增强新华社综合实力、实现新华社事业持续发展的战略举措。新华社将新闻用户与产品用户细分，促进了新产品开发。并将发展多媒体数据库和信息衍生服务作为重点扶持对象，开始向大型企业、中外机构等非新闻用户提供经济信息服务。

发展非媒体用户，通讯社具有一定的信息资源优势，但在信息市场竞争中，新闻通讯社的市场竞争能力仍然有待提高。这要求通讯社要有强大的信息资源加工能力。不然，就只能靠提供资讯，在产业低端生存。只有提高增值开发能力，把资源转化为增值服务产品，才能提升核心竞争力。

第 3 节　传播方式

3.1　强化消息总汇职能，内容来源渠道多元化

通讯社的职能是消息总汇，在新媒体时代，通讯社也不能丢失这个根本。实际上，无论媒体竞争多么激烈，内容永远是竞争的核心。因此通讯社只要不断强化消息总汇职能，适应新媒体环境下的用户需求特点，就能在新闻信息市场竞争中占有一席之地。新媒体在内容的建设上还有很长的路要走，目前网络媒体、手机媒体都是以内容集成为主，很少有自己的原创生产内容。自上个世纪 90 年代以来，独立采集互联网新闻的尝试一直没有停止过，但往往由于人力、物力、财力上的不足而以失败告终。2001 年和 2006 年，美国的研究人员对通讯社新闻和网站新闻进行了两次大规模的对比研究。两次研究都使用了逐字逐句对照的方式进行统计。结果显示，网站在使用通讯社的新闻报道时仅仅做了少量的技术性加工。尽管互联网新闻在数量上令我们应接不暇，但新闻的最终讲述者仍然是路透社和美联社。[①] 从国际上看如此，国内的情况也一样。网络媒体使用的新闻仍然来自传统媒体，通讯社依旧是最大的新闻信息提供商。

---

① 李林芳译：《通讯社对互联网国际新闻的垄断》，《世界广播电视参考》2008 年第 1 期。

任何一家世界性通讯社的新闻采集网络都不可能遍及全球，任何一家世界性通讯社也不能无视其他渠道发布的重要的第二手新闻信息，这是由通讯社消息总汇的职能决定的。作为通讯社，要尽可能全面地收集新闻信息，在数字媒体时代，不仅靠自采新闻信息领先，也要靠集成新闻信息取胜。

3.1.1 整合已有新闻资源

通讯社记者采集的新闻信息，以其时效性和权威性构成通讯社新闻信息产品的核心内容。随着新华社新闻信息事业的不断发展，其多媒体数据库成为新闻信息采编发平台，按照系统观点整合资源。"一切均进入待编稿库"的理念和流程设计，所有的编辑都从待编稿库取稿、编稿。记者入库的不仅包括半成品稿，还包括素材、背景资料、采访线索等。要适应待编稿库，满足不同用户对新华社各类稿件的需求，要求记者采集的新闻信息素材和稿件更多。同样，编辑编发稿件也不是就来稿编来稿，而是在记者提供的材料基础上，通过策划、包装、组合、加工等多种手段，编发不同形式的供不同用户选用的稿件。成品稿件进入多媒体数据库以后，又成为可以进行多次深度开发和重复利用的资源，从而实现了资源最大限度的利用，产生最大效益。

强调第一手新闻的重要性，并不是否定世界性通讯社改编、转发第二手新闻的重要性。因此运用多媒体数据库中的新闻信息资料对首发新闻进行深度开发，汇总和利用重要的第二手新闻，记者可以利用重要的第二手新闻信息或作为追踪采访的线索，或作为新闻的背景，或直接改编成消息播发。多媒体数据库采集入库系统利用自动分类技术，对国内分社、国外分社、社办报刊及其他社会资源进行广泛的采集，按知识属性进行分类后，作为素材存放在待编稿库中，供编辑们使用。整合已有新闻信息资源后，抢占新闻的"第二落点"，可以突出新闻事件的价值，帮助受众全面地了解新闻事件或热点问题的背景，准确地了解新闻事件或热点问题发生的原因，从而可以提升新闻机构自身的价值。

3.1.2 受众参与和内容共享

新媒体时代是受众参与的时代，Web2.0 发展的一个特征就是受众可以参与内容，进行互动。受众把自制内容上传到网络，进行内容分享。视频分享网站 Youtube 的成功更是展示了新媒体发展的一个方向。传统媒体的封闭式、单向传播已经证明不适应受众的新媒体使用习惯。在新形势下，通讯社的内容竞争力不仅仅是指高质量的内容生产，也包括高效率的传播和全方位的互动传播、受众参与。对于通讯社来说，能够充分利用网络，顺应受众参与的新特点，征集受众手中的新闻线索、素材和新闻图片、音视频，一方面可以丰富自己的信息源，另一方面也可以加强同受众的联系，提升在新媒体中的影响力。

数字媒体时代，读者关心的是新闻信息的内容本身，非专业的普通公民开始参与新闻信息的采集、制作和传播。正是基于这样的理念，国外一些媒体机构开始建设面向所有网民的公共投稿系统，把网络受众都变成自己的信息来源。通过公共投稿系统这一渠道，媒体可以接收并挑选那些由普通网民提供的新闻线索，或者直接采用由网民采集的照片、音视频等内容。

加拿大的博客新闻网站 NowPublic 于 2005 年成立，在提供突发消息方面的强大功能已经吸引了一部分传统媒体的关注。据称，NowPublic 已和包括美联社在内的多家通讯社签约，提供新闻照片等有价值的内容，或者通过为各大媒体联系新闻事件目击者或第一现场作者而获得丰厚报酬。

在 2004 年印尼发生海啸时，路透网站最早的文字报道和照片都是由当时在现场的老百姓提供的，这使得路透在派出自己的记者前往灾区进行后续报道和深度报道的同时，可以进行实时的现场报道。因此，通讯社应该采取措施，吸引公众通过新媒体为自己供稿，并为他们制作内容和供稿提供便利与帮助。路透的公共投稿系统于 2006 年 12 月 5 日开通，其借助著名的新媒体雅虎的优势，与雅虎合作，共同推出了征集网民创作的照片和视频的网站"你见证新闻"(news. yahoo. com/page/you witness news)。雅虎负责建设投稿系统以及接收公众稿件，路透则负责编辑公众投递的稿件并向用户推荐。这些由公众提供的图片和视频，如果只是在路透或者雅虎的网站展示，路透不会支付给作者稿费，如果发布在路透的新闻专线产品中，作者将会获得一定数额的稿费。对于涉及个别重大新闻事件的图片和视频，如果作者愿意独家授权给路透，路透将会付较高的费用。

2006 年路透集团向经营博客业务的美国布拉克公司投资 700 万美元，推广博客新闻。布拉克公司经营为媒体提供博客服务的网站 BlogBurst，博客内容涵盖政治、体育、健康、医疗、科技、旅游、食品、娱乐等各个专业领域。通过签约或者付费等方式，网站同博客作者建立了长期稳定的联系。同样，也是通过签约或付费等方式，网站为各种媒体网站提供他们需要的博客文章或者博客评论。Blogburst 拥有一批传统媒体用户，如《今日美国》《华盛顿邮报》《旧金山纪事报》、甘尼特报业集团、英国《卫报》、福克斯电视新闻网等。

路透的公共投稿系统为通讯社拓展新闻信息来源做出了有益的尝试。此后，许多通讯社也都开辟渠道接收来自公众的稿件。美联社通过和微软合作，建立了一个公共的视频新闻平台，可以接受受众自制的新闻信息内容。其1500家用户可以随时将自己制作的视频上传到网站。2007年，美联社宣布与NowPublic合作，欢迎“公民记者”提供内容。通讯社对博客网站和内容分享网站的重视，是适应数字媒体时代发展的选择，既拓宽了内容来源渠道，也密切了与新媒体受众的联系，扩大了影响力。

3.1.3 提升新闻集成能力

数字媒体时代是海量信息的时代，任何一家通讯社单凭自身的力量都不可能采集到所有的新闻信息。因此，过去通讯社强调的是新闻信息采集能力，而在新媒体时代，随着信息发布渠道的增多，内容集成能力又成为通讯社必备的技能。重大新闻首发一直是媒体竞争的热点，但是在网络新闻发达的环境下，各种各样的新闻信息在发生后极短时间内，就能同时传达到各个媒体，成为公共信息资源。对此，通讯社可以利用信息集成手段，海纳百川，通过集成整合，有效地实现新闻信息产品的日益多样化、多版本化。

路透社、美联社、法新社主要新闻线路每天发文字稿700至800条，路透社的经济信息发稿量每天达11000多条。而过去新华社新闻线路主要依靠记者自采稿，编辑转发其他媒体的“媒体集萃”稿件较少。国外大通讯社新闻信息巨大的发稿量，除依靠自己记者采写外，主要是大量整合编发其他新闻信息机构的稿件、建立开放式的稿源库的结果。

因此，新华社也在整合人力资源，变封闭式稿源为开放式稿源，改变过去完全依靠自己力量采集新闻信息的做法，在提高自身采集能力的同时，以合作、交换、购买等方式，从外界获取缺少的和急需的新闻信息，丰富信息资源，完善信息资源结构。新华社多媒体数据库建立起了三大信息采集体系，即社外信息资源系统、国内网站报刊信息系统、境外报刊资源采集系统。采集了近千家单位的新闻信息资源，日均入库社会新闻信息资源近2万篇。

随着新兴业务的开展，通讯社需要的资源更是巨量而广泛。如新华社的金融交易服务平台“新华08”，不仅需要全球性、专业化的金融及其相关资讯，而且更需要系统完整的实时交易行情和经济数据，要满足这样的资源需求，单靠新华社的资源远远不够，必须在充分整合利用新华社资源的基础上，广泛引入社会资源，形成集合资源的优势。

3.1.4 建立签约报道员队伍

通讯社必须广泛引进社外资源，建立自己专业的签约报道员队伍。这对于人力资源终归有限，而又要尽可能广泛铺开新闻采集网络的通讯社来说，非常重要。路透社就很重视拓展自己的新闻来源，一直以来都有向自由撰稿人和兼职摄影师购买新闻图片的传统。

美联社在线视频网络 2007 年调整之后，也进一步强化本地内容，允许报纸、广播等合作伙伴上传他们的视频内容。这些视频内容既可以是专业人员制作的，也可以是受众自制的。

法新社的新闻摄影在国际新闻界享有盛名，其积极、广泛地利用社会上著名的自由摄影师为其服务。法新社每天播发 250 张左右黑白及彩色新闻传真照片，仅靠固定的 150 名摄影记者，力量不足。他们在 165 个国家里都物色一个或几个当地著名的自由摄影师，以合同的方式使其相对稳定地专门为法新社工作，或临时雇用人拍摄专门题材，根据工作量和销售情况付稿酬。[①]

新华社也提出“要确保在世界主要地区，在重大新闻和热点问题报道上，均有新华社自采图片”。为此，要完善签约摄影师管理办法，扩充签约摄影师数量。通过拓展中国图片总汇的网络平台功能，采集业务也尽可能利用互联网，扩大自己的新闻图片来源。

借鉴 NowPublic 等新闻博客网站的操作手法，通讯社可以大力扩大通讯员或签约摄影师的外延，拓展签约报道员队伍。这样一支队伍当然不可能像博客网站那样，来者不拒地都可以成为“记者”，而是要采取更严格的甄别遴选机制，通过培训学习，采用实名制发布等完善的机制或制度，从而建立起一支庞大的签约报道员队伍，满足通讯社延伸新闻触角、强化消息总汇职能的需要。

对签约报道员队伍要实行动态管理，建立“不良记录”备忘制度，并通过奖惩评价体系制度，随时加以修正规范。通过一系列的方法、手段、措施等，既可以避免出现稿件质量问题及报道不客观真实的隐患，又可以充分使报道范围得到极大延伸。

---

① 杨起、刘作文、吕全成:《法新社的人员管理和经营方针》,《西方通讯社的最新情况专辑》, www.cnki.net

3.2 借助外力 新媒体业务向纵深发展

目前，几大世界性通讯社的新媒体框架均已基本搭建完成，几乎涵盖了互联网、博客、播客、网络视频、手机视频、电子杂志、即时通讯、网络游戏等所有新媒体领域。通讯社在发展新媒体业务的过程中，大都把战略重点放在了合作上，借助外力，推动新媒体业务向纵深发展。

3.2.1 与视频网站合作推出视频服务

在新媒体领域，作为传统媒体进入的通讯社有优势也有劣势，在与新媒体先行者的合作中，可以取长补短，最大限度地发挥各自优势，利用合作者在新媒体领域的影响力和渠道来拓展自己的业务。

2008年2月，美联社在著名视频分享网站 YouTube 上开通了自己的频道。美联社由专门的编辑人员负责每周上传大约250条视频内容。上传的内容中既有经过编辑的新闻报道，也有未加剪辑的素材。上传视频内容到 YouTube 平台是美联社拓展视频内容非传统生存空间计划的一部分。

2007年，法新社在推出自己的国际视频服务 AFPTV 后，便与 Zoom. in、Mochila 和 ClipSyndicate 等多家网络视频内容提供商建立了合作关系，通过新的平台和渠道推销自己的视频产品。

3.2.2 与其他媒体合作提供特色新闻服务

美联社最为著名的体育产品是体育新闻电视网 SNTV。SNTV 由美国国际管理集团 IMG 的电视部 TWI（世界最大的体育节目制作商）和美联社共同组建。SNTV 集纳了合作双方的优势资源。一方面，依托美联社遍布全球的新闻采集网络，SNTV 的新闻采集点遍布全球83个地方，可以在第一时间发出现场报道。另一方面，利用 TWI 遍布全球的分支机构和与赛事组织者的良好关系与赛事主办方取得合作。SNTV 目前已经获得了全球90%以上顶级赛事的报道权，这无疑为其发展插上了翅膀。

在北京奥运会上，美联社体育报道手段的变革也非常明显。在其报道中，电视与网络报道第一次占到与文字图片报道等同的比重，由几十人组成的美联社历史上首个电视摄像奥运团队也亮相北京。此外，根据美联社与美国唯一奥运转播商 NBC 达成的协议，在奥运会比赛开始后，其新设奥运专题产品“夏季奥运＋”系列的奥运新闻即可链接上 NBC 独家视频内容。“夏季奥运十”可用于印刷出版、广播电视和网络,用户还可以在供稿线路中创建自己的在线报告,或者利用STATS运作的网上平台提出自己的要求。

新华社也同上海东方卫视、黑龙江卫视等电视媒体合作,开辟电视报道的落地渠道,扩大视频报道影响。以旗下《瞭望》杂志与辽宁电视台合办“评辩天下”为试点,积极探索平面媒体与电视、网络媒体的互动。

3.3 传播方式变革

开发运用先进信息技术是增强新闻信息业务核心竞争力的关键。在新媒体时代,新华社的新闻信息采集和传播都实现了数字化改造,采集力和传播力都有很大提升。

传播方式变革的核心首先是提高时效性,通过采用数字化装备,使新闻信息能够在发生后以最快时间被采集并传输,尽可能快地传播给用户;而在对用户的传播方式上,则以方便、快捷、尽可能适应用户需求为主要目的,同时也要考虑性价比和可操作性等因素。数字技术为通讯社传播方式变革提供了条件,这种变革很容易实现,所带来的优越性即数字技术的优点也是显而易见的。

传播方式的变革在通讯社的业务变革中相对容易,它会产生倒逼机制,推动生产流程、思维观念以及文化等的变革。

3.3.1 记者采集、发稿实现多媒体化、移动化

在新闻信息采集方面,开始实现数字化、多媒体化。记者采访设备不再限于纸和笔,手机、海事卫星电话、录音笔、笔记本电脑、数码相机、数码摄像机等等数字设备开始大量使用,记者集多种采访技能于一身,综合运用多种采访手段。

文字记者携带简便的数码照相机已经是一种比较普遍的现象。如今有更多的记者拿起了小型数码摄像机,这不仅有助于记者更全面地记录新闻事实,而且使他们有可能通过多种媒体途径发稿,可以在对新闻事件进行文字报道的同时,向视频新闻编辑提供录像素材,向音频新闻编辑提供录音,从录像中截取照片供给图片编辑。

移动发稿是通讯社稿件争取时效性的要求,数字技术也使移动发稿成为可能。1994年,新华社向海外分社记者发放笔记本电脑。1996年亚特兰大奥运会报道,新华社记者开始采用新的移动发稿系统,与总社直接联网,提高发

稿时效。1997年香港回归报道，新华社第一次成批使用数码相机，并用移动电话传输数码相片。

目前，新华社的文字和摄影记者在向编辑部传输稿件的时候，图片稿发稿有新华社组织开发的专用软件“新华2000”(XH2000)、图片上传和邮件方式；文字稿发稿方式更多，除采编发稿软件外，还有采编离线编辑器软件、“便携发稿Enews”系统、邮件传稿及VPN发稿方式。

随着手机媒体的普及，手机移动发稿成为通讯社加强快讯发稿、争取时效的必要手段。2007年5月，新华社与移动运营商合作研发了手机快讯发稿系统。手机发稿系统是为了满足新华社多媒体业务发展需要，集采、编、传、发于一体的掌上发稿系统，其具有两种功能：一是在智能手机上安装移动发稿系统，直接向待编稿库传送字数不受限制的文字稿以及4兆容量以内的图片稿、音频稿；二是通过普通手机，绑定记者手机号码，记者可将70字以内的快讯稿件作为短信发出，并在转换技术格式后直接进入待编稿库。

为了在家门口报道好北京奥运会，新华社建立了奥运会报道技术保障平台，开发前方移动报道和后方文字、图片编辑系统优化等子系统。

同样，作为媒体的竞技场，世界各大通讯社也都在奥运会报道中使用了最新科技手段。为在报道北京奥运会时创造新的媒体报道纪录，美联社在人员和技术方面做了大量准备，把几乎所有的编辑发稿工作都推到第一线，在北京现场发稿。所有文字、图片都能迅速汇集到主编的电脑上，审核之后轻轻一点鼠标就能从网上发出。①

路透社则与诺基亚研究中心(NRC)共同开发移动媒体计划，这个新型移动应用是诺基亚研究中心与路透社的长期研究项目。项目推出一个可以供记者在偏远地区发布文章所需的小型工具包。“这是一个非常易于使用的应用，尤其是当记者们需要经常在新闻现场进行编辑报道时”，路透社媒体部(Reuters Media)首席科学家Nic Fulton说：“通过在手持设备上的编辑，无需手提电脑，移动媒体应用便能够帮助记者完成整个报道，并归档编辑以发布给公众。这一切工作，记者们都无需离开新闻现场进行。这节省了我们的时间，并能够确保读者和观众们得到最新的高质量新闻报道。”②

---

① 何洪泽：《美联社阵容庞大 规模空前》，《人民日报》2008年7月27日。

② 刘宾：《诺基亚和路透社在新领域合作》，《中国质量报》2007年10月30日。

3.3.2 新闻产品传播方式多样化、个性化

过去通讯社采用的信息服务传播方式主要集中在文本派送和电传，后来增加了卫星传输。从20世纪90年代互联网兴起以来，通讯社新闻产品的传输方式也在多元化，开始利用互联网为主体的新兴媒体进行传播。但并不是所有的通讯社都转型到互联网。与路透社迫不及待进军网络相对应的是，彭博资讯目前还没有淘汰自己专线系统的计划，因为它95%的利润来源于此。

几大世界性通讯社都在通过多种渠道进行新闻信息产品传播。以新华社为例，用户可通过卫星小站、多媒体数据库成品稿库和新华网接收新华社的新闻信息产品。随着手机等新媒体的成熟，新华社还在开发新的传播载体。

随着多媒体数据库的应用，新华社逐步形成了多媒体的发稿渠道，发稿速度已达到甚至超过西方大通讯社的先进水平。目前，新华社具备了支撑音频和视频新形式报道和多媒体报道的技术系统，已经实施第二代国际网建设和互联网供稿站点、全球卫星网海外供稿系统改造等项目。提高了新闻信息供稿的时效性，实现了多媒体供稿与双向互动。

1. 全球卫星广播网方式

卫星传输的供稿方式诞生于20世纪80年代，2000年1月，新华社启用全球卫星广播网。全球网是新华社向国内外用户提供文字、图片、图表等新闻信息产品的通讯网络系统，也是新华社目前主要的传输技术手段，通过4颗卫星发送业务信号，覆盖除南、北极以外的全球各地区。用户接收软件采用流行的浏览器技术。目前，新华社卫星图片供稿由5条专线构成：新闻图片通稿、法新专线、路透晚报专线、体育专线和图表专线。

卫星供稿在网络时代的冲击下依旧占有一定地位，是因为它仍具有不可替代的优势。目前全球网系统采用滚动式播发，技术成熟，稳定性较高，覆盖面大，能有效保证新闻稿件的时效性和稳定性。但卫星供稿需安装接收设备且费用昂贵，并且不能搜索和零售稿件。

2. 互联网服务

互联网服务是目前新闻信息服务比较常用的方式，优点在于可以较广泛地适用于某个特定局域内，较方便地实现信息共享。此外，通过用户权限管理，可以实现不同用户名所接收信息的差异性，从而实现信息分级管理。

美联社2006年推出数字化产品AP exchange，它是一种全新的在线编辑工具，使用者首次得以在同一个地方搜索和浏览美联社所有的新闻内容，包括文字、图表、图片和视频等。它先进的搜索功能使用户可以从美联社的数据

库中很快筛选出相关的内容。此外，AP exchange 功能的强大之处还在于美联社可以对所有的新闻内容按照不同的主题创建不同的分类，这一功能极富价值，因为它给报纸用户带来了极大的便利。用户可以根据自己的实际情况，在不同的主题下，如健康、教育和科技等，很快找到自己需要的内容。到目前为止，美联社已经创建了 200 多个频道以满足不同用户的需要。

“美联社 2.0”计划中，美联社还计划扩展多媒体产品，覆盖娱乐、商业和体育报道，并转移到名为“数字合作”的全数字平台。此平台通过设立一系列技术标准，使媒体会员之间能更便捷高效地共享新闻资源。

新华社多媒体数据库外库对外有三种服务方式：一是通过互联网集中式的 WEB 访问；二是通过卫星线路将用户订购的数据库产品推送到用户的内部网络中；三是定时通过互联网电子邮件方式将用户订购产品的稿件打包传送给用户。多媒体数据库的对外服务功能包括产品订阅、数据检索、个性化定制等。新华社正在加快从卫星供稿方式到多媒体数据库外库供稿方式的过渡。

多媒体数据库供稿产品多样、选择性强。用户不需安装任何附加设备，直接登录网站即可浏览、下载，简化了收发程序。此外，相对于卫星专线包年订购，数据库图片可以单张购买。而且在互联网服务方式下用户可以方便检索，允许用户创建个性化信息界面，只接收自己感兴趣的新闻信息。但互联网服务最大的缺点就是很难控制新闻信息产品更广泛的复制和传播。

3. 用户终端服务

终端服务是一种新的新闻信息服务方式，优势是可以提供个性化信息服务和实现多功能服务。这个终端既可以是电脑，也可以是手机、PDA，或者是以后出现的其他数字媒体。

——面向媒体用户

2004 年，新华社开始实施“金讯工程”，利用计算机信息技术、网络技术、宽带技术，借助国家电信骨干网，建立起高技术含量、稳定安全的技术平台。它能够连接国内主要新闻信息媒体，并在专用网络上搭建新闻信息服务平台。建立“金讯工程”是新华社同西方大通讯社及其他各类媒体开展竞争的重要手段和有力措施之一。

新华社建设的“金讯工程”搭建了新闻媒体专用网络和新闻信息服务平台，使全国的新闻媒体与新华社实现互联互通，将使广大新闻信息用户，包括国内各主要报纸杂志、电台、电视台、网络媒体和手机等新兴媒体，与新华社连接更紧密。为增强新闻市场竞争力，各媒体的新闻信息无一例外都将与新华社多媒体数据库外库相连。形成以外库为中心,主要新闻信息用户为二级节点,所有新闻信息用户与总社双向互动的实时交换的平台。各媒体可借助“金讯工程”搭建的网络,及时便捷地接收新华社各种新闻信息。

自2006年以来,来自传统的新闻机构对于在线新闻的需求日益增加,而美联社也推出了新的数字产品服务,以满足新市场的需要。在亚太地区,美联社推出了两种新的数字服务AP ASIA ONLINE(美联亚洲在线)及AP ASIA-PACIFIC VIDEO(美联亚太视频)。AP ASIA ONLINE提供其驻亚太地区各分社发回的新闻报道,包括政治、商业、体育及日常新闻等。AP ASIA-PACIFIC VIDEO则是美联社与欧洲在线视频服务商KAMERA进行合作,提供视频新闻和用户定制的娱乐视频的打包服务,以满足新媒体的需要。

——面向非媒体用户

新华社自主研发的“新华时讯通”终端服务,可以个性化提供新华社多媒体新闻信息,并能聚合各大通讯社、报刊、信息机构及互联网资讯,具备专题信息监测和经济数据在线分析功能,通过资讯接收终端软件实现信息推送式服务。随着技术的完善和进步,以及内容产品的丰富和深化,新华时讯通将来会更多地应用到新华社的新闻信息业务当中。

“新华时讯通”可广泛应用于新华社的各类多媒体新闻信息产品,包括文字、图片、音视频等,并且同时提供在线反馈服务和信息上传功能,实现新华社和用户良好的信息互动。

“新华时讯通”不仅可以应用于机构群体服务,还可应用于个体服务。对于机构用户,“新华时讯通”可把用户需求的新闻信息产品聚合推送至用户端局域网服务器,为用户提供专业化的快捷服务;对于个体用户,通过终端服务,新华社通稿能面向最广大的受众个体,这样,新华社的影响力就会大大增强。

第4节　采编流程

“企业再造工程”主要着重于以“顾客满意”观念为总的原则,对企业工作流程实施全面变革,使之全面且准确无误地体现“顾客满意”。通讯社也在现代企业经济学中借鉴了流程管理方法,建立了一道道新闻生产的流水线,大批量地生产各种规格的产品,源源不断向世界各地传播。

路透社新闻产品生产流程的基本环节包括:采集—加工—发布—反馈。

路透社把新闻看做经过若干道工序生产出来的产品，将各道工序的质量要求量化为可控制指标，按照该指标对生产流程进行组织、计划和控制，以便保证产品的质量，提高生产工作效率。①

随着数字技术的开发利用，新华社构建了数字化、网络化的新型传播形态，即进行了工作流程的再造，打破信息流壁垒，按新闻价值链和流程优化的原则进行生产流程变革。

新华社新闻稿件的生产流程按操作顺序主要包括采集、加工(编辑、核校、签审)、发布、反馈几个环节，但过去采编环节与营销环节沟通不够，采编工作缺少反馈。

流程变革的核心是多媒体数据库的应用。多媒体数据库待编稿库流程设计的关键是采编、营销和反馈、研究各个环节的连续性、科学性、系统性所要求的内在逻辑的合理性。待编稿库应用后，带来了新闻生产流程和工作方式的转变。待编稿库运行机制使流程中各环节相互有效沟通，待编稿库涵盖通讯社生产的所有环节，将采编平台和营销平台结合成一体，构成有自主创新能力的循环体。

新闻采编工作流程变革增加了需求线索和信息反馈两个环节，前者是连接外部环境与内部组织的桥梁，使策划更具针对性、及时性和开放性，杜绝闭门造车，使组织策划由静态变为动态，成为整合各种人力、物质、信息资源的过程；后者是为保持采编与营销两个平台的联系，从而间接获取用户信息，并依赖新闻研究机构的报道比较研究，从中寻找报道差距进而确定新的报道突破口。经过再造，使新闻采编工作形成科学的流程驱动，提高通讯社产品的质量、市场适应能力与占有率。

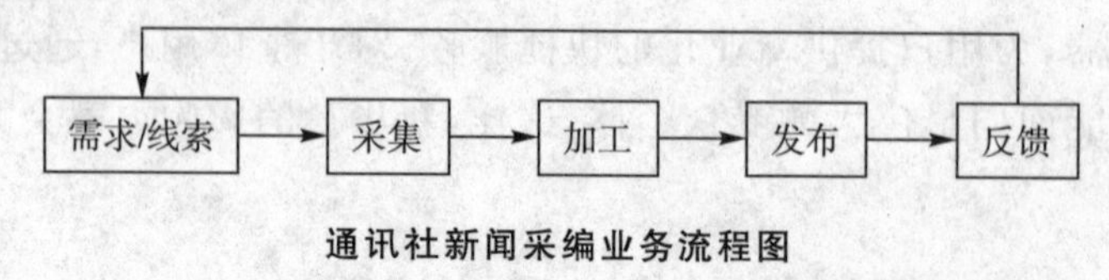

通讯社新闻采编业务流程图

4.1 工作流程前端增加环节

在新闻生产工作流程前端，增加了新闻线索征集、媒体监控、需求调查收集几个环节，新闻线索是新闻报道的初始源头，受众需求是报道有的放矢的着

① 申森、黄梦阮、詹正茂：《路透社新闻生产流程管理体制研究》，《今传媒》2008年第2期。

力点。在新媒体时代，新闻传播渠道和手段更为多样，报道的时效性和丰富性要求相应提高。在流程前端增加新闻线索征集、媒体监控、需求调查收集几个环节，对于提高新闻报道水平和扩大媒体影响力有着至关重要的作用。

4.1.1 新闻线索征集

新闻线索是新闻报道的源头，传统上新华社的报道以主题报道和受权新闻为主。但在新媒体时代，作为消息总汇，新华社不能只满足于受权发布新闻，而要尽可能全面地报道各类新闻。2004 年 6 月 1 日，新华社开通面向社会征集新闻信息线索的有奖新闻热线，健全了新闻线索收集和反映机制，拓展了信息渠道。

新华网也承担着网上线索收集汇报的任务：一方面是来自网民的信息和其他网络媒体热点的收集。新华网地方频道整合地方资讯，很多编辑记者从地方频道收集的报刊数据、新闻信息稿件中发现新闻线索，然后组织采访，编写稿件；另一方面，随着中国政府网的建立和加强，国务院"授权发布"的形式正在悄然发生变化。新华社利用新华网承办中国政府网的优势，实现线索资源共享、采访资源共享，确保"受权发布"的职能不受大的影响。

新华社原有的新闻信息线索资源散落在各分社和编辑部，既有电话热线，也有网络线索；既有信息员通报线索，也有媒体监控线索。线索资源的分散容易在源头就造成采编工作的不协调。多媒体数据库待编稿库建成后，对新闻线索的整合有了统一渠道。组织指挥库中有关新闻线索、选题的内容越来越丰富，包括总编室今明两天重要新闻预报、总编室汇报会内容、各分社每周报送选题及记者行踪、新闻热线、总社各部门选题策划等。

2007 年，新华社营销总平台牵头汇集境内外媒体线索，编发"新闻信息线索快报"，目的在于把分散的新闻信息线索资源有效整合，建成一个全天候线索跟踪的工作平台。

新闻线索整合工作是一项系统工程，新华社仍需要拓展信息源，完善信息收集网络。这需要建立广泛的信息直报网络，有相应机制，鼓励重点部门、重点行业、重点地区、重点岗位信息员向新华社提供信息。目前新华社国内各分社在所在省(市、区)都选择了一至两家主流媒体，共建新闻热线，实现信息共享。

4.1.2 需求调查

任何一次重大报道，都必须以用户需求作为"航标灯"，确定报道方向。只有把准市场脉搏才能有的放矢，在策划方案形成前对用户需求进行征集，是报道实施的指南。

为了更好地了解 18～34 岁年轻读者的阅读喜好，美联社于 2008 年委托调研机构对美国、英国、印度 3 个国家中 6 个城市的 18 位年轻受众进行跟踪研究，调查他们的媒介使用习惯，并根据部分调查结果调整了采编模式，提出适应新闻 2.0 时代的“1－2－3 发稿法则”。

被选中的 18 位被调查者均是普通的数字媒体消费者。调查发现，他们的数字媒体使用行为十分不平衡，主要依靠 Email 新闻的形式获得消息及更新。而且出乎编辑的预期，年轻的消费者想要的远不止这些，他们还想得知幕后的故事，以及接下来可能发生的事情。

在“1－2－3 法则”下，文字不再是新闻的唯一表现形式。美联社要求记者去判断何种新闻以何种媒介形式来表达最为合适，最能让读者接受。

2004 年 7 月以来，新华社用户意见反馈工作的反馈关口前移到重大报道的策划阶段。先后推出了用户对“对东盟博览会报道的建议”、“对改进图表报道的建议”、“对新华法制视线报道的建议”等的专题反馈。采编部门采纳用户的意见，所发报道的针对性大大提高，受到用户的欢迎。

为了系统地了解用户需求，新华社也多次在重大报道实施前进行大规模的受众、用户调查，这样比较准确地了解了受众和用户在重大报道不同阶段的信息需求特点。2006 年 9 月，新华社新闻研究所和营销总平台合作，在全国范围内围绕“改进突发性事件与正面报道”主题进行了抽样调查，样本总量为 1200 个。2007 年，为了解用户、受众对新华社 2007 年“两会”报道的需求、意见和建议，新闻研究所和营销总平台合作进行了“用户两会需求问卷调查”和“受众两会需求问卷调查”，广泛收集用户和受众对新华社“两会”报道的需求和建议。这些调查结果最后以书面调查报告的形式，供有关编辑部组织报道时参考。

但这种调查要耗费大量的人力物力，实施频率不高。新闻研究所也利用互联网成本低、覆盖面广等特点，加强对突发事件受众信息需求特点的调查与把握，通过新华网进行系统的网民、读者调查。以网络调查问卷的方式获得网民和读者对热点问题报道的意见、建议，以供报道参考。

从 2007 年 6 月 1 日起，由新闻研究所负责具体实施的“需求线索库”开始试运行。“需求线索库”由三方面内容组成，即需求、线索与素材。需求信息主要是指受众、用户对新闻报道的需求、关注点与意见、建议。需求线索库的建设，使新华社的报道前端信息资源得到整合，为开展报道提供了便利和参考。

4.1.3 新闻监控

要做到与新闻同步，就必须建立新闻监控系统。这一系统，既有通讯员、线人等线索网络，也有媒体监控系统。通讯社通过监控媒体报道，可以丰富新闻报道内容，为漏报的新闻“补台”。尤其是在突发性事件报道方面，应建立搜索突发性事件报道线索的监控系统。

国外的大通讯社都建立了媒体监控系统，避免漏报重大新闻。美联社每周7天，每天24小时监视电视新闻。美联社从事电视新闻监视工作的有4个部门，分别是：纽约监视中心（New York Supervisory Desk）、纽约图片中心（New York Photos）、华盛顿特区广播新闻中心、华盛顿分社编辑部。在这4个部门里，每个编辑室都配有电视，印刷编辑和网络编辑分别监视不同的频道，并将电视新闻要点以文本形式记录下来。记录结果通过纽约监视中心导入封闭的美联社内部网络，编辑可以随时浏览。

此外，2005年秋天美联社还安装了一套视频记录系统，每天24小时自动记录6个主要电视频道的新闻节目：ABC、NBC、CBS、CNN、MSNBC和FOX NEWS。这套系统可供多名编辑同时使用，分别回放不同时段的新闻内容。

路透社采编人员还使用Web Search（网页搜索）软件，对重点网站等进行跟踪监测，一旦这些网站有内容更新，采编人员即可看到并进行采访编发。路透社记者特别注重与权威信息发布机构建立良好的关系，这能帮助他们在第一时间获知重大经济、金融信息，从而确保信息的时效性。通讯社的报道需要比别人快很多，如果不共享线索和采访资源就行不通。路透社的记者共享很多采访资源。在来源可靠的情况下，可以提前发布信息。

新华社也针对突发性事件建立了专门的应急机制，突发公共事件新闻报道应急预案要求“确保第一时间获得重大突发性事件的相关信息，并立即报告值班负责人和总编室”。在责任人离开所在地提前报告、24小时值班、监听监看广播电视、网站等方面作了具体要求。

随着新华社新闻监控体系的不断完善，监控范围不断扩大，包括对国内报纸、电视、广播、杂志等传统媒体的监控，对网络、手机报、移动电视等新兴媒体的监控，张开一张全球新闻监控网，提高新闻信息报道的主动性。

4.2 多媒体数据库管理下的生产流程

新媒体时代，基于互联网和数据库技术，世界性通讯社大多建立了多媒体数据库，管理和整合内容生产的全流程。

以新华社待编稿库为例。待编稿库是为新华社报道业务提供的大容量、多媒体、高效率的技术平台，在引领新华社迈向数字化、多媒体时代的同时，也为新华社带来一系列的变革。

4.2.1 加强流程中枢作用：组织策划靠前

新华社工作流程的中枢是总编室汇报会，它发挥着大编辑部的职能。总编室汇报会是新华社新闻报道指挥的具体工作方式，由一名值班总编辑或副总编辑指挥，时间是每天上午10:30，晚上7:30，各编辑部门简要汇报报道的组织策划情况。

总编室汇报会作为实体指挥机制，在待编稿库中，体现为组织指挥库。组织指挥库中汇集了众多报道信息，通过组织、策划、分析、判断、梳理，对新闻信息线索和选题进行分享。组织指挥库是展示总社各部门、国内各分社新闻报道策划以及业务进展的集中地，是交流沟通的平台。

在待编稿库组织指挥库中，总编室每日汇报会内容对国际国内形势进行总体把握，传达中央精神，规范报道口径。编辑部发出的很多重大报道策划及提示也对其他形式报道具有参考价值，体现了更深层的信息资源的整合。通过组织指挥库，各部门之间的选题相互交流、借鉴，有利于形成报道合力，尤其是在组织多媒体报道时。同时选题策划及分社反馈可以使编辑和记者从中得到诸多启发。待编稿库组织指挥库开通以来，采编部门运用这一先进的报道组织策划、业务交流平台，实现采编力量和采编手段的有效整合，促进了报道组织工作的系统化、科学化，提高了报道组织指挥的工作效率。

4.2.2 生产环节减少，流程缩短

发稿流程是保证通讯社产品规范生产的需要，但流程的长短也决定了稿件的生产时间。在新闻信息产品生产中，时间是最宝贵的，时效是新闻的生命。因此，为了提高时效，通讯社要在稿件生产流程上进行控制，减少不必要的环节，尽力缩短生产时间。在生产流程变革设计上考虑提高效率，以提高新闻信息产品的时效性。

针对重大突发性事件，新华社也在研究如何在确保新闻真实性的基础上，减少环节，加快重大新闻发布速度。

新华社传统的采编方式，流程中的采编“节点”有：分社记者、分社采访室、分社总编室、总社各编辑部(各条线路)、各线路发稿人、媒体。因此传统的稿

件生产方式是:记者采集新闻,写成稿件,传到分社或总社编辑部的采访室,经分社采编主任或总社采访室负责人修改签发后,发到各有关编辑部的编辑室,经编辑室编辑签发后,传到各编辑部的发稿中心终审,然后发出;重要稿件送总社总编辑室审签。传统生产方式流程过长,延误时间。传统流程适应的是报纸媒体的发稿习惯,已经不再适应新兴媒体的需求。新的环境下,现场发稿、滚动发稿是记者必须学习的生存技巧。在编辑环节,也必须改造旧有的新闻传播方式,以适应新的新闻传播需要。

为了解决传统采编流程中“节点”过多这一问题,实现社内的资源整合,新华社在探索推行待编稿库运行方式,整合生产流程。有了待编稿库,就可以取消采编流程中分社采访室这个“节点”,这样,采编流程缩短了,有利于加快生产时间和提高效率。

有了待编稿库以后,总社编辑部可以直接面对记者,减少了分社采访室签发的环节,从业务上说,简化了发稿流程。而且稿件具有可识别的唯一性,不易出现重复签发的现象,终审发稿人面对同一稿件无需再多次签发,流程环节的简化有助于提高发稿时效。

待编稿库的建立是为了使流程科学化,但也并不拘泥于流程,在发稿流程中也有“绿色通道”,用于妥善解决快讯稿件入库与时效要求之间的矛盾。目前,新华社要求所有的稿件都必须进入待编稿库,然后才能编发,但是在发生重大突发性事件时,如果这么做,往往就会影响时效,在和西方三大通讯社及其他媒体竞争中处于下风。新华社在雅典奥运会报道时就采取特事特办的方式,即先发“快讯”,然后再入库。这样稿件抢发后,依然可以在待编稿库中组织后续报道。

路透社采用“扁平式”发稿体系,发稿只有两个环节:由记者采集来的稿件入库后,编辑即可直接编发。只有非常少的特别重大新闻需要主管签发。在技术上,路透也保证了两级环节发稿的畅通。比如,路透亚洲采编人员使用的编辑软件为 AES(Asia Edit System),即“亚洲编辑系统”,所有亚洲地区采编人员的稿子都进入该编辑系统,记者可以通过无线上网等方式,通过互联网将稿件传入其编辑系统,稿件一旦进入 AES,编辑就可以编发。

4.3 流程后端增加反馈环节

通讯社在新媒体时代工作流程变革的重点之一是增加了信息反馈环节。反馈是新闻传播流程中一个极其重要的环节,对及时了解用户需求与读者需求、调整稿件结构、组织指挥报道，都具有十分重要的意义。

反馈环节在新闻信息生产流程中的参与，能够在日常报道和重大报道中向编辑部提供权威的市场化引导。通过增加反馈环节，使新闻报道策划更具针对性、及时性和开放性。在策划方案实施之中，通过密切关注稿件采用统计、用户意见反馈和其他媒体报道动态研究，即时进行现场策划，能使报道逐步推进深化，不断满足用户的需求。

4.3.1 用户意见反馈

路透社的核心价值观是为客户创造价值，其十分重视用户提出的问题与意见，因此在日内瓦、悉尼、纽约技术中心设有三个全球客户中心，通过电话、传真、电子邮件等多种方式受理客户意见。客户服务中心把每天24小时值班收到的意见（包括技术、内容、服务等）存入专门的数据库，然后由专人将意见分解到路透社相关部门，部门将意见落实到具体人。每条意见收到的时间、任务分解的时间和责任人都存入数据库，问题处理的时间和结果也要入库。如果用户提出的意见不符合事实也要进行说明，并注明问题的解释人和给出解释的时间，使客户服务中心对客户有交代。路透社相关部门的领导及员工都可以浏览、检索这个客户意见数据库，以便随时进行监控。

21世纪初以来，新华社日益重视新闻信息产品的市场反馈工作，不断完善营销反馈系统，建立了系统的媒体产品调查研究机制。利用营销成果和相关反馈信息，新华社在组织结构、管理体制和运营机制上进行调整和改进，从而在信息采编与营销上更有针对性。

从2002年3月1日起，新华社建立了用户反馈机制，由新闻信息中心每天推出“用户意见反馈”。新华社各营销分平台的营销人员肩负供稿与反馈的双重任务，新华社通过遍布世界、全国的营销服务系统接收反馈，收集用户和受众信息资源。用户反馈为新华社有针对性地进行“定制”服务提供了依据，使个性化服务成为可能，同时，完善的反馈网络建设密切了新华社与用户和受众的联系。

现在，新闻信息中心和新闻研究所合作，加强日常报道评析、稿件落地统计和用户意见的反馈。用户意见反馈着重围绕重大战役性报道和新产品研发展开，发挥了与用户和受众联系的桥梁作用，在密切新华社与用户和受众的联系、调整发稿线路和稿件结构、提高报道质量等方面发挥了积极作用。

从“采编和营销两分开”，到“用户和受众意见反馈制度”，再到“用户有奖挑错”，根据用户提供的意见、建议和需求，新华社不仅调整了新闻信息产品结构，改进了产品质量，而且在不断完善采编工作制度和业务流程。报道的针对性更强了，稿件的落地率更高了。

4.3.2 稿件采用统计

以前，新华社对稿件落地的情况缺少科学的统计。自2002年9月起，新华社开始进行稿件采用统计工作，对其每日播发的各类稿件的采用情况进行原始数据采集、汇总，对发稿量、采用量、采用率、平均采用家次等重要指标进行监测，初步建立了一套较为完整的动态监测体系。稿件采用统计范围覆盖到了国内地市以上及海外近100个国家和地区的1400多家主要媒体。稿件采用统计成为科学量化新华社报道影响力、引导舆论有效性的重要依据。

稿件采用统计工作是新华社新闻信息报道落地情况的一面镜子，反映的是新华社产品被市场的认可程度。稿件采用统计覆盖全国重要的党报、晨报、晚报、都市报，实现了对平面媒体采用率的逐日定量化分析，统计结果使当日稿件采用情况一目了然。根据稿件采用率进行动态研究和分析，以作为连续报道的客观依据。新华社通过建立准确、全面、及时的数据采集体系、自动化的数据处理体系、专业化的数据分析体系，以及拥有自主知识产权的稿件采用查询系统，让编辑、记者都能及时看到当天每一篇稿件被海内外媒体采用的情况，为采编部门了解用户对产品的使用、市场对产品的接纳情况，不断提高产品质量提供参考依据。

4.4 流程中的质量控制体系

在通讯社的生产流程管理上，仍然需要规程的落实。在报道中，由于少数采编人员按规程办事的意识不强，不严格执行稿件审发程序，事实性、技术性差错时有发生。因此质量监控是贯穿新闻生产全过程的主线。通讯社需要加强采编流程管理，通过制定规范，引入管理系统，对内容生产链进行全面管理，包括采集、创建、加工、存储、检索、挖掘、发布各个环节的管理及协同工作环境。这种管理以多媒体数据库为基础，强调制度规范，后道工序考核前道工序，增加流程控制的科学性。

在生产流程管理中，通讯社需要在每一个环节都要保证不出劣质产品，因此针对新闻采编的每个环节，都规定需要达到的标准，明确采编人员职责。

路透社在《路透社新闻手册》中规定：首先，将部分量化的概念纳入质量控制体制和人员绩效考评体制。其次，记者的“自我检查”是质量监控体系中的第一步。为了保证传送给编辑的是真实、完整、准确的稿件，他们已经将这种“自检行为”内化为一种“意识”，时刻体现在工作中的每一个细节。再次，质量监控的主要实施者是编辑。路透社的编辑与记者的职能完全分开。虽然体制中实行“首席记者中心制”，但是专职编辑并未被忽视，他们的作用还不断得到强化。①

新华社在职业化建设中，也制定了《采编人员手册》来对流程中的质量管理进行规范。为确保新闻的真实性，严格防范报道失实，新华社制定了防范新闻报道失实的采编操作办法，总编室每周都举行评稿例会，由各编辑部和研究所组成联席会议对上周发稿进行评析，评出表扬稿和有改进余地稿件。

新华社新闻研究机构的主要责任之一就是向编辑部提供具有前瞻性的报道研究，提供专题性指导，以加强和改进某一方面的报道。新闻研究所每天对媒体报道进行比较研究，进行同类报道分析，对新华社稿件提出意见。同时，在重大报道结束后，新华社总编室也会组织进行总结研究，以利于指导下一步报道。通过不断接受来自一线的反馈，以及进行报道比较研究，适时调整新华社的报道内容、规模、方式和力量，使新华社的报道更有针对性，采用率和用户满意度也更高。

第5节　组织结构

生产流程的改变必然带来组织结构的相应改变，技术变革往往是结构变化的先导，尤其在新媒体时代，这种变化更是明显，更容易体现出来。尼葛洛庞帝认为，数字化生存有四个特质，使人们无法阻止数字化时代的前进。这四个特质是：分散权力、全球化、追求和谐和赋予权力。② 对于一个组织来说，数字技术也具有分权效应。新媒体时代本身带来的权力变化以及追求和谐的特点，在通讯社建立适应新媒体时代需要的组织形式中可以体现出来。

组织作为一个权变的系统，组织的结构必须随着战略、规模、技术、环境等因素的变化做出相应的调整。组织结构的演进是组织为了适应环境的变化、组织内生产经营要求及人员素质变化，提高管理效率、提高人的积极性、降低

① 申淼、黄梦阮、詹正茂：《路透社新闻生产流程管理体制研究》，《今传媒》2008年第2期。

② [美]尼古拉·尼葛洛庞帝著，胡泳、范海燕译：《数字化生存》，第269页，海南出版社，1997。

管理成本的一种自我调整。通讯社作为一个为市场和用户服务的组织，毫无例外地需要对其本身的组织结构进行调整。通讯社需要从用户导向出发，进行组织和体制结构的重构，按照新媒体时代新的新闻信息产业规律，打造新的组织结构、管理体制。

通讯社在新媒体时代进行组织变革的背景或动因是：信息共享、流程驱动、用户导向。

5.1 信息共享下的资源(权力)配置

新媒体时代的特点之一是信息化，对组织内部而言，就是信息成为权力或资源的配置手段。对于通讯社这个信息生产者而言，信息就是资源，更需要建立适合信息流动的组织结构。从管理学的角度来说，扁平式管理结构有利于信息沟通，其基本特征是信息由信息发布者直接传递给信息接收者，不需要层层传达，从而避免了信息过滤和失真。这对于时效性要求比较高的新闻机构来说，是一种比较理想的管理组织方式，但是扁平式管理结构并不适合大型媒体组织，特别是具有多重职能、采集网络遍布全球的世界性通讯社。

新华社建立以待编稿库为中心的新型采编平台后，在流程驱动下组织结构相应发生改变，但这种改变必须要考虑到新华社原有层级制结构的特点，这样才能积极协调各种资源的合理使用。这也是基于新华社作为一个庞大的传统事业单位在体制机制限制下的优化选择。

从组织构建上来说，建立统一的技术平台的目的在于提高组织系统化运行的水平，使组织间的外部沟通转化为内部沟通以利于协调，从而提高工作效率。但是由于组织内部各系统的性质、任务不尽相同，一个庞大的组织系统运行不可能仅仅依靠单一的技术平台来完成。因此，在信息共享的环境下，原有的权力节点需要重新分配，从单一的层级制组织走向层级制与扁平化结构相结合的新型管理组织结构。

5.1.1 数据库成为信息共享中心

很多通讯社数字化改革以后，都通过内部数据库系统进行资源共享。彭博社通过内部的系统，采访资源的共享做得十分好。记者、编辑通过彭博系统的采访信息栏目，可以交流并获得采访素材。新华社通过建立多媒体数据库待编稿库系统，也实现了部分信息流的共享。

1. 组织指挥扁平化，减少了层次

新华社的待编稿库2003年4月试运行，成为新华社的资源共享中心，也是信息共享中心。基于待编稿库，开始形成以编辑部为中心的运行机制，在管理体制上出现扁平化的特点。待编稿库的组织指挥系统是大编辑部的指挥中枢，以待编稿库为基础重构采编平台的过程，就是依据生产流程不同岗位的职能要求，重置生产链条各个环节，构成大编辑部的过程。

通过待编稿库，将原来相对分散独立的分社采编系统与总社采编系统都统一到一个平台上，原来分散独立的部门和节点不仅联成一体，而且内部实现互联互通，最高层可实时控制所有节点，进行直接而迅速的指挥。整个系统信息化的结果是大大加强了统一指挥，减少了指挥层次，总社编辑依托这套系统可直接而迅速地指挥每一个分社记者，提高了指挥效率，"多中心指挥"变成"直接统一指挥"。

在通过待编稿库整合、共享新华社新闻信息资源的技术平台初步搭设完成的前提下，总社和分社的采编体制也开始进行相应的系统改革。

2. 形成待编稿库下重大报道指挥中心制

新的采编工具和传播技术必然促使采编理念和组织形式发生新变化，建设待编稿库就是为充分依靠先进技术整合新华社的新闻信息资源和人力资源，从而最大限度地实现资源共享和优化配置。这样无疑会打破原有的采编秩序，建立新的采编秩序，进而带来人力资源和机构设置的调整。

在待编稿库运行模式下，形成了重大事件临时报道指挥中心制。目前，总编室汇报会（编前会）制度是新华社日常报道管理方式中较为行之有效的信息传递渠道，但它无法解决相对集中的连续重大事件报道。作为一种有效补充方式，搭建临时性的报道指挥中心，可以确保组织策划的落实和新闻信息的快速传递，使报道精神能够通过多媒体数据库快速传递到分社层面，并对各专线、社办报刊、新华网等的报道作出统一策划，对稿件作出合理分流，否则各自为战，会使一线记者陷入穷于应付的被动局面。

以发射宇宙飞船报道为例，以前，新华社的报道主要由一个部门承担，至多由担负报道任务的主要部门与有关部门电话互动。待编稿库运行后，在发射神舟五号飞船时，新华社决定组成由军分社、国内部、对外部、新华网编辑人员参加的"新闻报道中心"，以多人组成的跨媒体的"超级团队"来承担新闻报道任务。报道中心通过待编稿库进行沟通互动，不仅保证了文字、图片、音视频、网络、图表等报道形式的多样性，而且保证了对内、对外报道的时效性，充分发挥了整体优势。

5.1.2 推动编辑主导和大编辑部制

目前一些世界性通讯社实行的是编辑主导、扁平式发稿管理的采编体制。作为世界性的通讯社,为使某地区消息在最短时间内迅速传遍全球,必须在世界范围内设立层次分明的立体传播网。而且为了保证时效,需要减少发稿的层级,用尽可能少的环节来签发稿件。

路透社的分支机构几乎覆盖全球每一个角落。它设立了三大报道区域——亚太、欧美和南美地区以统领全球报道,每个区域下设驻各国和重要地区的记者站(News Bureau),并在一些重要城市设立分站(Branch)。在这样的采编体系之下,伦敦总部统领全球采编行政事务,地区编辑部负责本地区采编事务的总体运作,尤其是需要几个记者站协同报道的事情,通常由这个层级的负责人决定。记者站则是制定每日新闻生产任务的具体执行部门,可以决定所有报道选题,给所辖编辑和记者分配工作任务,考查员工绩效与福利等。

与这种采编体系相对应,路透社形成了独特的"扁平式"发稿体系,即稿件由记者采写完毕之后,只需要经过一位编辑的审校,就可以发上终端与用户见面,这种简化了的发稿体系保证了新闻的时效性。对于大部分稿件而言,在每个记者站内设有的若干名专职编辑(Filer),就可以直接发稿;在各下属支部工作的记者也把稿件传给这些编辑签发。只有少数影响地区甚至影响全球的稿件,记者站在编辑审校之后,再交给地区总编辑进行最后的把关,地区总编辑不仅拥有绝对的发稿权,而且能够从地区或全球角度为这样的重头稿件配上更广泛的背景材料。①

新华社在70多年的新闻实践中形成了记者主导的采编体制,新华社的名记者曾写过许多脍炙人口的新闻名篇。以记者为中心的工作模式,稿件随到随发,动态性很强,编辑工作被动。记者写什么稿件,编辑就处理什么稿件。记者、编辑实际被分割为互不相通的个体。在新媒体时代,单靠记者单兵作战已经不适应形势的发展了,编辑主导、实现大编辑部制的需求开始显现。

建立待编稿库带给新华社的一个变化就是对编辑岗位职责的重新理解和定位,即编辑应该在新闻采集过程中发挥越来越重要的作用,需要建立编辑主导机制。编辑主导机制在目前环境下还很难在国内媒体实行,因为国内媒体编辑很少有从资深记者中产生,甚至很多编辑缺少采访经验,这就造成了强记者弱编辑的局面。而大规模的新闻生产又需要编辑能够居于主导地位,这样

---

① 申森、黄梦阮、詹正茂:《路透社新闻生产流程管理体制研究》,《今传媒》2008年第2期。

才能形成规范的生产流程。待编稿库为编辑加强组织策划提供了空间，当然，这里的“编辑”不是个体的概念，而是需要整体的配合，发挥大编辑部的中枢作用，进行组织策划。

待编稿库应用后，打破了原有部门的区分，打破了以前实际存在的稿件部门所有制和一定程度上的记者部门所有制。稿件只要一进入待编稿库，就不再是某个编辑部门垄断所有，所有编辑都可以充分利用。待编稿库是按稿件的知识属性来分类的，不是按照现有的部门进行分类，因此客观上就需要打破现有的部门分工，变成大编辑部，进行栏目化的分工。

在大编辑部的工作环境下，新华社遍布国内外的记者采集网络要根据编辑部的组织指挥并发挥主观能动性进行稿件采集和初加工，这样就要打破新华社目前存在的国内、对外、报刊、音视频、摄影、信息都有自己的采访队伍的格局，变成统一指挥、立体出击的形式，即同一新闻事件，新华社派出一拨记者，既承担文字采访任务，又承担图片采集任务和音视频采集任务，在采访的过程中充分挖掘新闻资源，满足不同媒体形式的需要。这样，既节省了人力，又增强了时效，在新闻采集源头实现了原料收集最大化。

在待编稿库工作模式下，文字和图片出现在同一个编辑界面上，编辑可以编发图文互动的产品。在音视频新闻进入待编稿库以后，还可以进行音视频编辑，并且对文字、图片和音视频新闻同时编辑，形成多媒体互动。这对编辑的素质提出了更高的要求。

同时，编辑还应该具备较强的组织指挥策划能力、掌握运用多种报道手段的能力。因此，应该确立编辑主导方针，提升编辑综合素质，以适应其在报道中的主导地位。

5.1.3　形成新的报道组织协调机制

由于新华社业务部门繁多、利益不一、效益不同，“统一指挥”在实践中面临许多新问题。要解决这些问题，必须打破部门隔阂，整合新闻资源，进行组织重构。

1. 建立区域报道协作机制

待编稿库缩小了地域之间的差异，在地方新闻的组织指挥上可以发挥更大作用。可以利用待编稿库加强区域协作报道的组织指挥和资源共享，建立协作报道的长效机制。

加强区域协作报道，拓展国内分社报道空间，是发挥新华社整体优势之举。关注热点区域的报道可以增强新华社的影响力，发挥国家通讯社优势。

针对一些较为宏观的问题，新华社过去经常阶段性地联合几个分社的力量，在一定地域内进行调研，但以往的这种区域性协作报道只是专题性、阶段性的，并不是一种稳定的、常规的报道组织形式。随着区域经济发生的新变化，小分队式的协作采访可以快速形成报道优势，但很难形成长效机制，无法适应当前越来越紧密的以经济为纽带的区域融合。要使区域协作报道持续开展下去，需要经常召开各种形式、各种层次的联席会议、策划会议，加强报道策划，使区域报道成为日常报道工作的常态，待编稿库组织指挥库能够发挥重要的沟通作用。

区域新闻需要整合分社的采访资源，发挥分社之间联合作战的优势。在区域协作报道组织过程中，总社编辑部门发挥着协调、组织、集成作用，一方面要做好采写与编发间的衔接工作，另一方面还要协助分社确定选题，利用待编稿库组织指挥库征集选题，组织分社合作采写，做好沟通联络工作。

2005 年 3 月，新华社从上海、江苏、浙江三个分社及现代快报社（含现代金报社）、上海证券报社抽调若干采编人员，组建"长三角新闻采编中心"，统一负责长三角跨省市区域协作报道的组织、指挥、策划和采访。新华社长三角区域报道开始整合资源健全机制。通过总结经验，区域内分社轮流主持报道的工作机制符合实际，具有可操作性。区域内分社轮流主持报道，轮值期间，统一负责制定总体报道方案，统一调配使用跨区域采访力量，统一审核签发有关稿件。通过建立机制，使区域报道成为日常报道工作的常态。

2. 栏目制与项目制成为报道枢纽

2005 年 7 月上旬，新华社启动了东三省第二轮区域协作报道，东北三省轮值分社向总社发来了报道选题（计划）。总社总编室召集"新华视点"、"新华时评"、"中国聚焦"、"新华聚焦"、"财经聚焦"等十几个重点栏目负责人，对分社提出的报道选题进行评议分析，提出意见和建议，形成书面意见并回复分社。分社据此对报道计划做出调整，各重点栏目根据自身特点选取感兴趣的题目，保证报道精心采编和顺利播发。

同月下旬，在总社总编室召集的纪念深圳特区成立 25 周年及长三角第三季度区域协作报道策划会上，与会各重点栏目负责人对深圳支社和长三角新闻采编中心策划的报道选题（计划）进行了讨论，意见和建议经总编室汇总后以书面形式回复给了具体实施单位。

三次报道的组织实施过程不约而同地遵循了这样一种模式：总编室—重点栏目—分社。在这种模式中，报道计划由分社初拟，由总编室、重点栏目加以完善，各重点栏目在总编室的协调下，依照计划组织分社记者进行采访写作，跳出了传统的编辑部模式，重点栏目成了报道组织的重要枢纽。由于管理中间环节的减少，与报道有关的各种信息传递速度加快了，特别是在以栏目形成的项目组中各方资源实现了共享，新闻信息产品的生产效率和质量得到了提高。

在雅典奥运会报道和十运会报道中，新华社前方报道团也实行了项目制，通过报道团—项目负责人(赛区负责人)—记者的组织形式，实现了报道团的组织策划和记者能动性的发挥的完美结合，在大型报道中应用效果较好。

5.2 流程驱动下的机构改革

世界性通讯社的组织机构往往十分庞大，因此在组织结构设计上，既需要保证组织策划报道信息的快速传递，又需要分级组织平台的具体落实。

法新社采取的是下放发稿权力的方法。以其图片发稿为例，法新社有四个总分社，摄影部在巴黎、华盛顿、香港等地设有相对独立的图片发稿中心，每个图片中心负责指挥该地区记者采访，编辑处理记者稿件，管理图片落地。这三个地方的电脑联网，可以互相转发新闻传真片，既保证了新闻的地区特性，又使重大新闻在全球普发。

新华社采编平台的分级管理可分为总社的一级采编平台和分社的二级采编平台，这两个平台之间以报道为中心，有着紧密的联系，需要保持通畅的信息渠道。分社采编平台侧重内容采集，总社采编平台偏重新闻的编辑加工，两个平台的区分是组织功能上的不同，但在实际操作上是一体化管理。

在多媒体数据库构建的采编工作流程中，每个岗位(如：建稿、编辑、标引、审阅、签发、终审等)根据各业务流程不同的要求进行配置，从而淡化了传统的部门配置资源的概念。在工作流程的驱动下，业务部门可以根据流程需要进行调整，将资源随业务的需要而重新配置，从而实现适应新的工作形势的机构改革。

5.2.1 多媒体新闻发布推动机构整合

随着传媒集团的跨媒介发展以及媒介技术的不断变革，媒介融合的趋势不断深化，同时完成文字、摄影和摄像多媒体内容报道任务日渐成为对记者的要求。美联社是较早开始进行“多媒体报道”尝试和推广等活动的传统媒体。

为加强视频报道，促进文字、网络、广播和电视之间的交融，美联社于2004年在纽约曼哈顿西33街建成新总部大楼。建设新总部大楼成为美联社整合各业务平台的一次契机。2005年，文字新闻部、广播新闻部、与洛克菲勒广场50号旧总部大楼一街之隔的网络部、远离市区的视频部，全部迁入新楼工作平面办公。美联社社长柯里认为，集中办公有利于各部门在重大突发事件报道时密切配合协作，因为“你很难忽视离你只有10到15英尺远的人”。新楼配备了更为先进的技术设备。视频设施包括两个配备有索尼线性编辑系统的剪辑室和一个小演播室。视频产品主要通过索尼DVCAM摄录机和录像带制成。工作平面约105000平方英尺，相当于两个足球场的面积，多处安装了遥控摄影机，以方便制作视频节目。隔板将工作区隔成相对独立的空间，每个工作台至少配备有两台电脑，以便记者在报道某一事件的同时及时了解当天的其他信息。平面内有20多个会议室，供采编人员讨论和策划报道。柯里要求美联社“提供的新闻必须全面、有深度”，因此时常派出报道团队对重大事件进行文字、音频和视频的全程报道。

根据总部要求，美联社国内外各分社也进行了类似整合。柯里认为，要将美联社从以文字、电台、电视台、网络等平台为中心转变为以内容为中心，整合是成功的唯一途径。它意味着做到基本上在同一时间通过不同的传播渠道发布同一条新闻。

2007年6月12日，美联社北京分社整合成一新分社。该分社将新闻、图片、电视和多媒体功能融成一个整合型的新闻工作室，配以先进的技术，让记者同时提供从文字到多媒体的多样式新闻。

2007年底，在新落成的华盛顿办公大楼，美联社将之前相距两个街区的华盛顿新闻部和广播新闻中心整合在一个屋檐下办公，从而最大限度地实现了编辑、制作和管理的聚合。在新大楼内工作的部门包括：国际视频、音频、国内视频、在线视频、多媒体、摄影以及传统新闻部门。在华盛顿的这幢办公大楼里，可以看到美联社技术整合的一些思路：将视频服务器系统让所有部门共享，建立统一的数字化平台，可以进行编辑、检索和发布新闻信息。而在这之前，各部门单独使用各自的专用服务器，音视频的资源还依靠磁带或音视频基带连接方式共享和传输。新的工作流程不仅提供了一种更有效的运作方式，而且显著地降低了成本和系统的复杂度。

柯里表示，这种部门整合的目的就是让所有美联社记者都可以为其不同平台服务，从而使美联社能够向客户提供更加整齐划一的多媒体内容。而在过去，美联社在报道同一个主题时，各个部门间往往协调不足，加上原本单一用途的技术平台，使得一个部门产生的内容不能为其他部门共享，造成各个部门各自为战、资源浪费的局面。

路透社早在 2005 年之前就开始实施技术转型计划，采用标准化体系和开放的技术，运用虚拟化和远程管理等手段，将原来高度分散的结构向全球一体化基础架构转型。路透社的最终目标是：在世界任何分支机构，路透社人员都如同在总部一样，用同一标准模式工作。

2005 年 6 月落成的路透社总部，成为欧洲最大的多媒体新闻工作平面。路透社将传统文字、图片、视频及网络集为一体，应用统一简洁的界面访问核心系统。路透社工作平面包括 340 个工位，其中视频操作桌面达到 75 个。

路透社的基础网络设施是全 IP 的结构，并通过统一通信技术完成了包括语音、数据、视频等的内容的统一，“软电话”的功能让员工能够在家里登陆与办公室同样的桌面办公，而这种网络标准化的部署为更多在外工作的人员带来了方便。

路透社的视频部门经理强调了新建系统的优势：“多媒体产品需要一个协同工作的多媒体新闻工作室，之前我们是独立于新闻编辑部之外，而现在路透所有的记者在同一楼层，电视部门也成为路透新闻一体化流程的不可分割的组成部分。”

新华社新闻大厦 2007 年重新改造后，三层、四层形成了贯通的国内部、央采中心、国际部、对外部、摄影部、体育部、参编部和各专线的发稿工作平面，各编辑部之间相互连接，并且在重大报道中尝试多媒体整合。新华社将汶川地震一周年报道作为创新的重要契机，积极探索多媒体融合的有效途径，尝试打造多媒体新闻信息数字生产加工平台。

2009 年 5 月 11 日，新华社举行多媒体中心启动揭幕仪式。新华社在新闻大厦三层发稿大平面划出专门区域，与音视频部演播室联通，搭建多媒体中心，为开展汶川地震一周年多媒体报道创造了有利条件。多媒体中心使用多媒体发稿技术平台，可在同一界面编发文字、图片、视频和多媒体稿件，并可直接签发供电视、网站、手机、户外屏幕使用的多媒体稿件，初步实现了多媒体形态的采集、生产、加工，进一步增强了多媒体业态的内在融合。

新华社多媒体中心成立后，在组织架构、运作流程、产品形态、技术保障等方面进行了有益探索，在新中国成立 60 周年等重大报道中推出一批多媒体融合报道产品。通过重大报道中的融合尝试，多媒体报道也要转向日常化运作，下一步关键是推动资源整合，合理安排多媒体中心的工作岗位、细化发稿流程，逐步解决目前跨编辑部运作中难以协调解决的多媒体融合问题。

5.2.2 采访资源进行整合

1. 分社采访部门进行整合重组

新华社传统的采编流程中的“节点”有:分社记者、分社采访室、分社总编室、新华社各编辑部(各条线路)、各线路发稿人、媒体。在这一系列的采编“节点”中,新闻资源彼此分割造成了资源的浪费和重复。新华社推行待编稿库运行方式以后,采编流程中取消了分社采访室这个“节点”,但对于分社各采访部,并没有简单地取消,而是探索设置在这个“节点”下对报道起促进作用的机制。各分社在采编流程变革后,分别进行了适合各自特点的采访部门重组。

2003 年,分社在采集平台的改革重组中,将所有二级采访部室全部撤销,重新组建为一个集中统一的新闻信息采访中心;待编稿库运行打破了新华社各采编部门界限,分社为此相应地取消了过去设置的单项专职记者岗位。分社的采访部门整合后,并不意味着采访力量的削弱,而是使采访力量更集中使用。分社总编室发挥编委会的职能,负责整个分社的重点调研和策划各种报道,整合分社的记者,也整合当地的报道资源。

2. 整合中央新闻采访资源

新华社在机构改革中,开始按照新闻信息资源的丰富程度和重要程度来配置采编力量,对受权新闻的核心优势进行加强处理,整合采编力量。2007 年 8 月 4 日,新华社成立中央新闻采访中心,主要职能是负责中央新闻的文字、图片、音视频、网络、信息等采访报道工作。

在传播渠道增多、政务公开的环境下,整合中央新闻采访力量有助于提升新华社的核心竞争力。目前,中央新闻采访中心只负责采集新闻,编辑、核校、终审都在相关的编辑部。中央新闻采访中心采集的稿件第一时间进入待编稿库,分别交由相关编辑部签发。

5.2.3 编辑生产部门进行调整

1. 取消条口分割的编辑机制

现在新华社各主要编辑部的设置标准是不统一的。例如,国内部、对外部、信息部等编辑部门,是按照服务对象的不同而设置的;而国际部、体育部、摄影部、音视频部等编辑部又是按照不同的报道领域和内容来设置的。这样,各编辑部之间必然形成业务交叉。

2002 年初,国际部对内编辑室进行了机构调整,按照块块分工的编辑体制进行改革,取消原有的欧亚、欧美、亚太、中东非、拉美等地区组,成立以国际通稿为主打新闻产品的综合新闻编辑室以及满足不同媒体用户需求的专特稿行业组，以适应新华社整体业务改革中的“1＋X”模式。改革成功的原因就在于形势发生了变化，电脑处理稿件加快了编辑和发稿的速度。

取消条口分割的编辑机制，建立大编辑部运行机制，打破过去束缚各部门、各处室的条条框框，新闻报道可以跨地区、跨媒体协调进行，新闻资源得以整合，但同时也对编辑部提出了更高要求。

2. 改革发稿专线管理模式

待编稿库使用前新华社采编系统以部门发稿为基础，总社各编辑部常重复建稿，造成各条线路发稿的重复。待编稿库运行后，对外发稿线路陆续改革运作机制，完善了发稿线路内部统一协调的运作机制。现有的5条专线，即体育新闻专线、服务新闻专线、专特稿专线、社会文化新闻专线和财经新闻专线，在运行机制上可以划分为三种类型。第一种类型是体育新闻专线，可以称作“部线合一”，即体育部归口负责所有体育新闻文字发稿任务，独立承担体育新闻专线的报道工作；第二种类型如专特稿专线，通过机构调整，成立了专特稿新闻采编中心，统筹负责国际和国内专特稿报道，专线相对独立但采编业务工作由国际部主管；第三种类型如服务新闻专线，发稿工作分散在不同编辑部，专线通过总监制和跨部门的联席会议方式实现报道的协调统一。社会文化新闻专线和财经新闻专线也属于这种类型。

除体育专线外，其他4条专线均存在跨编辑部组织报道的问题。因此在发稿线路运作机制改革中设置了线路总监的职位，解决责任主体缺位问题。专线与发稿部门适当分离，总监负责控制发稿，以线路为中心整合新闻信息报道资源。在线路内部实现跨部门的统一业务管理，统一策划指挥，统一调配采编人员。通过建立健全跨部门的联席会议制度，赋予专线一定的报道组织指挥权，探索跨部门运行、资源整合的新路子。

3. 改革新闻采编流程，成立地区编辑中心

美联社2007年底公布“美联社2.0”计划。为了满足新一代消费者的习惯，更有效地管理新闻周期，美联社计划改变稿件传送、编辑和发布新闻的方式，并建立至少4个地区编辑中心，这是“美联社2.0”计划中的重要部分。

成立地区编辑中心的目的是避免纽约等主要编辑部由于编辑工作过多而出现瘫痪的现象。地区编辑中心处理本地区的新闻报道，而纽约编辑部则把重点放在“当天最重要的新闻”上。本世纪初，美联社在重组国外业务时也采用了类似的策略。

成立地区编辑中心的另一个目的在于让地区分社的编辑回到报道工作中

来，这将有利于增加报道数量，并减少完成一篇报道所需要的人数。

美联社执行编辑凯瑟琳·卡罗尔(Kathleen Carroll)表示，此项改革旨在“留住我们的未来，以继续从遥远的地方提供新闻”，以及“加速新闻业务发展，使之对客户更具吸引力”。

5.3 用户导向的改革

在新媒体时代竞争环境不断变化的情况下，通讯社需要培育更多、更忠诚的稳定用户群。因此，各大通讯社都在重视用户需求，以用户为中心，组织机构上进行相应变革，以适应用户的需求。

5.3.1 加强海外采集力量

为了强化竞争优势，更好地满足用户需求，各大世界性通讯社都在强化新闻采集力量，尤其是加强视频采集力量的布点，确保在多媒体新闻的竞争中领先。

新华社正在加快海外新闻信息采集、营销网络建设，调整和优化驻外机构布局，拓展金融信息采集点。2009年组建亚欧总分社，新增16个驻外分社，新华社驻外机构达123个。2011年底驻外分社总数达到了160个，形成了以驻外总分社为中心、以大分社为骨干、以次区域重点分社为依托、以其他各分社为前沿的海外阵地总体布局和报道组织指挥体系。

新华社在调整加强海外布局的同时，调整充实驻外分社人力配备，扎实推进“本土化”工作，在世界各国首都、重要城市、战乱和新闻热点地区拥有新华社的雇员或通讯员、报道员、线人等，进一步延伸新华社在海外的新闻信息触角，减少信息盲点和空白点，形成更加健全、覆盖全球的新闻信息采集网络，进一步提升新华社全球新闻信息采集传播能力。

法新社从2001年开始提供视频新闻服务AFPTV，主要为电视媒体、互联网和手机用户提供视频新闻服务。2005年之后，法新社视频新闻开始向海外拓展，逐步建立起全球性的生产和销售体系。目前，法新社大约有40名视频新闻记者，分布在全球12个生产中心。这12个生产中心分别设在巴黎、华沙、伊斯坦布尔、巴格达、开罗、新德里、曼谷、北京、内罗毕、里约热内卢、哈瓦那和华盛顿。

为了进一步加强电视报道和服务，路透社也一直在增强和完善其网点布局。2008年6月在英国伦敦、7月在澳大利亚悉尼、8月底至9月初在美国丹佛市和圣保罗市增设电视新闻中心，并计划在伊拉克巴格达建立电视新闻中心。

5.3.2 重视经营，强化营销部门

过去在计划经济年代，新华社很少重视用户意见，只管“上天”，不问“落地”。如今随着媒体竞争的加剧，无论报纸，还是电台、电视台，都在力求办出自身特色，赢得更多读者和受众，进而赢得更大的市场。因此，只有更好地满足用户需要，新华社才能在竞争中得到发展。

在改革中，新华社将产品生产（编辑部）与营销服务分开，组建营销平台。新华社的新闻信息产品种类很多，主要由文字新闻、经济信息、图片新闻、图表新闻、电视新闻、网络新闻等组成，产品由多个采编部门和分社生产。多年来，许多产品被部门控制，采编部门各自为政、新闻信息产品自产自销，收入归部门，既分割了资源，也不同程度地影响报道的客观、公正。

新华社2002年开始采取一系列措施大力推行经营管理体制改革，实行采编与营销两分开、两手抓。一手抓采编，保证采编人员集中精力发展采编业务，维护报道的真实、客观、公正；一手抓营销，保证营销人员集中精力发展新闻信息用户，抓稿件落地，改进服务，扩大新华社的影响力。将营销人员和营销业务从各编辑部和国内各分社剥离出来，组建新华社一体化管理和运行的营销平台，构建以总社为龙头、分社为基础、全社统一的营销服务网络，一个口子对用户，统一营销新华社新闻信息产品。

营销平台在负责产品销售的同时，还负责产品的售后服务，每天与重点媒体用户联系，听取他们对新华社播发的新闻稿件的意见和建议，对重点报道进行全程跟踪，将用户意见反馈到编辑部，从而使编辑部的报道质量受到监督，有利于改进报道。这一措施在新闻用户中引起了强烈反响，也使编辑部获得了提高报道质量的动力。

营销平台统一协调通稿的生产、营销，对信息、报刊、网络、音视频，实行一体化经营、一体化管理，建立了新华社多媒体新闻信息的集团化经营模式。

2008年3月，美联社宣布合并其对于报纸、广播和新媒体业务的经营管理以适应全球媒介产业融合的需求。

新的销售与市场部几乎囊括了美联社在市场经营与管理方面的所有高级人才，除了负责销售、市场和新产品的开发，新的销售与市场部还负责指导美联社的音视频新闻采集，以及负责监督图片、体育、财经、娱乐等新闻产品的经营情况。

5.3.3 设立用户反馈和服务部门

路透社在日内瓦、悉尼、纽约技术中心设有 3 个全球客户中心，通过电话、传真、电子邮件等多种方式受理客户意见。客户服务中心把每天 24 小时值班收到的意见分解到路透社相关部门，部门再将意见落实到具体人。

根据市场经济规律和各种媒体与非媒体用户的发展需求，新华社现有的业务结构和资源配置模式应当向用户导向型模式转型。新华社营销平台组建后，专门建立了用户反馈和服务部门，这在国内新闻界处于较领先的位置，因为对反馈环节，目前许多新闻媒体都缺乏重视，没有相应机构设置，缺少专业从事反馈信息搜集、整理和分析的人员。

新华社营销总平台反馈部定期征求全国各类用户的意见，并把意见反馈给采编平台，使报道的组织更加科学，产品更符合用户要求。目前采编和营销两个平台的反馈互动已形成制度，在报道中发挥了良好的作用。

营销平台设立了统计部，负责统计全社新闻信息产品的落地情况。统计部推出稿件采用统计报表反馈给采编平台，让采编平台能准确掌握稿件的落地率，发现产品中存在的问题。

新华社营销总平台也成立了用户服务部(新华社用户服务中心)，专职负责新华社新闻信息产品的用户服务工作，设有 24 小时用户值班电话，全天候接听用户的意见和建议，并反馈给相关部门。此外，值班电话还负责接听用户的有奖挑错、受理新闻热线。

新华社还在营销平台和新闻研究所设立了信息反馈编辑和需求线索编辑、报道比较研究编辑岗位。信息反馈和比较研究需要及时性，就信息反馈而言，稿件落地率是量化分析的基础；就新闻报道的组织需要而言，稿件采用率统计主要功效在于为对某一专题报道是否需要追踪报道提供市场依据。用户是否满意，用户仍需要多大限度的后续报道，都是信息反馈编辑和报道比较研究编辑要向编辑部和采集平台提供的专门信息。

如何构筑采编和营销两大平台，标准就是最有效地为用户提供服务。在组织再造的过程中，根据以用户为中心的原则，新华社有必要改造现有的组织结构，打破过去的部门界限和分割局面，提高现有资源综合利用的效率。建立一个适应新媒体时代发展需要、机制灵活、运行高效、“面向用户”的新型组织。

第6节 人力资源

人力资源管理是现代企业管理的核心。人力资源管理是指根据企业发展战略的要求,有计划地对人力资源进行合理配置,通过对企业中员工的招聘、培训、使用、考核、激励、调整等一系列过程,调动员工的积极性,发挥员工的潜能,为企业创造价值,确保企业战略目标的实现。20世纪80年代以来,人力资源管理理论不断成熟,并在实践中得到进一步发展,为企业所广泛接受。

通讯社在新媒体时代的转型,促使人力资源的结构也发生了新变化,对从业人员的知识结构、专业结构、技能结构等方面也提出了新要求。当前,通讯社的人力资源队伍正由传统媒体人员向具有多媒体、新媒体素养和技能的复合型人员拓展。

新华社通过多年的调整,人才队伍的年龄、专业、知识和能力结构进一步优化。2008年以来,新华社全面推进职业化建设,印发《新华社职业化标准手册》,进一步明确岗位设置、岗位要求、业务工作流程等。

为进一步加强报道竞争力,美联社在人力资源方面进行了刻意调整。2008年1月,美联社设置了一个新的职位——体育产品全球主管,其职责是负责实施全球发展战略,实现营收增长,把美联社的体育产品发展成为全球领先的、多媒体的知名品牌。2008年7月,美联社对其财经新闻部门进行了调整,确立了由12名编辑负责主导的12个重点报道领域,强化深度报道和独家报道。财经记者主要被分派到纽约、华盛顿以及其他28个国内分社,以提供各领域最权威的报道。此外,在国外分社工作的数十名财经记者也会提供相关报道。这12名重点报道领域的编辑除了长期在美联社工作的之外,还包括曾经在路透社、《华尔街日报》、彭博、道琼斯、《芝加哥论坛报》、《今日美国》报等知名媒体长期从事财经新闻报道的专业人才。

6.1 人力资源的激励机制

6.1.1 奖惩体制

按照新闻生产流程中的质量控制要求，对从业人员进行考核，并实行奖惩激励，是推动新闻生产流程管理的内在动力。只有将质量控制的各项指标与人员的奖惩挂钩，流程管理体制才能真正建立起来。

路透社的惩罚制度比较严格。该制度规定:捏造事实的记者必须开除;在报道中出现了事实性错误,必须更正,如果更正次数太多,将会被扣年终奖金、影响升迁;如果屡犯不改,将会受到警告,而警告是“解雇”的预兆。

另一方面,成绩出色的记者,可以在年终得到“红奖”,可以增加薪水,可以得到升调的机会,并可以获得更多的福利待遇(如子女学费、高额保险等)。路透社的记者被称作“国际人”,原因在于他们在一个地区干满 3 年后就可以调到其他地区。如果没有得到调令,说明老板对该记者的表现不满意,那样将导致他今后在这一地区的许多福利待遇会大打折扣。[①]

法新社的管理也很有特色,法新社的记者编辑有级别无职称,纪律严明,条例清楚。例如对于新兴的网络,法新社有专门的内部规定,禁止将某些网络消息作为消息源。此外,法新社在世界各地的编外报道员制度也有利于提高效率,降低成本。[②]

法新社的纪律颇严,一旦出错,便对当事人进行处理,如调回国内、通报批评、警告等等。对于后方的编辑,纪律要求亦很明确。绝不准私自为外单位供稿。如果外单位点名,或者自己与外单位协商达成供稿协议后,皆须经社领导批准。前方记者发稿，并无定量。由于有对手的存在(法新社的主要对手为美联社和路透社),记者不能懈怠。总社考察记者的工作亦以此为准绳。总社或总分社有监督机制,当对手发了重要消息,而自己的人尚无动静时,那就要发报催问了。[③]

---

① 申森、黄梦阮、詹正茂:《路透社新闻生产流程管理体制研究》,《今传媒》2008 年第 2 期。

② 刘笑盈:《历史最为悠久的世界级通讯社:法新社》,《对外传播》2009 年 9 月。

③ 杨起、刘作文、吕全成:《法新社的人员管理和经营方针》,《西方通讯社的最新情况专辑》,www.cnki.net

6.1.2 激励体制

路透社的薪资水平在同行业中属于中等，然而它能够吸引大批优秀记者并不断推动他们走向事业高峰，其原因在于这个百年老社已经形成的以“客观公正”为核心的内在自我评价与激励体制，即自觉地遵守新闻生产流程管理制度中的各项规定，并不断地激励自己达到更高水平。

首先，许多路透人认为，能到路透社工作本身是一种极大的荣誉。在路透社工作的记者大多不是初出茅庐者，他们曾在其他媒体供职，具有相当的新闻采写经验，很多人是冲着“路透社”的名号来的。因此他们格外珍重“路透社”的名号，自觉地履行生产流程的要求，轻易不会让它蒙羞。

其次，路透社的领导体制有利于促进记者的工作。就一个报道小组而言，小组长(首席记者)是工作的分配者、协调者，但也是工作中最能干的那个人，他一定是手下记者的榜样。在出色地完成工作外，小组长还要指导其他记者的工作，为他们出谋划策，向他们提出采写的要求。[①]

彭博社对员工的要求则是需要员工献身在公司里，员工每天工作 12 到 14 个小时是家常便饭。对于成功者，加薪升职的背后则是令其发挥更大价值的期待。彭博要求公司与员工之间彼此忠诚——让每个人的报酬以每年 15%的速度增长，公司则以 25%的速度增长。

6.2 形成学习与培训制度

“学习型组织”理论是如今管理学流行的理论，学习是组织沟通的基础和源泉，组织的竞争力之一就是不断学习，以适应新的环境变化，保持可持续发展的能力。在学习型组织的氛围中，每个员工都自觉学习，积极进取，形成系统的力量大于个人力量的简单叠加，员工个人的创造性思维可以带动组织的创新发展。

美联社社长柯里认为，新世纪传媒业的变化意味着美联社需要深刻的变革，意味着他们需要加强多媒体新闻采编和在新闻深度上进行拓展。“如何能更有效和更快地报道新闻取决于各层面的紧密配合和大量的培训”。“我们会让每个人都有时间‘放松’一下，享受培训。”柯里说，“每个人都会有去学校进

① 申森、黄梦阮、詹正茂：《路透社新闻生产流程管理体制研究》，《今传媒》2008 年第 2 期。

行深造的机会。到目前,有80%的人支持总部关于员工培训的做法”。①

新华社作为一个大型组织,有多个层级和众多的业务部门,主体业务是播发通稿,还有报纸、杂志、网站等不同业务部门,这些业务部门的目标是不同的,组织成员很难拥有一个共同的目标。因此,更需要建设学习型组织,通过整合知识,形成信息流的共享,进而形成系统、整体的力量。

学习型组织的特点是:强调终身学习的理念。与日新月异的发展形势相比,新华社记者编辑在知识结构、综合素质等方面与现代社会要求还有一定的差距。新华社提出培养“专家型人才”的战略,加大培养采编人员尤其是编辑人员的力度,以提高新华社人员的整体素质。在培训过程中应该培养员工的持续学习的能力,持续学习是建立可更新的竞争优势的关键之路。要做到持续学习,新华社就要树立学习新技能的清晰的战略目标,营造持续学习的文化氛围。新华社在工作文件中提出要进一步健全鼓励记者、编辑学习调研的机制,将其作为工作规划予以支持。

新华社在学习型组织建设方面取得了一定的效果,设有专门的培训中心,面向全体员工有不同层次和级别的教育培训,近年来开始硬性规定,全体员工每人每年必须接受不少于40个学时的培训,既有全社性的业务、外语、法律、政策培训,也有部门的专项培训,个人自我进行的技能、外语培训经过认证也可列入培训学时,培训学时的完成情况直接与部门和个人的考核评优挂钩。通过开展岗位练兵等方式,有效提升了全社干部职工的职业素养和职业水准。

在建设学习型组织的过程中,新华社的领导在组织内有了新角色,成了设计师、教师,他们都有给员工授课培训的义务;同时各部门也把通过学习解决工作中的问题作为一种创新形式,强调组织发展与自我发展有机结合,把研究和学习引入工作,使员工技能的提高与组织的发展战略和对策目标结合起来。

新闻工作本身就是一个不断认知新事物、不断学习的工作。策划组织报道时,对事件或问题的背景、现状、结果的清醒的认识和判断,不仅需要学习书本知识,还要向专家学习,了解社会舆情反映,另外,采访准备和采访过程、写作过程,都是高度集中的学习过程,对提高采编人员的认识能力和实践能力是一种综合的锻炼。新华社采编人员经常做一些调研课题,在实践总结、理论研究等方面都有许多创新性成果,形成了许多新理念、新办法、新作风,从而推动业务改革不断深化。新华社内部的理论学习和研究蔚然成风,每年都要举行新闻学术年会。

---

① 杨晓白编译:《美联社:报道世界新闻》,《青年记者》2008年4月。

多媒体数据库的运行完善后，记者、编辑虽有分工，但称职的记者、编辑必须实现一专多能。某一专业的记者、编辑，要有采写、编辑其他专业报道的一定能力；某一门类的记者、编辑，同样要有从事其他门类报道的一定能力。而且在多媒体数据库工作环境下编辑主导的新型采编工作模式中，传统的记者、编辑功能也需要重新调整，各自要重新完成角色的转化。记者、编辑不但要具有较强的采编专业能力，而且要具有较强的综合能力和较强的运用多媒体设备的能力。

因此，新华社仍要进一步加强以学习新知识、新理论、新技术为主要内容的专业技术培训，一方面积极引进亟需的人才，另一方面要充分调动现有各类人才的积极性和创造性，提升人力资源素质，走"人才强社"之路。

彭博社则主张不增加不必要的人手，也不进行大规模的裁员，而是经常不间断地改进自己，培训多余的职员适应别的岗位，并提高每个人的工作能力。

彭博社完善的培训计划一直得到业界的充分肯定。彭博社特约主编(Editor-at-large)凯伦·A.图隆女士在介绍时说，彭博对所有新进人员都必须进行培训，培训期大约3周，主要是技术培训，因为彭博系统太复杂，功能太多。经过培训，要求每个人都能熟练掌握彭博系统。

彭博还通过彭博大学定期对员工进行在职培训。不论员工从事哪个领域的工作都可以参加新闻、技术、金融、销售等各种类别的培训。培训有教师面授、自学课程、不定期的培训讲座和网上培训等几种形式。

6.3 建立复合型人才队伍

新媒体时代新闻从业者面临新的环境，传播渠道的复合化与受众需求的多样化，推动记者、编辑学习处理多媒体新闻，而传媒业的数字化发展又为多媒体新闻传播提供了便利，与其他媒体一样，通讯社也需要大量一专多能的复合型人才。

新媒体时代通讯社人才队伍的变化，概括起来，主要有以下几个特点：第一，在总体队伍中，从事营销、技术的人数比例有所上升。以路透社为例，该社的采编、营销、技术人员的数量大约各占三分之一。第二，所有的采编、营销、技术人员除了具有必备的专业知识外，还应该较好地掌握多媒体基础知识，具有较高的多媒体素养。第三，大力培养一批具有文字、摄影、摄像"三合一"技能的多媒体专业采编人员。比如，比利时通讯社的多媒体记者现已成为向媒体和非媒体网络供稿的主力军，英国报联社将集多媒体技能为一身的记者称为“新一代记者”。

美联社的数字化转变自然也对其采编部门提出了新的要求。美联社位于纽约的各采编中心开始转变为以互联网为导向的新闻中心，数字化已经与日常的新闻报道和编辑工作融为一体。2006 年，美联社几家大的国内分社，有数以百计的记者、编辑接受了培训，掌握了图像制作处理和制作交互式图表的技能。①

法新社对视频编辑部工作人员的业务素质要求极高，从编辑部主任到普通工作人员都必须会摄像和编辑。绝大多数驻外分社的摄像记者只有一人，他需要在当地独立完成摄像、写稿和编辑工作，然后将成品传输至巴黎总部。法新社目前的视频工作人员中有相当一部分是文字记者经培训后转调而来，一来因为现有文字记者人数偏多，二来文字记者熟悉法新社业务，经培训后能很快上岗，三来摄像记者的收入要比文字记者高些。法新社每次在社内选聘摄像记者时都有不少文字记者踊跃报名。

新的传播环境需要专家型、复合型的记者、编辑。然而，长期以来，由于采编专业过细的分工，特别是部门封闭，采编人员很难做到一专多能，复合型人才更是缺乏。

新华社待编稿库的建设客观上为培养专家型记者和编辑提供了条件。新媒体时代新华社采编人员要同时满足采编处理文字、图片、音频、视频等多媒体新闻信息资源的需要，要求的标准更高，任务更重。新华社的采编人员要掌握多种技术手段，成为多功能、全方位发展的“复合型人才”。记者既要有文字功底，还应该掌握摄影甚至摄像的技巧，这样在很多情况下，一个人就能进行多媒体的采集工作。同样，编辑也必须掌握多种编辑技能，这样才能适应多媒体待编稿库的要求。同时，编辑要成为多面手，可以针对不同用户的不同需求编发不同的稿件。因此，编辑必须逐步把自己培养成专家型人才，对某一方面的情况熟悉、分析精辟、判断准确，这样才能有效地组织指挥报道。数字化生存的特质之一就是追求和谐，有了多媒体数据库，新华社不仅生产方式、组织结构在变，文化也在变，在向着和谐的方向发展，归根到底，数字化是为了实现对人的提升，实现人的自我价值满足。

---

① 王亚红编译：《美联社数字化产品介绍》，《中国传媒科技》2007 年第 8 期。

6.4 营造以人为本的环境

对于员工来说，良好的环境也是员工增强归属感和自豪感、责任感的来源。因此，营造一种和谐、"以人为本"的氛围，鼓励人人都参与到通讯社的建设中，能够有效引导员工将个人的努力方向与组织的目标期望统一起来，最终达到个人努力结果与组织发展目标相近的效果。

新华社的发展，人是决定因素，建设"数字新华社"、"多媒体新华社"，关键是要建立一支适应数字化、多媒体的采编队伍。新华社也很重视人才战略，在充分发掘和提升人力资源价值。目前，新华社人才配置结构还不够科学，如记者尤其是擅长外文的记者少，应该在这方面进行调整，提高信息搜集、采集能力，更好地发挥消息总汇功能。同时，还应该提高编辑的地位，让编辑真正成为报道的组织指挥者。

彭博社认为，公司的主要资产不是技术、数据库、专用通讯网，甚至也不是客户，而是雇员。彭博总是把办公地点设在最好最贵的区域，对办公室做最好的装修。彭博还认为，玻璃屏幕会议室能增进交流，相信透明度能带来公正。彭博采取的完全是开放式办公，为的是让员工在专心致志的同时能从周围吸收信息，防止同事间背后拆台，鼓励团结合作。公司每次活动都让员工家属参加。彭博社在公司内部倡导平等——包括彭博文本人在内，没有人拥有私人办公室，没有高级经理专用停车场和餐厅。[①] 另外，每一个城市的运作部门都尽量在当地聘用雇员。给员工提供一流的服务，比如医疗保险、职业培训等等，这些都是彭博成功的要素。

第7节 媒体形态

7.1 借助网络运作平台转型，通过数据库整合资源

近年来，随着科学技术的进步和经济全球化、社会信息化的迅猛发展，新闻信息业的竞争日益激烈，网络在线新闻信息服务系统已成为一种越来越受

---

① 张京男：《麦考尔·彭博文：带领彭博资讯超越路透》，《银行家》2004年第6期。

到重视的传媒产品。

互联网的普及和发展，不仅对新闻信息传播的所有环节产生了广泛而深刻的影响，而且为新闻信息传播提供了一个新的基础性的平台——当今人类的所有传播活动都越来越多地移到这个平台上进行，这不仅从宏观上改变了传统的传媒格局和全球的传媒生态，而且从微观上正在并且将继续改变新闻信息传播机构的运作方式。

网络的融合功能不断增强，与此同时，对内容整合和加工的难度也在加大。决定媒介生存的差异化优势主要来源于如何比竞争对手更快速更低成本地将遍布媒介内部的各种资源和技术有机结合起来，形成核心竞争力。国内外不少大型媒体集团都在大力应用网络技术，通过数据库整合资源，更新自己的新闻业务技术平台，通讯社正面临着空前的机遇和挑战。

7.1.1 网络平台系统的优势

以路透、美联、法新等世界性通讯社为例，在本世纪初的时候，由于世界经济形势和媒体环境的变化，它们都不同程度地遇到了一些困难。为了摆脱困境，几大通讯社都不约而同地加大了内部调整力度，向网络运作平台转型。

通讯社原来使用的卫星和专线技术传输手段，不但成本非常高，而且不适用于零售的供稿方式，从世界性通讯社的发展思路来看，其着力点都是通过网络进行技术改造和资源整合，进一步优化产品结构，降低运营成本，提高运行效率，改善服务品质，从而全面提升核心竞争力。

路透社是最早抓住网络技术的通讯社。早在1964年，当路透社开始采取"股票大师"电脑化桌面终端机来传递股票及其他市场行情时，就标志着路透社进入了用电脑采集、加工和传输信息的新时期。20世纪70年代，电子信息开始成为路透社的重点，在1975年的年度报告中，路透社已经不再称自己是通讯社，而改称为"世界上主要的新闻与信息机构"，"占领先地位的电子信息提供者"。90年代初，路透社又开始改进信息服务，1999年5月17日，其与美国道琼斯公司组建了道琼斯—路透交互式商业公司。2000年，路透社又宣布在此后的4年中投入5亿英镑实现互联网化。

网络的兴起对包括通讯社在内的传统媒体是严峻挑战。但路透认为，网络对它来说是机遇大于挑战。它利用互联网将原先分散的系统联系起来，进一步提高了业务的服务质量和水平。1992年，路透推出交易2000(Dealing2000)，这是国际上首次提供电脑化的汇率比较服务；1994年，路透推出"路透财经电视"(Reuter Finincial Television Service)，使交易商能在他们的交易屏幕上看到市场动态的实况报道；1996年，路透推出系列3000，一个集股票、储备与货币产品于一体、给客户提供历史信息和实时新闻、资料的计划；经过前几年在通讯、无线传输和投资研究等方面一系列的合股经营和并购行动，路透实力大大加强。

路透社通过制定“快速前进”计划，着手建立一体化的业务网络平台，将新闻信息产品和服务业务逐步转移到可不断升级的互联网平台上进行加工、销售和传输。这一计划使路透社的各项业务发生重大变革。

2000年2月，路透社在股东大会上宣布其网络化发展计划。此前，路透传送新闻信息产品使用的是专线。用户如果想订路透社的专线服务，路透社要给用户安装昂贵的设备，包括卫星天线和特制的接收终端。这就导致路透社提供的产品和服务的成本居高不下。而如果以互联网为平台，则可以极大地降低处理和传输新闻信息产品及服务的成本。采用互联网技术的好处是显而易见的：不论是服务器端还是客户端，硬/软件平台投入要求都很低。由于不需要特制的接收设备，将会有更多的用户尤其是众多个人用户更方便地使用各种新闻信息产品和服务。

由于提供的信息量相对较少而且可以通过网络交流信息，因此路透的成本相应减少，产品标价也随之降低，其新闻信息产品和服务在价格上就能被更多的用户所接受。这将为路透社开启新的市场：只要是需要金融信息的人，都可以买得起路透社的服务。有了互联网平台，路透社就能为客户设计个性化的产品。使用网络将削减开支，增加收入。

在“快速前进”计划中，路透不但增加了资讯内容的量，并且提升了分析、交易和传讯的能力，拓展了开放式技术平台。路透的业务领域一直以来都涉及许多种技术架构，不但成本提高，更因此变得十分复杂，而转移到统一连贯的网络上，则有助于解决这个问题，提升产品竞争力。

面对互联网的挑战，美联社于2003年10月提出“电子美联”(EAP)计划，建设公用数据储存系统、记者采访跟踪系统、分类检索系统、组装系统、传送系统、技术服务系统。这实际上是一种基于网络的多媒体数据处理平台。EAP对于传统运营模式的重要意义是为通讯社销售模式由批发向零售兼批发提供了可行的低成本的技术平台。EAP是建立在互联网上的技术平台，在支持低成本传送的同时，也在技术上提供了零售销售方式的可能性。

“电子美联”是针对传统通讯社运营模式存在问题的解决方案，六大系统建成以后，各类用户均可根据自己的需要，把美联社提供的多媒体新闻信息产品组装加工成适用的版面、网页、电视节目，美联社实现了由传统的通讯社向拥有互动式的数据库和新闻网络的新媒体时代通讯社的转变。

法新社的主要网络产品有3类:第一类网络产品是“网站服务”,即向网站提供即订即用型新闻网页,上面有最新的世界新闻和图片。第二类网络产品是面向公司以及机构用户的新闻邮件服务。客户只要在法新社的网站中提交自己所需的新闻的关键词和主题,该社就可以按照不同客户的特定需要,每天为客户以电子邮件、传真、邮寄等方式提供特定的新闻。第三类是WAP(无线应用协议)互联网服务,即向提供手机上网服务的网络公司提供新闻。从业务上来看,互联网包括无线互联网使得法新社的业务得以扩张,更好地为用户服务。

互联网平台系统具有整合资源、开拓市场的便利条件,利用互联网进行采编和营销已经成为通讯社的发展趋势。目前新华社卫星线路的营销工作基本上已达到饱和,能订得起新华社各条专线的报社大都已成为卫星用户,但还有数量庞大的杂志、出版社以及订不起卫星线路的小报社有待开发,更多的个人用户市场有待培育,因此新华社也在大力展开网络营销工作,全面开拓媒体和非媒体市场。同时,基于互联网平台的多媒体数据库对新华社的优势资源进行整合,通过改进、延伸多种传播形态的新闻产品,从而达到内容产品多平台发布、多次增值的效果。

7.1.2 网络平台的基础:数据库和宽带网

建立基于互联网的工作平台,核心就是多媒体数据库。多媒体数据库不但成为传播机构进行新闻信息采集、加工、传送、营销及储存的平台,而且其本身也越来越具有一种新的传媒形态的特征。多媒体数字化信息处理平台为通讯社的转型打下基础,推动通讯社传播和经营模式由单一向多元转变。新媒体时代的通讯社都在以多媒体数据库为平台,充分利用互联网的技术优势,完善自己的新闻信息采集、加工、储存、销售和传送流程,以便为用户提供更加个性化的产品和更加人性化的服务。

数据库建设中,应用新技术是改革的关键。2004年,美联社创建多媒体数据库,用于存储文字、图片、图表、音频和视频信息。美联社记者和用户登录浏览器,输入密码后可进入数据库查询。数据库的应用,使报纸用户获得了前所未有的海量信息,除文字和图片外,还有视频新闻。全球的商业网站和移动网络等许多新客户也可进入数据库进行目标搜索。

随着网络环境越来越依赖搜索、链接和共享,美联社整合其优势历史资源,经过几年的开发,于2006年9月和2007年2月以多媒体形式分别推出新闻产品数据库（AP Exchange）和图片数据库产品（AP Archive）。新闻产品数据库为新闻从业者提供包括文字、图片、图表和视频的海量信息，它的优势在于搜索功能强大，用户可以通过关键词搜索到自己关注的新闻、市场信息和实时资讯，并且容易下载，便于记者和编辑根据自己的需要重新编辑新闻。多年前美联社就已重视历史资料的保存，对各类新闻进行梳理、归类。该数据库正是基于多年来的积累，加上近年来的技术更新才得以推向市场。

新华社的多媒体数据库经过多年的建设，已经完成了全社新闻信息整合的任务。但目前整合外来资源不够，信息资源还不够丰富，还不能生产出适应各级各类用户和受众需求的产品。新华社多媒体数据库不仅仅是“新闻信息采编发平台”，最终将建成“整合新闻信息资源的平台”。

新华网作为新华社新闻信息产品的展示平台，也在探索多媒体数据库与新华网“库网互通”的运行方式，挖掘多媒体数据库产品的深层价值，以使数据库运行更加适应新媒体时代网络媒体的需求。

网络平台的另一个基础是宽带网。基于互联网的多媒体数据库运行需要较大的带宽支持，这就推动了宽带网的发展。信息海量化和多媒体化造就了信息技术一个新的重要主题——宽带网。世界各大主要通讯社无不对此投入大量财力、物力，更新设备，采用最新技术，使通讯社的触角遍布世界各个角落，美联社、路透社和法新社等纷纷采用新的宽带技术，构建宽带通信网络。有了宽带网以后，几大世界性通讯社都在建设和完善自己的在线多媒体信息系统，纷纷利用先进的信息技术整合资源、创新产品，加速走向网络化，把网络新闻和信息服务作为新的增长点。

7.1.3 通讯社的未来：基于网络平台运作

数字内容的发展，同其依托的基础信息网络密不可分，如同汽车和高速公路的关系。从数字内容产业角度来看，还是三类终端最重要，即电视、电脑、移动电话，而联通这些终端的就是各种网络。

互联网是媒介之集大成者，它为我们提供书籍、照片、广播剧、电子邮件、报纸、杂志等各种类型的传播形式。[①] 互联网已经渗透到传播活动的各个环节，将传播流程的要素紧密联结在一起。在信息采集环节，传播机构不但可以从互联网的海量信息中直接获取信息资源，而且可以通过互联网进行采访，还可以接收网民提供的原创信息；在信息加工环节，传播机构可以利用互联网平

① 保罗·莱文森：《手机》，第1页，中国人民大学出版社，2004。

台实现信息的共享、配置、组合及编辑，生产出不同形态的产品及产品组合；在信息传送环节，通过互联网，传播机构不但可以及时将新闻信息提供给各种用户或受众，而且还可以及时搜集到用户和受众的反馈。

通讯社从来都是紧密跟踪全球信息化进程的新闻机构，始终站在技术发展前沿，随时掌握技术发展趋势。因此对于面向互联网平台的转型，世界性通讯社是从纯发展战略，而不是从技术的角度来认识的，这点从路透社、美联社、新华社等几家通讯社的互联网战略就可以看出。

路透社利用互联网对传统业务运行模式进行改造，转型为一家以互联网为基础的公司，使数据处理能力大大增强，传输手段更加多样化，用户端软件采用个性化设计且操作越来越简便。计划完成后，路透社可通过任何网络接入方式，为用户提供安全可靠的即时对话服务，并可轻易将其资讯与其他网站及软件融合。路透由以传统方式处理信息为主，转为利用网络技术处理信息，不仅意味着路透营销、生产方式的变化，还意味着其组织方式、资源配置方式、生产流程以及客户关系的深刻变化。

新华社在通过多媒体数据库初步实现全社新闻信息资源整合和共享的基础上，也在构建能够连接国内报社、电台、电视台和网络媒体的高速数据交换专用的通信网络。新华社通过多媒体数据库的全面运行，正在实现基于数据库的网上平台新闻生产模式和基于互联网与数据库相结合的产品提供模式与服务模式。新华社所做出的改革与其他世界性通讯社所做出的战略调整基本处于同一阶段，这也证明了新华社对于新媒体时代通讯社发展模式的判断和选择具有一定的合理性。进一步建立互联网平台的工作模式，有助于新华社适应市场经济与技术变革，增强在世界新闻市场中的竞争力与影响力。

7.2 向大型信息传媒集团方向发展

通讯社已经诞生170多年，今天的世界性通讯社和当初相比，功能、业务范围、运行模式等都发生了巨大变化。路透社、美联社、法新社等世界性通讯社都在进行战略性调整。

未来通讯社的发展，很大程度是向多媒体融合型传媒集团方向迈进，力争成为通讯社、报刊、广播、电视、网站、手机媒体等在数字媒体条件下整合的一个综合平台。

7.2.1 开发新媒体，拥有多种传播形式

在新媒体时代，传播渠道比以往任何时候都更加丰富，更加多样，而且还在不断涌现，构建不同媒体形态的合作运行机制、延伸产业链、形成协同发展的多媒体业态成为许多媒体集团的选择。对于世界性通讯社也是如此，通过不同传播形态和渠道的多向联合，构建多媒体的运行方式，有效开辟通讯社的传播领域和传播空间。

1994年，美联社成立电视部(APTN)，工作中心在伦敦，通过亚洲、拉美、北美和全球服务4条专线，向全球电视订户提供视频新闻，用6种语言发稿。

到2004年底，美联社通过海外80多个分社和全球卫星网络，向世界各地的550多个电台、电视台、网站、宽带和手机用户提供国际新闻视频直播、体育新闻视频直播以及娱乐新闻视频直播节目。英国广播公司(BBC)、日本电视台(NIPPON)、意大利广播电视公司(RAI)均为其客户。

为了拓展国内市场，美联社采取了一系列措施，与美国有线电视新闻网(CNN)、美国全国广播公司(NBC)等视频生产商一争高低。除了增配先进的视频设备外，美联社还根据国内网站的多层次需求，于2005年推出三个等级的多媒体服务：低级(文字新闻)、中级(包含一些视频节目)、高级(以视频节目为主)。除了提供更多经过加工而不是新闻素材的视频节目外，美联社还通过加强对国内新闻的视频报道等手段改进服务。

经过10多年的探索和发展，美联社多媒体和在线视频业务已日臻成熟，并成为新的收入增长点。

路透在全球80多个国家和地区设有电视记者，总部有300多名电视采编人员，每天能够制作18小时的视频节目，平均每月提供视频内容约7500条，向世界上近千家电视机构提供电视新闻服务。

近年来，路透在加强和改进传统的向电视机构供稿业务的同时，大力拓展向非电视机构提供视频的业务。2007年12月13日，路透和《金融时报》宣布双方将进一步深化长期合作关系，在路透目前提供给金融时报网站(FT.com)的图片、世界新闻、商业新闻和数据等内容中再添加一个新项目——视频新闻。新的视频节目将为金融时报网站的国际读者提供一套定制的多媒体、多平台即时新闻、数据及信息。

近年来，多媒体及视频产品成为法新社新的业务核心。法新社从2001年开始提供视频新闻服务AFPTV，主要为电视媒体、互联网和手机用户提供视频新闻服务。2005年之后，法新社视频新闻开始向海外拓展，逐步建立起全

球性的生产和销售体系。2007 年 2 月 13 日,法新社推出国际视频新闻服务 AFPTV International,采用英语和法语两种语言,可以通过卫星或专门的互联网平台 VideoForum 2 下载。

2007 年,法新社的营业利润达到 1890 万欧元,比 2006 年增长 40%,其净利润则达到 460 万欧元,远好于 2006 年和 2005 年,2006 年为 320 万欧元,而 2005 年法新社则亏损 300 万欧元。法新社首席执行官鲁埃特在 2007 年底预测说,多媒体和视频收入的快速增长推动了法新社经营业绩的提升,[①]多媒体及视频业务到 2008 年将首次成为法新社第三大收入来源。另外,网络"日报"和互联网产品的国际市场也会继续扩大。

法新社前社长让·米奥认为,建立"法式 CNN"是使法新社与美联社和路透社保持平起平坐地位的唯一机会。如果法新社不能像美联社和路透社那样提供电视新闻图像,它就不能称作世界性的通讯社。[②]

新华社在传播形式的多元化方面是走在各大通讯社前列的。新华社把报刊视为履行国家通讯社职能的报道形式之一,拥有《参考消息》《新华每日电讯》《瞭望》《半月谈》等一系列报刊。手机媒体、博客、播客等新传播形式逐渐成形后,发出了传媒市场格局重新划分的信号。抢占这个市场是改变新华社新闻信息产品收益结构、实现经济效益快速增长的现实需要。

通讯社通过开辟新的传播渠道,不同形态的传播渠道互相融合,形成了立体化的传播网络,增强了通讯社的舆论影响力。

7.2.2 多媒体整合,发展融合新闻

现代信息技术和新媒体的大量出现,使通讯社面临的竞争领域大大拓宽,进入全媒体竞争时代。面对网络、手机短信、手机报、IPTV 等新媒体和移动 3G 新技术的冲击,传媒市场环境和传播方式迅速发生变化。随着宽带网技术的成熟特别是网络媒体、手机媒体的普及,多媒体新闻信息产品越来越受到欢迎,甚至成为主流产品。

路透社、美联社、法新社等世界性通讯社,相继加大了对音视频、信息、网络、技术等方面的投入,致力于建设多媒体新闻信息采编发的统一平台。媒体新闻发布手段、渠道和形式的多样化,使通讯社内部统筹使用新闻资源和进行新闻整合发布显得更加重要。这需要编辑有"多媒体思维",懂得充分发挥各

---

① http://news.xinhuanet.com/newscenter/2007－12/18/content_7273536.htm

② 《建立法式 CNN 对法新社来说是一次唯一的机会》,新浪传媒 2006 年 9 月 21 日。

种传播手段的优势，使通讯社的各种媒体形式互为补充、密切配合，形成整体合力。

西方学者把这种趋势称为“融合新闻”(convergence of news reporting)。较有代表性的观点如美国南加州大学安能伯格传播学院教授 Larry Pryor 认为，“融合新闻发生新闻编辑部中，新闻从业人员一起工作，为多种媒体的平台生产多样化的新闻产品，并以互动性的内容服务大众，通常是以一周 7 日、每日 24 小时的周期运行”。[①]

“融合新闻”有效地实现了新闻资源的共享和整合，是一种高效、经济的方法。它要求多种传播手段协同作战，有时甚至需要一个“多媒体总编辑”指挥作战。这一现象和“一专多能”记者的出现，都是新媒体时代传媒发展的必然。

从国外的媒介融合的实践看，实现媒介融合的主体都是传媒集团，其原因主要是：传媒集团拥有报纸、广播、电视、网络等不同的媒介，不同媒介拥有不同的资源，在不分何时、何地、何种途径为读者提供所需信息的理念指引下，通过媒介融合平台，实现资源共享，创造更大的价值，同时也为传媒集团带来更多的收益。

针对媒介融合的趋势，通讯社也在开发多媒体融合新闻。路透社开发了多媒体采编发系统，着眼于编发多媒体新闻。2002 年，伦敦编辑中心开始使用新一代多媒体编辑系统。采用新系统后，在一定程度上打破了传统的编辑分工，对编辑的水平和要求大大提高，编辑要像一个建筑设计师兼工程师，善于使用不同媒体形式的新闻素材生产出各种有创意有特点的多样化的产品，即多媒体新闻信息。这样既最大限度发挥资源效益，又节省人力，关键是提供给用户的产品更加多样，更加丰富。

美联社 2004 年 7 月将总部搬迁以后，新闻编辑部(Newsroom)就形成了一个工作平面，容纳了美联社总部的所有记者和编辑，共 400 多人，分为国内部、国际部、经济新闻部、体育新闻部、娱乐新闻部、特稿部、图片新闻部、电视部、多媒体部。美联社此举在于加强各个部门之间的沟通和资源共享，通过记者、编辑和技术人员的合作，将新闻信息通过文字、图表、音频、视频、数据库等多种形式播发出去。为了便于各个部门之间的交流、合作完成多媒体新闻产品，新闻编辑部的布局是开放式的隔间。

2007 年 6 月 12 日，美联社宣布将其北京分社重新整合，将新闻、图片、电

---

① Stephen Quinn and Vincent F. Filak ,D eitors Convergent Journalism:An Introduction,(p. 5),Elsevier Inc. 2005

视和多媒体功能融成一个整合型的新闻工作室，配以先进的技术，让记者同时提供从文字到多媒体的多样式新闻。美联社总裁兼首席执行官汤姆·柯里表示，美联社全世界的办公室都在进行这种部门整合，其目的就是让所有美联社记者都可以为其不同平台服务，从而使美联社能够向客户提供更加整齐划一的多媒体内容。

新华社 2007 年新闻大厦重新装修以后，也对发稿中心大平面进行了规划，使之更有利于进行多媒体新闻的编辑协作。目前，新华社的报道业务越来越向着多媒体新闻集团的方向迈进。利用多媒体采编平台，新华社能在一个界面上制作融文字、图片、图表、音频和视频为一体的多媒体新闻信息产品，为提高新华社的新闻信息产品的市场竞争力提供了强有力的保证，使新华社的新闻信息产品告别了表现形式单一，文字和图片、图表相分离的年代，开创了多媒体新闻信息产品的新时代。很多重大报道都从新华社报道全局着眼，制定多媒体联动的报道方案，不同种类的报道手段围绕同一报道主题集中展开、相互关联，形成有机整体，体现了整合资源的要求。

7.2.3 发展成大型传媒集团

数字技术使信息传播具有多媒体信息的整合能力，传播模式也由单一向多元方向发展。世界性通讯社在新媒体时代都已经实现了从传统电讯社到发展多媒体产品的转变，产品的传播形态越来越多，并且随着介入新媒体领域，也开始拥有自己的传播渠道，逐渐发展成跨媒体、跨地区、跨行业的大型媒体集团。

进入新世纪以来，全球传媒行业并购不断，媒体在向大型传媒集团方向发展。囊括各种传媒渠道，面向各个层次受众，拥有多种服务方式的综合性全媒体集团成为众多传媒集团的目标。集团化最大的优势在于以强大的整体实力作为基础，最大限度地整合集团内部资源，降低单位成本，优化资源配置和产品结构，适应不断变化的竞争环境和市场需求。

而通讯社在数字媒体时代传播渠道增多，有了新的扩张空间，成为各种类型媒体的运营商和服务商。为了顺应媒体集团化的发展趋势，通讯社也需要走集团化发展之路：一方面增加传播渠道可以使已有新闻信息资源得到充分利用，开辟增长空间；另一方面也是应对媒体集团化后形成的挑战，提供多元服务的需要。这将是数字化背景下通讯社的发展方向。

以彭博通讯社为例，彭博财经电视网络是 24 小时直播的商业和金融电视网络，它依托于彭博通讯社的财经资讯采集网络和彭博财经服务终端，主要包括彭博电视台和彭博终端视频板块。彭博电视针对不同的国家地区、不同的语言，共设立了亚太、巴西、法国、德国、意大利、日本、西班牙、英国和美国等11个频道。彭博1981年成立时的产品只有彭博终端，后来逐步开拓媒体市场，构建跨媒体平台，1991年通过收购纽约WNEW电台进入广播领域，1994年成立独立的电视台，1995年成立www.bloomberg.com网站。此外，彭博在美国、英国、意大利等地出版发行包括《彭博个人金融》《彭博财富经理》《彭博市场》《彭博金钱》《彭博投资》等多种财经杂志。虽然媒体收入在彭博的总收入中比例非常小，但却是必不可少的重要组成，因为跨媒体专业财经平台的建立为彭博的发展带来了巨大的联动效应，也促使彭博迅速成为全球最主要的财经通讯社之一。

即便是营业规模最大的世界性通讯社路透集团，也不得不面对通过被并购来扩大市场份额的选择。2007年5月15日，汤姆森集团与路透集团就合并事宜达成一致，汤姆森集团以87亿英镑的价格收购路透集团，2008年2月并购通过了欧盟的反垄断审查。并购前的汤姆森拥有众多平面媒体和电子出版媒体。合并后的汤姆森—路透公司的重点仍是路透财经集团（原有的路透集团＋汤姆森财经）。

新华社在媒体集团化方面有着较好的架构，旗下公开发行的报刊有14家22种，其中包含国内发行量最大的报纸《参考消息》，新华网在国内新闻网站中排名第一，新华社还是国内最大的短信内容提供商。多种媒体布局在不断进行整合，通过机制的调整，在数字媒体条件下整合通讯社、报刊、音视频、出版、网站、手机媒体等平台。新华社完全可以成为国内一流的传媒集团。

要适应传媒发展的趋势，传统的通讯社就必须拥有足够的传播渠道和传播手段，拥有各类媒体，通过不同传播形态的组合，构成一条较完整的媒介产品线，从而达到较高的受众覆盖率和影响力，通过集团化发展来壮大实力。

新媒体时代给人类生活带来的是全面影响，未来媒体会发展成什么样子，研究者还在不停地设想。而通讯社的核心竞争力决定了它要以内容生产为主，从新华社的变革也可以看出，所有的改革都是为了一个目的：做好内容。因此，新媒体时代通讯社的发展特征，最重要的是本质不能变，即消息总汇的性质和职能不仅不能改变，还需要不断加强；而通讯社在新媒体时代的发展空间也以此为基础，从内容供应商做起，凭借数字技术创造的条件，兼顾到下游渠道领域，改变以往不与终端受众接触的传统，直接面向广大受众，建立更广阔的新市场。通讯社开始更加重视用户的需求，把用户至上的理念放在首位。

新媒体时代，通讯社要主动去适应新变化，探索新的发展途径。在运作模式上，通讯社在向网络运作平台转型，未来，通讯社可能会发展成为基于网络平台运行的新闻信息机构。通讯社通过主动寻求以自身的品牌和内容资源与新媒体良性合作，打通新闻信息产业链的上下游，形成具有竞争力的全媒体产业链，发展成多媒体新闻信息集团。

第4章

新媒体时代西方三大通讯社如何提升国际影响力

新媒体时代，地球被浓缩为一个村落，国际传播壁垒减少了，信息流动渠道丰富了，国际交流效率提高了。作为国际新闻信息传播曾经的垄断者，通讯社应该如何应对面对这样一个全新的环境？各国的通讯社都在思考和探索。美联社、路透社、法新社等世界性通讯社结合自身优势，制定了各具特色的新媒体战略，调整传统业务、开拓新兴市场、建设新媒体平台，以图在新媒体时代增强传播能力、扩大国际影响。

第1节　美联社

1.1　调整传统业务

面对新的传媒生态，美联社积极调整传统业务，满足媒体用户和受众的新需求。在传统业务领域的调整主要体现在三个方面：调整业务形态、调整报道内容、调整供稿与收费模式。

1.1.1　调整传统业务形态：裁减非英语新闻服务专线

2007年以来，美联社三度压缩非英语新闻线路。荷兰语专线、德语专线先后被成功销售给当地通讯社，而法语新闻专线的售卖计划因员工的抵制而流产。

荷兰语专线

2007年9月,美联社将荷兰语专线卖给荷兰 Novum 通讯社。根据收购协议,Novum 收购美联社荷兰语新闻线路后,将继续为荷兰的报纸、网站以及其他商业客户翻译美联社的国际新闻报道。美联社荷兰语新闻线路的员工全部转入 Novum 通讯社。与此同时,Novum 通讯社还获得美联社在荷兰的所有英语新闻和图片销售业务代理权。

法语专线

2007年12月,美联社计划将其在巴黎的法文专线出售给法国一家即将成立的通讯社。但由于美联社员工强烈抗议,2008年4月这项计划宣布流产。有意收购法文专线的这家新通讯社主要由法新社前社长贝特朗·埃韦诺(Bertrand Eveno)投资并管理。

根据当时双方协议,美联社法文专线将成为新通讯社的一个组成部分,负责报道法国新闻,翻译美联社的国际报道并提供给法国及法语国家的报纸、网站和其他用户。当时,美联社法文专线拥有28位全职记者和67位通讯员。根据计划,法文专线的所有员工将转入新通讯社。美联社巴黎分社负责图片、英文新闻和视频产品的职员则不会受到影响。新通讯社还拥有美联社英文新闻和图片在法国的独家经销权。美联社当时称,今后,其巴黎分社将和该社在世界各地的其他分社一样,将业务集中于英文文字、图片和视频报道。美联社法文专线的历史可追溯至1944年美联社巴黎分社的创立。

西班牙语专线

2008年3月21日,美联社宣布成立西班牙语部,合并、重组美联社的西班牙语人才,之前的西班牙语在线新闻部和翻译部都并入新的部门。资源集中共享使美联社有能力提供更加快速、全面的西班牙语新闻。美联社的西班牙语服务开始于2004年,主要是提供基于互联网的西班牙语新闻服务,新的机构成立后,同时为传统媒体和新媒体服务。2008年底,美联社同国内最大的西班牙语新闻提供商 impreMEDIA 合作,通过新闻交换的方式获得 impreMEDIA 新闻的发布权,这进一步增强了美联社西班牙语新闻的供稿能力。

德语专线

2009年12月,美联社将德语新闻线路出售给德通社(DDP),德通社同时获得为期15年的美联社英文产品代理权。

根据收购协议,原美联社德语新闻专线的110名记者编辑全部划归

DDP,生产流程和内部组织结构不变。美联社负责人透露说,收购之后,美联社在德语地区(德国、瑞士和奥地利)的采编人员数量下降到40位,今后主要为英文国际新闻线路工作,从事英文文字、图片和视频新闻采访。

收购之后,DDP有权在15年之内把美联社的新闻信息翻译为德文并在德语地区使用,美联社可以将DDP新闻翻译成英文并在德国之外的地区使用。

1.1.2 调整报道内容:突出娱乐、体育、财经报道

美联社近年来把更多精力放在了如何满足新媒体用户的需求上。美联社负责人在各种场合多次提到其新闻报道业务的全球战略重点:进一步扩大新闻报道范围,特别是加强对多媒体形态的娱乐、体育和财经新闻的报道,通过加强新闻采集、技术和营销来提升美联社在全球范围内的品牌知名度。

娱乐报道:尝试运行新机制

2008年3月,美联社宣布成立一个新的业务部门——娱乐新闻部,并于当年在洛杉矶、纽约和伦敦三地增加约20名专职娱乐记者。这个新的部门将致力于开发和生产媒体用户和普通受众喜爱的娱乐产品,产品形式以图片和视频为重点。

美联社新成立的娱乐新闻部有两点值得关注:一是这个部门是独立核算的,实行自负盈亏。这种运行机制在通讯社的传统业务中还是第一次出现。它表明美联社管理层对提高运行效率、控制成本高度重视,并试图找到一种更为市场化的运作机制。二是这个部门开发和制作的是图片和视频等多媒体产品,目标市场是网络和广播电视,这是将传统媒体业务与新媒体业务整合起来的一种尝试。

美联社的娱乐新闻主编杰西·华盛顿认为:娱乐是一个重要的增长领域,特别是顶级明星的图片报道更是如此。美联社会呈现给大家一个独特的新产品,综合视频、图片和文字三种形式,关注全球范围内的娱乐明星。

这个独特的新产品就是2008年8月推出的娱乐新闻产品"明星号外"(Celebrity Extra)。该产品主要聚焦一线明星,提供特写故事,涵盖背景、简介、时尚趋势等各个方面。明星号外分为视频版、图片版、网络版等多个版本,市场各有不同。视频版主要瞄准全球广播和网络市场。图片版目标市场则是各种网络媒体和传统报刊。网络版则从视频、图片、文字三方面补充美联社既有的以市场为主导的娱乐新闻报道。为了生产这些新的内容,美联社新增投入数百万美元,在洛杉矶、纽约和伦敦三地投入新的人力,并配备了先进的视

频生产技术设备。著名人物网站 People.com 成为其第一家签约用户。

美联社还有一项多媒体娱乐产品也打造得非常成功，这就是 2007 年 2 月推出的美联社娱乐在线服务。它以图片和音视频相结合的方式提供新闻、电影图片、音乐、庆典、娱乐、时尚等节目。

体育报道：探索合作新模式

2008 年 1 月，美联社设置了一个新的职位——体育产品全球主管，其职责是负责实施全球发展战略，实现营收增长，把美联社的体育产品发展成为全球领先的、多媒体的知名品牌。

目前，除了图片、文字以及 APTN 中的体育视频内容，美联社最为著名的体育产品是体育新闻电视网 SNTV。SNTV 可以称得上是世界最著名的体育频道内容提供机构，它由美国国际管理集团 IMG 的电视部 TWI（世界最大的体育节目制作商）和美联社共同组建。SNTV 集纳了合作双方的优势资源。一方面，依托美联社遍布全球的新闻采集网络，SNTV 的新闻采集点遍布全球 83 个地方，可以在第一时间发出现场报道。另一方面，利用 TWI 遍布全球的分支机构和与赛事组织者的良好关系与赛事主办方取得合作。SNTV 目前已经获得了全球 90%以上顶级赛事的报道权，这无疑给其发展插上了翅膀。

SNTV 不仅为全球 100 多家广播公司提供产品服务，同时，还为互联网和手机等用户提供视频产品。SNTV 的营销活动也相当成功，目前，其用户已经遍布全球，既包括美国的电视巨头，也包括中国的地方电视台。

在北京奥运会上，由几十人组成的美联社历史上首个电视摄像奥运团队也亮相北京。合作给美联社的体育新闻报道带来生机与活力，除了与 NBC 合作，其新设奥运专题产品“夏季奥运+”主要是由美联社与 STATS 公司合作提供。STATS 由美联社和新闻集团共同拥有，在巴塞罗那、北京、芝加哥、香港、伦敦、洛杉矶、米兰、孟买、纽约、东京等地设有办事处，拥有超过 25 年的体育资料收集、处理和发行的经验。由 STATS 提供的统计资料服务比起美联社的传统服务来更加详细和深入，受到网络等新媒体用户的欢迎。

财经报道：加强重点领域报道力量

2004 年起，美联社开始向北美的客户提供财经报道服务。到 2008 年，美联社专职从事财经新闻报道的记者已经达到 64 名。美联社涉足财经新闻领域的时间并不长，但发展至今，却收到较高的利润回报。美联社社长柯里曾公开表示，这一领域的利润率高达 30%。目前，美联社正在同欧洲、亚洲包括中国在内的众多合作伙伴进行洽谈，以便将金融新闻服务推广到这些国家和地区。美联社对进入该领域信心十足，因为他们认为，彭博、路透的主要受众是专业的交易员，而美联社的金融新闻主要是写给那些对货币市场和公司感兴趣的普通读者的，受众范围显然更大。美联社宣称，其目标是尽其所能以在竞争激烈的财经新闻领域取得更大成功。

2008年7月，美联社对其财经新闻部门进行了调整，强化深度报道和独家报道，涉及领域主要包括金融市场、经济、零售业、技术、传媒娱乐业、健康、制造业、航空业、能源、房地产和个人理财等。财经记者被主要分派到纽约、华盛顿以及其他28个国内分社，以提供各领域最权威的报道。此外，在国外分社工作的数十名财经记者也会提供相关报道。

1.1.3 调整收入模式：改革供稿与收费计划

新媒体崛起改变了传统的传媒生态，也改变了通讯社与媒体的关系。顺应这种变化，美联社董事会于2009年1月起正式执行酝酿已久的新闻供稿与收费调整计划，该计划使美联社成员报纸的成本降低约600万美元。

改革之后，仍按原来的收费模式向成员报纸提供当天国内外的动态新闻。此外，报纸可根据自己的需要选订新闻分析、商业、体育、娱乐等方面更为深入的报道，但需另外付费。

改革后，有80%的成员报纸所需支付的费用得以降低，10%保持不变，其余10%可能有一定程度的增长。总共可为用户降低成本约600万美元。如果这些成员报纸加入新闻索引服务计划，那么他们的成本有可能进一步下降，该项服务预计有可能为成员报纸再节省700万美元的成本。

改革后实现的用户按主题“照单点菜”是美联社历史上的第一次，对于增强用户选择灵活性的作用是显而易见的。另外，通过美联社基于网络的“AP Exchange”平台，成员报纸可以在一个较大的范围内方便地选择自己需要的内容。

分析人士认为，美联社经营模式的改革既是基于目前传统媒体的经营压力，希望通过减轻传统媒体用户的成本压力来维持用户忠诚度；另一方面，也是对新的盈利方式的进一步探索。让用户按照主题“照单点菜”等新的发展模式就目前看来效果还有待检验，但倘若发展顺畅，收效明显，就极有可能在更大的范围内进行推广，成为通讯社传统业务经营的未来趋势。

1.2 不断推出新兴业务

美联社以新媒体建设为契机，大胆进行以新技术为支撑的业务创新。近年来，美联先后尝试推出的新媒体业务就包括在线视频、ASAP、新闻博客、移动新闻网、“问美联”等数十种。ASAP 等一些创新性业务运行一段时间后被市场所淘汰，但在线视频、新闻博客、移动新闻网等许多新业务发展良好，成为美联社在新媒体时代的盈利支撑点。

1.2.1 在线视频

2005 年以来，美联社在电视新闻之外，还大力发展在线视频网（AP Online Video Network）。2006 年，美联社开通了在线视频网（AP Online Video Network）。2007 年，美联社又对在线视频网络重新调整，推出一个新版在线视频平台，允许其会员上传视频、加注标签以及在视频上售卖本地广告。经过 10 多年的探索和发展，美联社多媒体和在线视频业务已日臻成熟，并成为新的收入增长点。

1. 以国际视频与体育视频为强项

美联社于 1979 年开始提供电视新闻服务，20 世纪 90 年代是美联社电视业务突飞猛进的 10 年。

国际新闻视频：1994 年，美联社在英国伦敦成立电视部（APTV），推出国际新闻视频服务。为了快速拓展国际视频业务，它于 1998 年购买了国际电视新闻视频公司（WTN）。该公司的母公司为美国 ABC 电视台（ABC News）、英国独立电视新闻（ITN）、澳大利亚第 9 频道。与此同时，美联社电视部更名为电视新闻部（APTN）。这次并购极大地增强了美联社的视频制作实力，迅速奠定了其作为世界领先视频通讯社的基础。

体育新闻视频：1996 年，美联社电视部与世界最大的独立体育节目供应商寰宇国际（TWI）合作，组建体育新闻视频公司。强强联手使美联社在体育新闻视频市场中处于领先地位。到 2004 年底，美联社通过海外 80 多个分社和全球卫星网络，向世界各地的 550 多个电台、电视台、网站、宽带和手机用户提供国际新闻视频直播、体育新闻视频直播以及娱乐新闻视频直播节目。

2. 逐步拓展合作范围

2005 年底，美联社向会员报纸、广播电台、电视台提供全套技术解决方案，帮助他们在自己的网站推出在线视频。美联社广播新闻部副总裁吉米·

威廉姆斯说："节目以制作者的名义播出，我们支付主机内容和串流内容的费用，并提供国内和国际新闻素材，会员可根据需要上载地方新闻和广告。"2006年3月，美联社与微软MSN合作，向450家签约会员网站推出重大新闻视频服务，截至2008年初，美联社吸纳了近2000家在线视频网络用户，其中大多数为报纸、广播电台、电视台网站。2008年4月，AnswersTV——一家专门为网站和其他视频点播平台制作健康和生活节目的美国电视台，与美联社达成协议，通过在线视频网络播发健康频道的节目。近2000家在线视频网络用户不仅可以接收AnswersTV的健康节目，而且可以将其与自己网站的相关内容串连，通过深度报道，吸引更多的保健品广告商。

3. 内容来源日益丰富

美联社在线视频网的节目主要来自美联社视频新闻采集部门APTN，他们每天负责提供50条视频新闻，每条固定时长约一分钟，内容包括美国国内新闻、科技新闻、国际新闻等，以国际新闻为主。调整之后，将进一步强化本地内容，允许报纸、广播等合作伙伴上传他们的视频内容。这些视频内容既可以是专业人员制作的，也可以是受众自制的。这一方面显示美联社对本地视频市场的重视，另一方面也可以看出受众自制内容正发挥越来越重要的作用，传统媒体都在想方设法利用这一资源。调整之后，美联社在线视频平台的视频片断总量将达到750万条。

4. 盈利模式进一步完善

美联社在线视频网的视频节目收入分配情况为：报纸网站拥有全国广告收入的20%，余下的部分在美联社和微软公司之间进行分配。在允许用户上传视频节目之后，这一模式也会做出相应调整。用户上传内容获得的收入可以在用户、MSN和美联社之间进行分配。另外，用户还可以通过Atlas广告平台获得一定的本地广告收入。

5. 国内视频市场潜力无限

尽管美联社的视频直播节目在全球赢得巨大的市场份额，但在国内视频市场上的表现却不尽如人意。为了拓展国内市场，美联社采取了一系列措施，与美国有线电视新闻网(CNN)、美国全国广播公司(NBC)等视频生产商一争高低。除了提供更多经过加工而不是新闻素材的视频节目外，还通过加强对国内新闻的视频报道等手段改进服务。例如：在2004年11月美国总统大选夜，美联社现场直播了纽约、斯波坎、华盛顿等地的选票统计情况。

从2008年2月起，美联社在著名视频分享网站YouTube上开通了自己的频道。美联社由专门的编辑人员负责每周上传大约250条视频内容。上传的内容中既有经过编辑的新闻报道,也有未加剪辑的素材。上传视频内容到YouTube平台是美联社拓展视频内容非传统生存空间计划的一部分。

1.2.2 ASAP

2005年9月19日,美联社推出了一项名为ASAP的新闻业务,并为此成立了一个专门的ASAP部门。

英文中ASAP是AS SOON AS POSSIBLE的缩写,同时也包含美联社的缩写AP,这是一项针对年轻读者的多媒体新闻业务,目标受众是18～34岁的年轻人。ASAP主要向美联成员提供原创的文字、图片、音频和视频新闻。该部门共有员工24人,在丹佛、洛杉矶和纽约都有自己的记者。ASAP有大约200家签约用户,报纸用户可以自由使用ASAP提供的网络版新闻和文本新闻,并可以用各种方式进行组合。

美联社的举措在年轻受众中反响良好,并获得了由美国著名媒介研究杂志《主编与发行人》组织评选的奖项"Eppy award"。这是全球最大的新闻网站评选之一。

不过,2007年8月,美联社宣布,计划关闭其已经运行两年时间的多媒体业务ASAP。据内部人员称,关闭该业务更多的是出于经济方面的考虑,收支的不平衡导致该业务的开展难以为继。

1.2.3 新闻博客

为了吸引年轻受众,美联社2007年推出新闻博客"纵横",成为较早采用博客这一新技术的通讯社。这个新闻博客随时更新,通过美联社驻世界各地的记者的视角告诉人们最新发生的事件。博客文章涉及年轻受众感兴趣的国内国际新闻、娱乐、生活方式、科技和体育等话题。博文形式多样,包括文字、音频、视频和图片。

新闻博客"纵横"开通后,关注的首个重大事件是弗吉尼亚校园枪击案,记者从案发现场不断发回最新的文字报道,并配合音频和视频,让读者能够全方位了解新闻事件。与美联社一般新闻不同的是,新闻博客让读者有机会了解编辑人员处理新闻稿件的背后故事,对整个新闻事件有更为全面的了解。

美联社的所有采编人员,包括摄影记者、音视频记者以及策划人员,都可以为这个博客提供最新鲜的内容,博客作者甚至还会为读者提供不在美联社发稿线路中公开发布的独家内容。这个博客是由美联社专门服务年轻受众的ASAP部门具体负责的。

1.2.4 移动新闻网

2008年，美联社首席执行官汤姆·柯里宣布成立手机新闻平台——移动新闻网，为包括苹果公司手机 iPhone 在内的智能手机用户提供新闻报道。其内容主要是美联社成员报纸的地方新闻集纳，以及美联社自行采集的全国新闻和世界新闻。移动新闻网产品的最初形式只包括文字新闻和图片，不过，提供音视频新闻也已经在紧锣密鼓的筹划当中。

移动新闻网的成立使得美联社各成员报社有机会在快速发展的移动媒体市场争得一席之地。成员报纸可以通过提供本地新闻的方式加入到移动新闻网当中，他们的 LOGO 将随其提供的新闻一起出现在用户的手机上。重要的是，该产品也为各成员报纸提供了一个新的广告发布平台，通过这一平台，他们可以方便地把本地广告卖给移动终端用户。

移动新闻网是美联社全数字平台"数字合作"的第一项产品，目的是为美联社的成员报纸寻找进入新媒体发展空间的通道。近年来，美国报业市场低迷，广告收入持续下滑，许多报纸不得不通过裁员等方式来压缩成本，减轻压力。美联社的这一新平台无疑为他们在困境中的发展提供了新的机会。同时，也为广告商提供了一个接触全国受众的机会，特别是接触到喜爱使用新媒体产品的年青一代受众。

为了更好地吸引用户眼球，美联社还与上游的手机生产商和渠道运营商进行合作，为手机用户提供更加舒适的定制界面。通过这一平台，用户也可以在自己的博客上提供本地新闻链接来进行相互间的交流和信息分享。

1.2.5 嵌入网络游戏

2007年1月，美联社正式为一款名为"WⅡ"的游戏终端提供多种语言的在线新闻服务。这是继路透社之后，又一家世界性通讯社把新闻业务拓展到网络游戏领域。

为 WⅡ提供5种语言新闻

WⅡ是日本著名游戏公司任天堂开发的一款游戏终端，根据协议，任天堂在 WⅡ游戏终端上开通一个新闻频道，新闻内容则主要由美联社提供。WⅡ游戏玩家只要用宽带上网，并且安装 Opera 浏览器，就可以在游戏中浏览新闻频道。WⅡ新闻频道的界面是一幅互动的世界地图，玩家只要在自己感兴趣的国家上点击，就可以通过任意放大或缩小地图，来查阅所选择地区的新闻。

美联社供给 WⅡ游戏玩家 5 种语言的文字和图片新闻，包括英语、法语、西班牙语、德语和荷兰语。美联社提供的所有新闻和图片上都有美联社的标识。此外，WⅡ游戏终端上还有日语新闻，由日本一家名为 GOO 的新闻机构提供。

1.2.6 “问美联”(Ask AP)

2008 年 1 月 18 日，美联社集合记者资源，推出用户问答服务项目“Ask AP”。通过这一平台，美联社联合自己在世界各地的记者回答用户提出的有关报道的问题。话题涉及政治、体育等各个领域。读者有问题就可以将问题通过电子邮件发送到 newsquestions@ap.org，回答将出现在美联社的“问与答”栏目中，目前这一栏目有网络在线版和报纸版两种形式。栏目一开通，就收到了读者们涉及各个领域的问题，事实上，不管一篇报道写得多么深入全面，总还是会有对此有兴趣的读者想要了解更多的信息。通过“Ask AP”，读者就能从熟悉该领域的记者那里知道更多的细节。

1.2.7 “经济压力指数”和互动地图

2009 年，为了判断美国国内不同地区的经济衰退和复苏程度，美联社于 5 月 18 日推出“经济压力指数”和“经济压力互动地图”服务，按月更新，衡量范围达到县级层面。

美联社“经济压力指数”有三个变量：失业率、抵押止赎率和破产率。根据这三个变量生成一个范围在 0～100 之间的分值，通过对不同县的分值进行比较，来衡量经济衰退对某一个县的影响。然后，这些分值将在美联社“经济压力互动地图”上标出，勾勒出美国经济的变化图景。这一地图将按月更新每个县的经济压力分值，以及失业率、止赎权和破产率。随分值同时更新的还有为数据提供背景和阐释的一系列文字报道、图片、视频等。

美联社“经济压力互动地图”从 5 月 18 日开始运行，所有美联社“代客定制新闻”(Hosted Custom News)订户均能在 30 天内免费使用这一服务。“代客定制新闻”是一项在线新闻服务，拥有 750 多家互联网站订户。

随后，美联社还将按月推出需要额外付费的产品，包括有选择的州级层面的报道、更新的互动地图以及界面友好的基本数据。所有美联社成员将会连续收到每月国家新闻、图片和一张标示着每个县经济压力指数的有图表的地图。

1.3 数字化转型与媒体融合

美联社通过积极实施“电子美联”战略、加强多媒体数据库战略等措施，迅速实现了从传统通讯社向以多媒体技术为支持的现代化通讯社的转变，并打下了媒体融合的初步基础。

1.3.1 多媒体数据库建设

美联社一直非常重视并积极采用先进的通讯技术。在应用互联网技术和数字化转型方面，美联社走在了世界各大通讯社的前列。

美联社早在1995年就开始发展网络业务。1996年10月，美联社推出了为其成员服务的新闻网站“连线”(The Wire)，其内容包括所有美联社报道、照片、图表、音频和视频新闻、股票报价等，是美联社的多媒体新闻网站。它不仅能随时在网上发布全球最新消息并实现24小时更新，还可以使美联社的所有成员把该网站改为自己的网站：在该网站上打上自己报纸或广播电台的名称并加入自己所在地的广告，实现该网站与其他网页的链接。“连线”被视为美联社网络业务的基石产品。

1996年，美联社为英国广播公司生产了一个顶级编辑部电脑系统，该系统连接着文字新闻、音频和视频新闻，被称为“电子新闻生产系统”。

2000年3月28日，美联社宣布成立一个名叫“美联数字”的新部门，专门向网络媒体提供多媒体产品。它提供的产品和服务有：文字、图片、音频、视频和图表，其具体内容有：美国新闻、国际新闻、时事政治、体育、娱乐、重大事件、饮食与减肥饮食、健康、技术、金融、股票报价、商业、生活格调、州和地方新闻、天气及天气预报、华盛顿新闻等。

美联社的照片和图表数据库内容丰富，该数据库贮存有美联社历史的和当今的70多万张分门别类的照片，美联社图表银行(AP Graphics Bank)贮存着好几千幅新闻和股票的图表(包括地图)。美联社照片和图表服务内容有：美联照片源流(美国)、美联世界照片存贮、美联亚洲照片服务、美联法国照片服务、美联德国照片服务、美联意大利照片服务、美联拉美照片服务、美联每日照片摄影室、美联每周照片摄影室、美联体育一周照片摄影室、历史上的今天、美联照片档案、美联图表银行。它能快速、有效地向美联社成员和世界范围的用户通过互联网提供美联社的照片和图表。

美联社与真实网络公司于2000年2月9日宣布联合推出一项为媒体网

站服务的即时音像新闻业务——美联流媒体新闻(AP Streaming News)。它向美联社的成员报纸和广播电视机构提供口播新闻摘要、定期电视新闻播报、主要新闻报道的录音及录像,每天还有选择地提供对一些重大事件的现场直播。这项服务可以使媒体在不大幅增加人力和技术投入的情况下,实现自己网站内容的多媒体化。美国许多大报都在使用"美联流媒体新闻"。

1.3.2 "电子美联"计划

美联社社长兼首席执行官汤姆·柯里在上任4个月后就推出一项名为"电子美联"的计划(EAP)。计划的核心是建设一个基于互联网的、集美联所有内容于一体的、互动式的多媒体数据库。"电子美联"计划由6个部分组成:

a. 电子存储系统:美联社的所有内容产品的存储中心。

b. 记者采访指挥系统:这是一个全新的电子系统,其作用是进行采编系统内容分配、协调并跟踪记者采访线索,这一系统的部分内容向用户公开。

c. 电子分类系统:对数据和信息进行电子分类、作标记及搜索系统。

d. 电子打包系统:是供编辑将不同类型的内容打成多媒体数据包的工具,方便用户将打包好的数据包在报纸版面、网页、电视频道及无线设备上使用。

e. 电子传送系统:通过互联网将美联社的内容提供给用户,并在技术系统上与用户高度整合。

f. 电子技术解决系统:为用户提供技术和技术服务。

"电子美联"是针对传统通讯社运营模式存在问题的解决方案。首先,"电子美联"可以满足互联网以及传统媒体的多媒体新闻信息需求,文字、音频和视频新闻不是被分散在不同的发稿线路上,而是以新闻事件为核心进行多媒体组合式发稿,提高了用户的使用效率。

其次,"电子美联"具有可搜索性和互动性。在传统运营模式下,用户查找自己所需内容时必须在各个线路上逐条查询,而EAP则可以为用户提供搜索引擎查询,只要输入相应的关键词,就可以搜索到相应的内容。

此外,"电子美联"还可以实现美联与用户之间的互动。一方面,用户可以通过EAP系统随时与美联进行互动沟通,如遇到技术问题时获得在线技术支持,在线查询美联相关新闻事件采访进展情况等等;另一方面,美联社可以通过与用户的互动了解用户需求,不断调整产品与服务。

"电子美联"对于传统运营模式的另一重要意义是,为通讯社销售模式由批发向零售兼批发提供了可行的低成本的技术平台。通讯社目前使用卫星和专线技术传输不但成本非常高，而且不适用于零售的供稿方式，而 EAP 则建立在互联网的技术平台上，在支持低成本传送的同时，也在技术上提供了零售销售方式的可能性。

遵循这一计划，2004 年美联社成功创建了一个多媒体数据库，用于存储文字、图片、图表、音频和视频信息。美联社记者和用户登录浏览器输入密码后即可进入数据库查询。数据库的应用，使报纸用户获得了前所未有的海量信息，除文字和图片外，还有视频新闻。全球的商业网站和移动网络等许多新客户，也可进入数据库进行目标搜索。随着网络环境越来越依赖搜索、链接和共享，2007 年，美联社又顺应潮流，将会员报纸的图片和新闻报道放入数据库中。会员不仅可以共享报纸内容，而且网站相互链接。通过点击文章标题、作者或检索关键词等方式，用户可获得关于某一新闻主题的大量报道。

借助"电子美联"工程，美联社逐渐告别了传统通讯社的运营模式，向一个面向互联网时代需求的多媒体通讯社全面转型。

1.3.3 在线版权保护计划 AP3P

为了应对完全免费的网络新闻和信息冲击，保护在线版权，为传统媒体机构带来更多的流量和实际收益，美联社推出了一项名为 AP3P 的计划。2009 年 10 月的世界媒体峰会上，美联社社长兼首席执行官柯里详细介绍了这项在线版权保护计划。

所谓 AP3P，是这项计划的三个步骤：第一步是保护（Protect），即保护已发布的新闻内容不在未授权的情况下被盗用；第二步是指示（Point），即对已发布的新闻内容进行更好聚合和索引，以便用户能更加轻松地找到需要的新闻内容；第三步是支付（Pay），即启动新的已发布内容使用许可模式，最终支持用户实现在线支付。

目前，AP3P 计划的第一步 Protect 正广受业界关注。为了保护在线内容不被盗用，美联社创建了一个"新闻注册"系统。这个系统给所有的美联社在线内容贴上标签，并且通过一个内置的信标实现随时跟踪。标签内容包括新闻的作者、出处以及使用权限等其他信息。通过这套系统，美联社可以跟踪每一条新闻报道在网络上的使用情况，希望能借此阻止第三方在未获得许可的情况下使用其内容。美联社所有加盟成员制作的新闻，也可通过一个名叫新闻地图（News Map）的系统自动提交给美联社，添加上标签之后，再返回到各成员机构。这个新闻注册系统 2009 年底已经涵盖美联社全部文字新闻，并且最终扩展到美联社的图片和视频内容。

美联社提议在所有新闻网页上添加描述性标签，即每一篇新闻网页都注明作者、出处以及版权保护内容的使用权限等其他信息，以便搜索引擎可以更为便捷地进行识别。

美联社是和英国的非盈利性机构媒体标准信托（Media Standards Trust）合作开发这一系统的，媒体标准信托的宗旨是支持高质量新闻标准。

美联社的这一举措，是大型综合性新闻机构重视网络版权的又一个新例证。2008 年，美联社要求博客作者罗杰斯·卡登海德从其博客上撤下几篇美联社新闻，因为这些新闻的使用方式不符合美联社的相关规定。2009 年初，美联社就曾宣布，它将推出一个注册计划，防止在线非授权使用其新闻内容。2009 年，美联社和谷歌关于新闻版权的纠纷也进入一个新阶段。美联社希望通过规范化管理来实施自动监测，强化在线版权保护。

与美联社通过技术实现版权保护的思路相同，其他一些图片机构也已开始通过自动跟踪来保护其内容不被盗用。盖蒂图片社以及全球第二大图片公司考比斯（Corbis）等图片机构已经开始使用 PicScout 的 Image Tracker 来寻找版权侵犯者。

第 2 节　路透社

2.1　路透发展新媒体业务的策略

路透的新媒体发展战略与现任总裁汤姆·格罗瑟有着非常密切的联系。汤姆·格罗瑟一向倡导新媒体技术的运用，他在 2004 年上台之后就带领路透在发展战略上做出了一系列调整。2005 年 3 月 2 日在伦敦举行的网络出版商协会大会上，汤姆·格罗瑟介绍了路透在数字媒体时代利用新媒体为自身发展服务的主要战略。他说，传统媒体必须意识到小网站、博客及其他新内容提供者等新媒体的巨大影响，对这些事物“保护主义行不通，完全举手投降也不行。作为媒体机构，我们现在面临丰富的资源，不要将所有这些具有巨大潜力的新媒体拒之门外，而要理解它们，利用它们”。

从汤姆·格罗瑟上台后的一系列举措和在各种场合的讲话中，不难发现路透新媒体发展战略的基本思路：

一是路透的产品要出现在所有可能的新媒体平台上。

路透的目标是使用户能利用手中的任何网络接入工具，如台式机、手提电脑、掌上电脑、移动电话以及诸如此类的所有新产品，获取路透的新闻信息服务以及更多的新型服务。汤姆·格罗瑟认为，内容提供商如果不具备为多种技术平台提供新闻信息的能力，就注定失败。这种技术平台可能是网络电视或第三代移动电话，也可能是某种像迷你音乐播放器一样的接收终端。具体是哪种形式将由消费者做出决定。

二是路透新媒体业务的受众群将从媒体用户向个体消费者倾斜。

2005 年 3 月 7 日，汤姆·格罗瑟在伦敦《金融时报》举办的"新媒体与广播研讨会"上发表演讲，他将消费者媒体市场视为路透未来增长的重要的助推器。他说："我们立志今后在开展直接面向终端消费者的业务方面有更多的作为。"为了确保新媒体发展战略的有效和顺利实施，路透采取了一系列组织保障措施：

一是成立新媒体公司负责具体运作。

1999 年 7 月，路透社成立了"路透新媒体国际公司"(Reuters New Media International)。该机构是路透对新媒体业务的一次扩张，主要负责把路透的内容卖给网站和其他的新媒体。主要服务内容包括：路透网络商业报告、路透科技报告以及路透世界新闻。路透的网络用户几乎囊括了所有大型网站，如雅虎、纽约时报网等 1400 多家网站。新媒体国际公司是路透集团新成立的"路透社创投公司"的一部分，该创投公司主要致力于互联网和电子商务领域的业务，以拓展其欧洲、亚洲和拉丁美洲的互联网出版业务为主要目标。

二是建立路透实验室，为新媒体业务发展铺平道路。

路透实验室是路透新媒体业务的试验田，在路透的新媒体战略进程中有着举足轻重的作用。路透社的网站上建设了路透实验室。通过路透实验室，路透社向用户展示其最新的新媒体业务和产品，特别是无线领域的新业务。用户可以通过这一平台试用、评价这些新业务，并提出自己的意见和建议以便路透做出进一步的改进。实验室为路透新媒体业务正式投向市场做足了准备。大胆设想，积极行动，小心求证，谨慎投入市场，是路透新媒体发展的一贯做法。

为了实现上述战略，路透在发展新媒体业务方面探索并逐渐完善了一系列基本策略，主要归纳为下面三点：

2.1.1 策略之一：反应迅速，多头出击，全方位抢占新媒体市场

正是看到了新媒体市场巨大的潜力，路透在新世纪的发展战略中明确地

把直接面向个人的新媒体作为新的经济增长点和业务重点。其策略是:敏锐捕捉任何新媒体出现所带来的市场机会,并及时切入卡位,力争实现对新媒体领域的全方位介入,取得先发优势和渠道优势。

近年来,路透在很短的时间内就介入了几乎所有新媒体领域,包括博客、播客、手机电视、网络电视、即时信息,甚至网络游戏领域等等。

路透网站

路透网诞生于1996年,如今已经发展成为其新媒体业务的核心。在新媒体业务发展的初期,为了抢占网络市场,路透把自己的新闻信息全部提供给了各大网站。但从2004年起,路透公司开始减少让雅虎等第三方公司在网络上刊登路透财经新闻的授权,限制在结盟网站上登出的路透新闻篇幅,不再允许全文刊出,以便把完整的财经信息服务保留给付费订阅的企业客户和自己的网站路透网。同时,路透大力宣传自家网站提供的一般新闻与视频新闻。这一系列措施为路透网站争取到了更多的广告收入。

路透博客

路透社的博客业务主要包括两个大的方面:一是在路透的网站上开设博客频道;二是与博客网站或专业公司合作拓展博客业务。

在自建博客平台方面:路透博客的网址是 http://blogs.reuters.com。路透博客主要讲述新闻背后的故事,鼓励记者、编辑、策划人员与受众之间的交流与互动。博客分类有按照主题划分的,比如路透编辑博客、路透摄影师博客以及路透高端访问博客、娱乐博客等等。也有按照事件进行划分的,比如2007奥斯卡、伊拉克战争等等。目前,路透博客已经颇具规模,有不少路透的记者、编辑在此开办博客,最大化利用路透的新闻信息采编资源。

2006年11月,路透集团向美国一家从事博客业务的公司布拉克(Pluck)投资700万美元,并表示将把在全球范围内推广博客新闻和评论作为其新媒体战略的重要一步。

除与布拉克结盟之外,路透社还与全球之声(Global Voices)这样的国际性博客评论网站合作。除了美国和欧洲地区的博客之外,“全球之声”网站聚集了一批来自欠发达国家的博客,这在路透看来是个重要的信息源。

路透移动业务

早在1998年,路透就启动了其移动网络业务计划,通过网络或其他无线设备为用户提供24小时更新的新闻信息和金融数据。

2005年初,路透开通了一项向英国和美国的手机用户提供免费新闻的服务。70多款手机的用户每天可以接收到路透发布的10条新闻,每条新闻都配有现场图片。该业务现已在英国、法国和美国开展。目前，路透的手机业务已经涵盖了手机短信、手机广播、手机电视等形式，并且还在不断地探索、改进。

通过手机，路透为用户提供娱乐、体育、科技等新闻信息，全球上百个城市的天气、航班延误等服务信息以及股市交易情况等金融信息。

通过两种途径可以获得路透无线的服务：一是通过手机短信发送 NEWS 到 25669；一是通过手机登陆路透无线的网址 http://mobile.reuters.com。如果需要退订，只需发送 STOP 到 25669 即可。

路透无线还推出了高级无线服务，该服务对接收设备有较高的要求，所以还未能推广开来。该服务的最大特色是能够随时更新新闻信息，包括最新的时事信息、商业信息、股票信息等，主要目标受众群是高端商务人士。

路透网络视频

2005 年 12 月 20 日，路透宣布试运行“网络视频联盟”项目，允许加盟的报纸、杂志、金融网站、博客及其他新闻网站在自己的主页上播放路透视频新闻。

加盟网站只需安装一个简单的播放软件，就能接收并播放路透视频新闻。这个播放软件同微软和苹果两套系统都兼容，嵌入在加盟网站的主页上，网站访问者无需自己安装播放器。路透提供的视频新闻内容覆盖全球，全天随时更新，每天 15～20 条，每条新闻前有约 15 秒的广告。

路透推出“网络视频联盟”主要是为了占领两个目标市场：个人网站，尤其是众多的博客网站；报纸、杂志、金融网站及其他新闻网站。这两个群体都有相当数量的观众，但缺乏视频新闻制作能力（特别是全球视频新闻的制作能力），都希望用路透的节目充实自己的网站。“网络视频联盟”主要与网络视频运营商 Brightcove 进行合作。

路透互动电视

2004 年 10 月 12 日，路透首先在美国开通了网络电视新闻频道。使用微软多媒体电脑的上网用户，可以接收到路透提供的未加剪辑的全球突发性事件电视新闻素材，还可以接收来自主要金融中心城市最新的商务和市场信息。此外，这一频道还提供娱乐、时尚、社会新闻。用户不但可以看到最新的报道，还可以调阅最近 7 天的所有新闻。

2005 年 2 月，路透集团又宣布同微软公司合作，在英国开播路透网络电视新闻频道。

路透即时信息

2002年10月，路透推出的Reuters Messaging，是专为全球金融服务业开发的实时传讯服务，可靠、安全又快速。这项服务由路透、微软及逾三十家金融机构共同开发，能让金融专业人士与同事、客户实时沟通。

2003年，路透公布了与美国在线的合作协议，其中包括AIM、ICQ在内的互连接协议。当年，路透还进行了与IBM公司的Lotus Instant Messaging系统的互操作试验，以及与微软公司的MSN Messenger的合作计划。

2005年11月，路透集团再次签署合作协议，与微软MSN和美国在线连通，向这两大公共信息服务商提供网络即时信息通讯服务，路透也因此成为世界上第一家向公共信息服务网提供这一服务的媒体机构。

路透集团宣布，路透即时信息通讯5.0的用户从2005年11月21日起，均可与世界各地使用公共即时信息通讯服务网络的专业金融从业人员安全地交换信息。此外，路透即时信息通讯5.0还为用户提供聊天室服务，便于用户通过聊天室相互沟通，共享市场信息，从而更快更好地进行经济决策。从事金融业的公司和机构也可以通过这些聊天室寻找合作伙伴，分享最新市场动态与研究信息。

网络游戏

数字媒体技术开辟了一片片全新的传媒空间，网络游戏就是其中极具发展潜力的天地之一。路透社从2006年10月18日起，在热门网络在线模拟游戏"第二人生"(Second Life)设立了记者站，为"第二人生"的游戏玩家以文本、图片和视频的形式发布来自现实世界的新闻。同时，现实世界的读者也可以访问路透社新设立的网站(http://secondlife.reuters.com)，了解"第二人生"游戏中的新闻事件。

业界评论家对路透在虚拟世界中建立分支机构有不同的评论。支持者认为，作为一家有着150多年历史、以保守和品质著称的老牌通讯社，能够涉足网络游戏这么前沿的领域，充分显示了其变革的勇气。也有人不看好路透新闻在虚拟世界中的前景。

其实，路透如此直接地将新闻业务介入网络游戏之中，主要是出于接近年轻读者与探索新盈利渠道两个战略考虑。一方面，对路透而言，150多年的历史、高品质新闻以及严谨保守的风格固然是品牌和优势，但有时候也可能是包袱。充满年轻血液的网络游戏，也许能够为这家老牌通讯社注入新的活力。另一方面，"第二人生"目前已有90多万用户注册，2006年，美国网络游戏玩家数量达到1.17亿。路透的网络游戏新闻记者站如果能够吸引到足够多的

"眼球"的话，也许有可能打开一个新的市场空间。

2.1.2 策略之二：适应新趋势，利用新技术，改进和加强传统业务

对通讯社的传统业务而言，新媒体的迅速发展固然带来了很大的冲击和新的压力，但同时也提供了新的动力和条件。尤其是新媒体的技术优势，可以帮助通讯社大大改善现有的传统业务，并为其注入新的活力。关键在于通讯社本身是否能适应新媒体发展带来的新闻传播新趋势，能否利用好先进的新媒体技术。

路透总裁汤姆·格罗瑟认为，路透社这样的传统媒体在新媒体时代的角色应该是内容促进者、工具提供者和编辑，应该着力做好以下三个方面的工作：

其一，邀请"平民记者"供稿。例如，吸取博客等的内容为"我"所用。

其二，向媒体消费者提供开放性的工具，使他们可以按照自己的愿望与需要过滤和搜索信息。

其三，对内容进行精心编辑。消费者选择某家媒体而不选择另一家媒体，主要取决于对这个媒体的信任，对这个媒体编辑技巧的信任。网上信息浩如烟海，但并非所有的信息都有价值，传统媒体的作用就是要经过过滤和编辑，帮助消费者"沙里淘金"。

为此，路透制定的策略是，根据数字时代新闻传播的新特点，尤其是用户及受众心理和需求的新变化，根据新媒体发展的技术特点，对传统业务进行一系列的调整、改革和创新，以增强竞争力，提高在传统新闻信息市场的影响力。

1. 采集环节：拓展信息来源

路透社在拓展新闻来源方面有两项措施值得借鉴：一是通过参股博客公司集纳网络信息；二是建立公众投稿系统，接受受众自制的内容，"将所有人都变成路透社的通讯员"。

A. 参股博客公司，集纳网站信息

2006年路透集团投资从事博客经营业务的布拉克公司，网络新闻来源大大增加了。通过布拉克公司运营的Blogburst网站，路透曾经在30天之内，先后采用了12篇同一个博客"电影学院落榜生"撰写的电影评论，成为路透利用博客增加新闻信息来源的一个典型案例。

路透集团媒体部门主管柯里斯·阿亨说："参股布拉克公司的目的，就是要将全球博客上发生的新闻事件和新闻评论加以提炼和编辑，并为我所用。"根据路透的规划，Blogburst的博客业务还将陆续推广到它分布在全球数以千

计的媒体用户中。同路透的规划一致的是,布拉克公司也打算充分利用路透社的资助,首先大力扩展欧洲市场的业务,然后在亚洲市场拓展。

B. 建设公众投稿系统,接受受众自制内容

路透的公共投稿系统从 2006 年 12 月 5 日起开通。路透在其网站 www.reuters.com 上展示由公众提供的新闻图片和新闻视频。此后不久,路透开始把其中一些新闻图片和新闻视频提供给自己的媒体使用。

对这一公众投稿系统,路透集团媒体部门主管柯里斯·阿亨评论说:路透非常重视拓展自己的新闻来源,一直以来就有向自由撰稿人和兼职摄影师购买新闻图片的传统。建立这样一个公共投稿系统来获取新闻图片和新闻视频,延伸了路透的触角,相当于“将所有人都变成路透社的通讯员”。《纽约时报》这样评论路透的这一系统:这是路透社近年来拓展新闻源的又一新招,这一做法将为路透的文字新闻报道带来丰富的图片。

路透的公共投稿系统是和雅虎联合推出的,雅虎负责建设投稿系统以及接收公众稿件,路透则负责编辑公众投递的稿件并向用户推荐。路透承诺,编辑过程同处理专业记者提供的新闻照片和视频稿件没有区别,普通公众的作品享受的完全是“专业记者的待遇”。

路透的公共投稿系统为通讯社拓展新闻信息来源做出了有益的尝试。在此之后,许多通讯社也都开辟渠道接收来自公众的稿件。目前,美联社就已经通过和微软合作,建立了一个公共的视频新闻平台,可以接收受众自制的新闻信息内容。

2. 加工环节:差异化制作

在数字化媒体时代,新闻信息无论在内容上还是在形式上都提供了更多的选择,受众获取新闻信息的手段、方式、心理及习惯等都逐渐发生了变化。因此,受众内部发生了很大的分化,个性化需求日益强烈。而以互联网为核心的信息技术的发展,为他们个性化需求的满足提供了可能。在这种情况下,受众不再像过去那样是一个统一的整体,而是分裂成一块块基于不同需求或兴趣的“碎片”。与此相适应,传媒市场也分化成面向不同地区、不同行业、不同年龄、不同兴趣的受众的细分市场。

这种情势之下,通讯社也逐渐改变了过去“以不变应万变”“我给你什么就是什么”的老大做派,开始探索如何满足受众的个性化需求,服务于细分化的市场。比如,路透的财经信息分析系统提供了 100 多种角色选择功能,也就是说,100 多种不同类型的人员都可以通过这个系统获得自己想要的信息和服务。这也是通讯社产品“个性化”的一个重要举措。

路透社的互联网站，也正在朝着"差异化"的方向建设。2007年初，路透建成了专门的非洲新闻网站。随后还在建设非洲、亚太、拉美等10个针对不同地区的版本。

路透社非洲新闻网站具有非常强烈的针对性。这个网站以国别为基本单位组织新闻。通过网站主页上的互动式非洲地图，访客只需点击选中的国家，就可以进入聚合该国新闻的页面。

3. 传播环节：丰富报道手段

数字媒体时代涌现的众多新的传播渠道，为通讯社提供了更加多样化的报道手段。事实上，许多通讯社通过开办网站、发展网络视频、推出手机报、发行电子杂志等手段，已经发展了大量直接面向受众的业务，形成了实质上的综合媒体集团。

有实力有远见的通讯社，都在大力抢占传播渠道，丰富报道手段，力争在未来的竞争中获得一定的优势。在2006年都灵冬季奥运会上，美联社就尝试通过"播客"的方式报道美国运动员的日常生活。

路透的网络视频新闻业务开展得比较早。2004年10月12日，路透首先在美国开通了网络电视新闻频道。使用微软多媒体电脑的上网用户，可以接收到路透提供的未加剪辑的全球突发性事件的电视新闻素材，还可以接收来自主要金融中心城市最新的商务和市场信息。此外，这一频道还提供娱乐、时尚、社会新闻。用户不但可以看到最新的报道，还可以调阅最近7天的所有新闻。2005年2月，路透集团又宣布同微软公司合作，在英国开播路透网络电视新闻频道。

路透社在线视频系统可让用户安装一个视频播放器，实时展现20条路透最新的视频突发新闻。路透社在发展初期，视频节目免费播放，其中加有15秒的广告。2006年开始，路透"网络视频联盟"则有两种运作方式——播放广告或者收费。

路透集团媒体部副总裁斯蒂芬·史密斯介绍说，路透将与加盟网站分享视频新闻的贴片广告收入。他认为：开展视频新闻业务是路透发展战略中的重要环节，路透一直想开辟新的内容发布渠道。网络视频用户数量日益增长，路透的选择顺应了技术发展的潮流，"网络视频联盟"将大大增加路透视频广告的观众数量。

4. 服务环节：为用户提供更多便利

服务已经成为通讯社获得用户的重要手段，也是通讯社与对手之间竞争的重要领域。改进服务的努力主要体现在改进搜索引擎与加强对用户的粘合上。

搜索引擎 利用数字媒体技术为各类用户提供最便捷的服务，是通讯社应对传媒环境变化的共同策略。在传统的通过卫星发射供稿的基础上，许多通讯社又开发出了基于互联网的、能够提供搜索、存储等多种功能的供稿系统。其中，搜索引擎技术的开发和使用，大大提高了用户使用产品的便捷性。

以路透社为例，2007 年 2 月初，路透社开始在其主要产品 Xtra3000 市场数据服务中采用挪威快速搜索传输公司（Fast Search & Transfer，简称 Fast）的智能搜索技术，大大提高了用户搜索金融数据的速度和准确性。

路透社搜索架构师雷·汤姆金斯介绍说，路透社采用的搜索技术为 AIW（Adaptive Information Warehouse，“可适性信息仓库”）。这一新的搜索系统能够支持自由格式文本查询，并使用户享有更友好的查询界面、更加快捷有效的查询服务。

即时通讯 路透社在 2003 年 9 月就推出内部的即时通讯系统，因为路透的客户群体以股票经纪人和金融分析师为主，他们之间每天要发生大量的工作联系。建设一个基于内部网络的即时通讯系统，能够为客户增加一条更为便捷的沟通渠道，减少客户的电话和信件数量。

从即时通讯网络建成那天起，路透就一直在努力拓展即时通讯信息系统的连通范围，因为连通范围越广，就意味着客户能在更大范围内方便地实现即时通讯。2003 年 9 月推出之时，路透即时通讯服务就实现了与 AOL 的互通。到 2005 年 11 月，路透实现了同微软 MSN 之间的互通互联。由于在此之前，IBM 公司、Lotus 公司都与微软公司签署了类似的合作协议，因此路透通过这次互通也实现了与 IBM 和 Lotus 之间的互通。

到 2007 年 1 月为止，使用路透即时通讯服务系统的股票经纪人和金融分析师已经有 9 万人。路透社通过建立功能强大、连通广泛的即时通讯系统，为用户提供了一个便捷的在线交流平台。

用户社区 把用户聚拢到一个“社区”之中，提供贴身服务，是通讯社改进服务、粘合客户的又一战术。在实施这一战略的过程中，路透瞄准的核心用户群体是数量广大的股票经纪人和金融分析师用户。

2007 年 3 月，路透宣布将为股票经纪人和金融分析师用户建立一个类似 Myspace 的社交网站。这个社交网站不会像 Myspace 那样针对十几岁的年轻人，也不是娱乐性的网站。相反，这是一个以路透所有用户为目标的相对高端的社交网站，目的是为路透用户提供一个交流研究成果、相互联系以及讨论的平台。大约有 9 万名股票经纪人和金融分析师在使用路透的即时通讯系统，路透希望这些用户同时也能对这个社交网站感兴趣。

2.1.3 策略之三：扬长避短，巧用外力，通过合作实现快速扩张

路透社一开始仗着雄厚的资金实力，通过收购专业公司来获得发展网络业务所需的资源，但近年来越来越多地转向走与外界合作之路。

2000年3月22日，在日内瓦举办的两年一届的路透信息产品展示会上，路透社宣布与软件巨头微软公司合作推出RDD网络产品(the Reuters Digital Dashboard)，用户可直接接入路透社实时信息以及历史信息，并且把这些数据与个人、内部网以及因特网内容合并在一体化的环境里。路透方面表示：两家公司为了将来进一步渗透到各个市场，将首先集中精力开发金融服务市场，并在新产品和技术方面共享资源和技术，打造更多的互联网新产品。

2000年，路透社与Equant公司共同组建Radianz公司，推出了一个"附加网络平台"，使商家与商家之间能够安全地在网上交流信息；与AetherSystem公司一起推出了一家名为Sfla的公司，向欧洲市场提供无线上网服务和技术。

2005年2月，路透社同微软公司合作，在英国开播路透网络电视新闻频道。

2005年底，路透与著名的网络视频运营商Brightcove达成合作。从运营模式来看，Brightcove可谓Youtube的专业版。包括路透、《纽约时报》、探索频道等在内的传统媒体制作的网络视频内容，为了实现网络视频更大的商业价值，Brightcove还同时将路透的网络视频通过第三方网站发布和零售两个渠道实现增值。

路透在与外界合作时始终坚持以下两个原则：

一是动作要快。新媒体领域的佼佼者就像金字塔的最上端，毕竟数量有限，而且往往具有排他性，要想与他们建立合作关系，出手必须迅速。等其他传统媒体回过神来，这些新媒体佼佼者早已与路透建立了合作关系。比如在网游领域，其他传统媒体还没有意识到有合作可能的时候，路透已经别出心裁地与"第二人生"合作创立了网游新闻，这无疑给后来者设置了更大的障碍。

二是合作者一定要是该领域的佼佼者。无论是即时信息通讯领域的微软、美国在线，网络视频运营领域的Brightcove公司，还是博客领域的布拉克、全球之声，网络游戏领域的"第二人生"，路透社所选择的合作者都是该领域的佼佼者。这样的合作能帮助路透事半功倍，花最小的努力，在最短的时间内就能在该领域打开局面。

2.2 汤姆森路透并购案及影响分析[①]

2007年5月,汤姆森集团和路透集团共同对外宣布合并为"汤姆森—路透"集团,引发国际传媒界的广泛关注。这起并购案之所以能引得全球瞩目,不仅因为它是近年来全球传媒业最大的并购案之一,还因为它是数字媒体时代传媒变革的一个典型折射,更因为它将对世界新闻信息传播领域产生广泛而深远的影响。

2.2.1 并购对双方的影响

汤姆森对路透的并购被认为是一次典型的"双赢"。在共同声明中,两家公司都认为合并将会造就一个在电子信息服务、金融资讯服务和新闻传媒领域全球领先的传媒集团。

这次合并最大的好处在于双方可以通过资源整合,实现优势互补,从而成为一家更加全面、更有竞争力、综合实力更强的传媒集团。

1. 通过业务的整合,集团的收入结构更加合理和可靠

汤姆森集团最初是加拿大的一家报业公司,总部在多伦多,在北美拥有上百家平面媒体。后来,通过投资英国报业、电视业、石油勘探业和旅游业,汤姆森逐渐发展成为一个全球化的传媒集团。此后,这个集团又相继退出报业、旅游业、石油勘探业,转向图书出版业和信息服务业。目前,汤姆森公司是全球专业信息服务和出版领域最大的企业之一,下设法律与法规信息集团、学习出版集团、金融信息集团以及科技与医疗卫生信息集团,为法律、财经、健康医疗和科技教育等专业公司提供软件、信息和其他服务,在全球拥有4万多名员工,在45个国家和地区设有分支机构,年收入高达84亿美元。

近年来,汤姆森一直在努力改变这种产业结构,不断售出旗下的报纸、出版社等平面媒体资产。2006年,汤姆森再次明确提出了向信息服务领域纵深发展的目标。此次收购之前,为筹集资金,汤姆森又以77.5亿美元的价格,售出了旗下一家教育出版公司和一家教育书籍及网络资料供应公司。透过并购路透,汤姆森将可进一步从利润日益微薄的教育出版领域脱身,把资产转移到金融资讯服务领域,实现产业结构调整的目标。在5月15日的并购声明中,汤姆森集团强调:"新集团将持续向电子金融和专业信息提供商的定位转型。"

---

① 本文刊登在《中国记者》2007年第7期。

虽然汤姆森目前在金融资讯服务领域已经排名第三，但市场份额只有11%。在领先者彭博和挑战者路透的双重挤压之下，只能充当金融资讯服务市场追随者的角色。这种市场地位决定了汤姆森只能在两大强敌的缝隙中寻觅生存空间，通过占领一些边缘市场，获得微薄的产品利润。由于不甘心市场追随者的地位，汤姆森一直试图巩固和加强在这一市场的份额，以增加在金融资讯服务市场的影响力，获取对价格和服务的话语权。

合并之后，新集团将分成路透财经和汤姆森—路透专业出版两大集团。按2006年的数据合并计算，路透财经的收入达67亿，占集团收入的59%；汤姆森—路透专业出版集团的收入达46亿，占41%。（见图一）

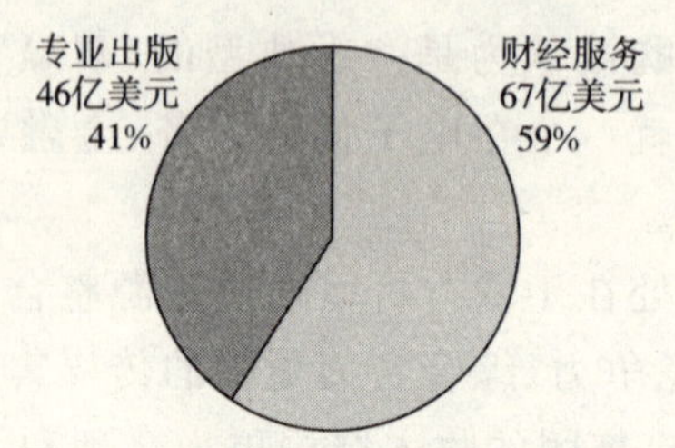

图一　汤姆森—路透集团收入结构

合并后，路透财经集团资产价值将达到200亿美元，业务包括金融资讯服务、银行投资及管理服务、企业服务和媒体四个板块；汤姆森—路透专业出版集团资产价值达330亿美元，由法律出版、科研出版、卫生保健出版、税务与财会资讯及出版四个部分构成。（见图二）

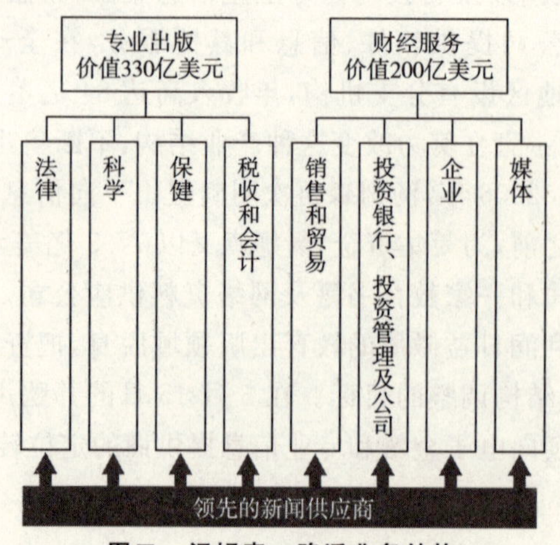

图二　汤姆森—路透业务结构

尤其值得一提的是，合并后的路透财经集团拥有全球金融信息服务市场34％的份额，超过彭博（市场份额为33％）而成为行业老大。

2. 通过营销渠道的整合，可实现对用户和市场的全方位覆盖

路透集团2006年收入为25.7亿英镑，其中54％来自欧洲市场，28％来自美国市场。而汤姆森公司2006年收入中，近81％来自美国市场，只有14％来自欧洲市场。（见图三）合并之后，新集团的营销渠道分布将更加合理，市场覆盖更加广泛而全面，有利于取得更多的用户和收入。

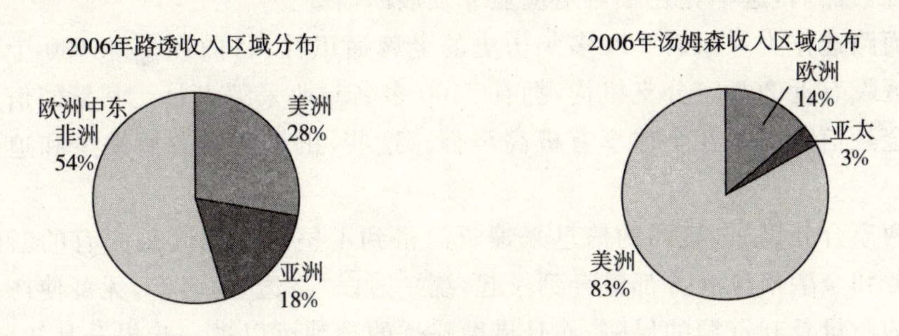

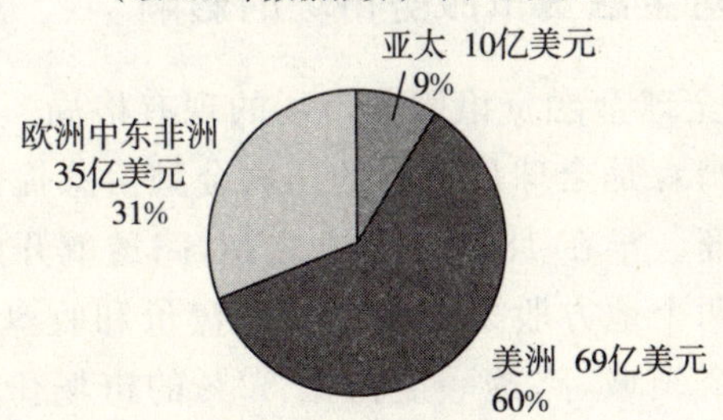

图三　汤姆森和路透收入区域分布

两家公司的产品和用户在其他重要方面也存在互补性。路透的客户群体集中在销售方，汤姆森的客户集中于购买/公司方；路透的内容优势在于新闻和即时信息，而汤姆森的内容优势在于历史数据和数据分析；在电子交易领域，路透的强项是货币和外汇交易，汤姆森则强于证券交易；企业平台方面，路透长于风险管理和交易，汤姆森则擅长投资管理，提供股权解决方案。合并后，两家公司的产品和服务将更加全面，能够满足各类用户的不同需求，整体市场竞争力将得到增强。

3. 通过人力和品牌资源的整合，大幅提高业务和产品的竞争力

由于报业不景气，汤姆森集团近年来将其近百家报纸陆续卖掉。这样虽

然避免了可能的经济损失，但同时也失去了众多报社所拥有的新闻信息采集网络和采编人员的宝贵资源，其金融信息服务几乎完全依靠第三方来源，这必然会影响其产品与服务的吸引力。为了改变这种状况，汤姆森2006年以2000万美元的价格买下了由法新社和《金融时报》联合经营的欧洲新闻社AFX，这家新闻社主要向欧洲的金融及企业界提供信息和服务，在欧洲的12个国家以及美国和日本设有分社。汤姆森投入重金扩充采编队伍，雇用了约500名记者，比一年前增加了一倍。在里斯本、维也纳、布达佩斯和华沙开设了分社。然而，这毕竟还很难适应业务发展的需要。

而路透作为一家有150多年历史的老牌通讯社，目前在全球130个国家和地区设有近200家分支机构，拥有2400多名专业采编人员。其新闻信息产品及金融信息服务在全球享有极高声誉。这些，正是汤姆森所缺少和迫切需要的。

两家合并以后，集团的信息采编资源得到了整合。尤其是所有的新闻信息业务和金融信息服务都整合到一起，统一冠以“路透”的名字，无疑使产品和服务的质量具有资源的保障，而且借助路透的品牌可以进一步提升其知名度。

2.2.2 并购对金融资讯服务市场的影响

1. 并购将改变全球金融资讯服务市场的现有格局

彭博、路透、汤姆森是全球最主要的三家金融信息提供商。路透是资格最老的金融信息服务商。早在1851年创立之初，路透就开始向伦敦和巴黎的银行家和商人提供这两个地方股票交易所的开盘价和收盘价，开创了金融信息服务的先河。在这个领域，路透一度占据50%的市场份额。但是，近年来后起之秀彭博表现抢眼，通过不断发展逐渐超越了路透，占据了最大的市场份额。汤姆森提供金融资讯服务的时间最短，但是凭借其收购证券公司所带来的巨大收获，在金融信息服务领域排位第三。

并购前的数据显示，在国际金融信息的终端市场，彭博的份额达到33%，路透为23%，汤姆森为11%。仅从数据上来看，汤姆森和路透合并之后，新集团在这一领域的份额将扩大至34%，从而超过彭博，成为全球金融信息服务的领头羊。凭借市场“第一”的位置，新路透在制定行业标准、决定产品定价权等方面可拥有更多的“话语权”。

2. 并购将直接撼动彭博在金融资讯市场的地位

有报道显示，由于彭博在并购前不久刚刚又一次提高了金融资讯服务价格，用户对汤姆森并购路透普遍表示欢迎。可以预见，新路透有可能会从彭博手中夺回一些用户。因为合并之后，两家公司的产品互相补充，对用户的吸引力可能会增加。另外，由于合并之后的协同效应，两家公司的运营成本可能降低，产品价格也可能因此下降。新公司营销渠道分布更加合理，市场覆盖更加广泛。这些因素都可能使新路透在与彭博的竞争中获得一定优势，从而对彭博在金融资讯服务市场的地位产生影响。

3. 并购会对新闻集团并购道琼斯产生一定影响

汤姆森和路透均为道琼斯新闻信息的分销商，汤姆森和路透合并后，就有可能不再为道琼斯分销财经新闻信息，从而削弱道琼斯的影响和收入。业内人士认为，这一因素影响了控股道琼斯的班克罗夫特家族对接受默多克并购的态度。

2.2.3　并购对全球传媒业的影响

汤姆森并购路透，以及新闻集团并购道琼斯，将对全球传媒业的格局和发展产生重大影响。

1. 强强联合产生超大型传媒集团，全球传媒行业在向“大者恒大”的方向发展

新华社新闻研究所课题组在《数字媒体时代通讯社形态和服务创新》研究报告中曾作出判断：数字媒体时代，新闻信息传播机构最终将向两个方向发展：一是“做大”，即建设成一个囊括各种传媒渠道，面向各个层次受众，拥有多种服务方式的综合性全媒体集团；一是“做专”，即在某一个细分的专业领域通过技术、内容或市场方面的绝对领先来形成竞争优势。近期的并购热潮表明，全球传媒格局“大者恒大”的趋势已经十分明显。

并购之后，新的汤姆森—路透集团公司市值将达到500亿美元左右，每年收入将达到120亿美元左右，在金融资讯服务领域的市场份额将达到34%。新闻集团对道琼斯的并购成功，也成为全球传媒业的“巨无霸”。

2. 财经媒体正在成为大型传媒集团不可或缺的资产配置

近期的并购热潮还凸显了财经媒体在传媒市场中的重要地位，综合性的传媒集团必须要进入这一领域才能形成持久的竞争优势。随着经济全球化趋势的发展，国际金融市场越来越活跃，各种市场的交易量急剧增加，从而导致对财经信息的旺盛需求有增无减，这意味着财经新闻信息服务具有巨大而持久的市场发展潜力。一家传媒集团如果无法满足受众对财经新闻信息的需求，不但将失去巨大的市场机会，而且意味着集团的整体实力和影响力下降。

分析人士认为，汤姆森并购路透以及新闻集团并购道琼斯，都是看中了并

购对象的财经资产。汤姆森并购路透后即可坐上金融资讯服务领域的头把交椅。新闻集团并购道琼斯，后者旗下的《华尔街日报》及道琼斯财经新闻信息系统可弥补前者在财经媒体方面的空白。有消息说，默多克拟利用道琼斯的财经信息来丰富自己原有媒体的内容，并有可能开办FOX财经频道。

3. 在线新闻信息服务系统已成为一种越来越受到重视的传媒产品

在线新闻信息服务系统（包括在线新闻供稿系统、在线多媒体数据库、在线金融资讯服务平台等）由于其技术含量高、运行成本相对较低、使用便捷等优点，日益受到媒体及受众的重视。汤姆森并购路透，新闻集团并购道琼斯，都与这一点有关。并购前的汤姆森集团拥有众多平面媒体和电子出版媒体，从人力和财力投入来说，提供在线金融信息服务的汤姆森财经只是其旗下一个小部门，但汤姆森财经却是该集团中利润率最高的部门。同样，道琼斯公司虽然拥有世界闻名的《华尔街日报》，但公司的利润大多数来自道琼斯金融信息服务（包括道琼斯金融信息产品和道琼斯指数系列产品）。这足以说明，在线新闻信息服务系统对传媒集团具有巨大吸引力。作为这一判断的另一个最新证据是，据透露，新的汤姆森—路透公司60%的利润将来自合并后的路透财经集团（原有的路透集团＋汤姆森财经）。

2.3 路透新媒体发展路线图

2.3.1 路透在“第二人生”中设立记者站

2006年10月，路透社在网络模拟游戏“第二人生”(Second Life)中设立了一个记者站，由资深记者亚当·帕斯克负责在虚拟世界中报道新闻。

与美联社等其他通讯社的做法不同，路透社新闻被完全置入游戏情景中。在“第二人生”虚拟社区，居民通过一个随身携带的装置——“路透新闻中心”，随时收听或者收看路透新闻。这个装置既播报这个虚拟世界的经济和文化新闻，也可以链接到路透社现实世界的新闻，内容从巴格达到华尔街无所不包。在游戏中，路透还修建了一座豪华的新闻大厅，供居民就新闻内容进行讨论。

2.3.2 为《金融时报》网站提供视频新闻

2007年12月，路透宣布，将为《金融时报》网站提供视频新闻。这意味着双方在路透提供给金融时报网站(FT.com)的图片、世界新闻、商业新闻和数据等内容中，又新添加一个新项目。

新的视频节目将为金融时报网站的国际读者提供一套定制的多媒体、多平台即时新闻、数据及信息。当时，FT. com 每月能够制作 100 条视频节目，而路透每天的视频新闻制作量为 15 条。双方的合作被认为有望极大丰富金融时报网站的视频节目。新的视频元素也会为网站带来一些非商业性的新闻节目。这一做法，一是为了增强用户的网站体验，二是为了加强网站信息的深度和广度。

2.3.3 路透进军移动技术开发项目

2008 年 5 月，黑莓手机厂商 RIM 公司(Research In Motion)、加拿大皇家银行(RBC)和汤姆森—路透公司宣布合作创立 1.5 亿美元的风险投资基金——“黑莓合伙人基金”，对黑莓平台和其他移动平台的移动应用及服务进行投资。

黑莓合伙人基金的开发项目包括移动商务应用——移动支付、广告、零售，移动银行服务——垂直及水平的企业应用服务，移动交流、移动社交、移动本地应用如导航及地图服务等，还将开发新闻、娱乐、生活及其他个性化移动产品和服务。

汤姆森—路透市场部首席执行官德温卫·维尼格指出：“汤姆森—路透致力于支持新一代移动应用的发展。这些应用将为我们的专业及企业客户提供随时随地的应用功能。运用可从移动设备上获取的智能信息来制定重大商业决策将为我们客户提供极大的竞争优势。”

2.3.4 利用博客充实非洲新闻网站

2007 年 2 月，路透社开通了专门报道非洲新闻的网站 africa. reuters. com。路透社称，这个网站将提供来自非洲的突发性事件新闻、深度报道以及经济信息。

路透社非洲新闻网站以国别为基本单位组织新闻。通过网站主页上的互动式非洲地图，访客只需点击选中的国家，就可以进入聚合该国新闻的页面。

路透社网站称，除战争、骚乱等突发性事件报道之外，经济新闻信息将是路透非洲网站的重要内容。非洲地区的股票信息、公司新闻以及矿产、能源、石油和农产品等重要商品信息都将被包括在其中。

在路透非洲新闻网站的页面上，除了路透社自采的新闻之外，还有关于该非洲国家的新闻博客链接。这些链接主要来自博客聚合网站“全球之声”(Global Voice)。

2.3.5 路透开通足球网站

2007年，路透社开设了专门的足球网站 www. reuters. co. uk/football。这个网站提供冠军杯、英足总杯和英格兰联赛杯等的深入报道。同时，还涵盖欧洲、美洲、非洲、亚洲等地区的主要足球赛事。

这个网站由路透提供新闻和图片，由 Action Images 图片社提供有关比赛和球队的深入报道和评论。网站设置了一个"赛事中心"，提供比赛日程、比赛结果、积分、积分榜、红黄牌、球队排名等各种详细信息。球迷也可发表实时评论。路透足球记者开设的博客也将作为一种互动方式出现在网站上。

2.3.6 路透开通印度新闻网站

2007年，路透社在印度开通一个新闻网站 reuters. co. in。这是一个有广告支持的英文网站，同时也是可为手机提供信息的移动信息发布平台。

该网站的内容主要包括印度本地的财经和体育新闻、国际新闻，特别是涵盖整个南亚地区的财经信息，包括尼泊尔、巴基斯坦、斯里兰卡等国。网站内容包括文字信息和视频内容。其中，视频内容主要来自与路透有合作关系的印度电视机构 Times Now。路透集团在2005年收购了印度时报集团旗下广播子公司26%的股权，这是路透集团为进军印度快速增长的电视市场所作出的努力。另外，也有部分内容来自路透遍布世界各地的分社。此外，网站上的博客内容则主要来自路透的博客内容合作伙伴布拉克公司。

2.3.7 路透打造新外汇交易平台

2007年3月26日，路透集团宣布与芝加哥商业期货交易所(CME)联合推出新的外汇交易平台 FXMarketSpace。两家公司希望通过这一平台抢占外汇现货交易市场的战略高地。

FXMarketSpace 是为 OTC 交易提供集中结算的全球外汇交易平台，提供欧元、日元、英镑、澳元、瑞郎、加元兑美元，以及四对交叉汇率的现汇交易。

作为全球 OTC 交易的结算中心，FXMarketSpace 融合了 OTC 交易模式与交易所模式的优点，与路透先前经营的专门服务于机构投资者的电子通讯网络(ECN)相比，它可降低信用门槛，且具有更大的价格透明度，能够吸引更多的散户投资者进入。

"外汇市场是全球规模最大的资产类型，日平均成交额接近3万亿美元"，路透集团的首席执行官汤姆·格罗瑟(Tom Glocer)表示："我们看好这种交易所的交易模式，并且拥有其50%的资产。”

目前，部分大型外汇机构如花旗集团、JP摩根、美林和瑞银集团等都已签约，参与路透和CME搭建的这一外汇交易新平台。

2.3.8 路透开发新型移动发稿设备

2007年底，路透与诺基亚合作开发了一套专供记者使用的新型移动发稿设备，以图彻底改变记者的移动发稿方式。这套设备不仅可以发送文字、图片、现场直播视频及视频录像，还可以用来制作高质量的供广播用的多媒体报道，记者无需返回办公室。

这一新型移动媒体应用设备使用目前已在智能电话上实现的多媒体应用功能，并在此基础上设计出一个易于记者使用的工具包。这个工具包包括多媒体功能、文本和视频流编辑工具，可通过一个创新性的用户界面使用。另外，路透社已开发出一个移动编辑界面，将诺基亚研究中心开发的工具包连接至内部的编辑流程，使报道文章能够几乎同时从新闻现场发布。

2.3.9 路透渗透上游手机生产商

2008年2月，诺基亚宣布正式开展移动广告网络业务。路透随即与之签署合作协议，该平台允许广告主在路透社的手机网站上设置广告，送达全球1亿诺基亚用户。广告由来自诺基亚的广告团队创造。

2007年10月，诺基亚购买了手机广告管理公司Enpocket。在这次购买之前，诺基亚发布了欧洲手机平台“诺基亚广告服务”。该平台给营销者提供了创造定向手机广告活动的能力。同样是在2007年，诺基亚发布“诺基亚广告网关”——一个把广告与特定应用联系起来的平台。比如，广告可以对正在看电视、读地图和听音乐的用户做定向。

2.3.10 推出针对金融信息订户的在线视频

汤姆森—路透2009年3月宣布推出一个面向其金融信息用户的互动式在线视频平台，为专业财经人士提供路透电视新闻和第三方提供的视频节目。

这个名叫“路透内幕”(Reuters Insider)的视频平台与彭博和CNBC电视有诸多不同之处：

a. 它只面向专业投资人士(路透金融信息订户)，而不面向公众。

大多数合格的汤姆森—路透客户均可于2009年6月访问该视频点播服务。高级付费用户可以直接使用该服务，而低级付费用户则需要为此缴纳额外的费用。视频平台里的内容将不含任何广告，而是靠增加订户数量来盈利。

b. 它不仅播放路透自己采集和直播的节目，而且允许其客户（银行、投资公司和研究公司等）开设自己的频道，上传视频节目。

c. 它以点播模式运行，可以为用户提供个性化服务。

该平台的每个视频均可通过文本记录进行搜索，只要在文本记录上进行点击，即可将视频自动跳转到相应位置。用户可以依据特定的主题、人物、行业或公司对视频进行检索，而视频点播服务则会对视频进行汇编和剪辑，从而迅速显示针对某一特定主题或关键词的视频。另外，用户还可以将这些视频片段发送到自己的黑莓手机上。

汤姆森—路透希望，借“路透内幕”增加公司财经数据和新闻等核心业务的附加值，从而更好地与彭博社和道琼斯通讯社竞争。

2.4 路透中国信息业务介绍

中国一直是路透关注和深耕的市场。早在 1871 年，路透就开始了在华信息业务。路透为中国金融机构服务，至今也有 30 多个年头。

2.4.1 四类金融信息产品畅销中国

在中国内地，路透拥有员工 150 人左右，占其全球员工 15000 人的 1%。路透全球信息收入为 405 亿元人民币，在华信息收入为 3.5 亿～3.8 亿元人民币，也接近其全球收入的 1%（两个 1%，其中必有一定的关联）。路透在香港设有“路通资讯香港有限公司”，在上海、北京、深圳、广州、台湾设有办事处，整个大中华区共有员工 500 多人。

路透声称，全球有 42.7 万金融市场专业人士在使用其产品，在中国，路透有 500 家高端信息用户，有 1750 台终端机在为国内主要金融投资机构服务。从 1970 年与中信银行、中国银行签署首批合约起，40 多年来，路透不断开拓中国市场，现在路透的用户中包括了四大国有银行和主要商业银行，以及大量的从事期货、债券买卖的企业或基金公司。可以说，在中国的金融机构中，特别是在银行界，路透信息服务具有极高的占有率和美誉度。

路透以提供金融信息产品与服务见长，其金融信息产品主要有 27 种。可分为四大类：一是金融资讯类。主要是帮助金融专业人士将大量的原始资料转化为实用的信息。二是交易与互动类。路透拥有全球资本市场下单传送网络，通过路透的相关产品和服务，买方与卖方可以进行在线交易。三是风险管理类。这类产品专为外汇交易与货币市场的专业人士量身打造，帮助其实施更有保障的风险管理。四是企业整合类。路透运用资料管理方面的优势，协助用户将内部企业流程自动化并加以整合。

最近几年，路透在中国内地主要营销以下 6 种产品：

产品名称	产品特点	目标用户
Reuters 3000 Xtra(路透 3000 Xtra)	提供实时行情、资料数据、相关新闻和研究分析工具。	从事股票、债券、外汇与市场、商品与能源交易的金融专业人士
Reuters Kondor+	金融风险管理系统。帮助用户管理所有金融商品的交易与头寸。具备多种工具与功能，可提供实时信息与分析。	金融机构以及企业
Reuters Markets Monitor	提供有关全球金融市场的各种各样的新闻报道，包括证券、固定收益、外汇和商品价格及新闻。数据来自全球各大交易所。	金融投资的中小用户
Reuters Messaging	提供高级别安全性与加密功能实时通讯工具。能让市场专业人士进行实时联络，并建立强大的在线联系人目录。	金融界人士
Reuters Trader	提供商品与能源市场信息、决策分析工具。	企业和金融投资机构
Reuters Dealing Matching Services	金融机构，特别是银行间的外汇交易平台。具有自动交易撮合功能。	金融机构

其中，Reuters 3000 Xtra 是路透最主要的一线产品。它把与股票、债券、外汇和货币市场、能源、金属及农业市场交易有关的实时新闻、相关数据、分析软件、历史资料和交易工具组合在一起，以终端机这一桌面产品的形式，为用户提供功能完备的工作平台。其使用费每个月为 1750 美元。

为扩大在华的市场份额和占有率，路透主要采取了三种措施：一是加大产品本土化改造力度；二是通过与中国教育、科研机构的合作，加快产品的市场渗透；三是建立专业培训中心，提升对用户的服务品质。

路透信息服务对象，以往是以西方发达国家用户为主，在产品功能设计和服务定价上，没有考虑到国内用户的使用习惯和实际情况，在一定程度上影响了产品的市场推广。路透已经意识到这一点，特别针对中国金融市场专业人士量体裁衣，设计开发了“路透金融家（Reuters Trader China）”这个专门投放中国市场的产品。

“路透金融家”是在路透3000Xtra这个高端信息产品的基础上，按照国内用户的需求进行了内容、功能的精简和优化。产品的主要特点是：

准确充分的信息内容。涵盖了国内所有金融市场的实时行情和历史交易数据、由国内外金融机构直接发布的报价以及由路透加工制作的市场参考信息、路透独家制作的中英文财经新闻。

便捷高效的分析工具。提供“人民币市场分析模块”，为用户提供包括行情报价、交易软件、投资组合分析、市场公告、历史资料在内的各种本土化分析资料或工具；产品预设有15个中文界面的浏览屏幕组合，按照国内国际市场和资产类别分类，用户可以在各个屏幕之间随意切换。

灵活经济的通讯传输。产品支持用户使用互联网与路透数据中心连接，支持移动办公；用户可以在线发布报价，可与金融机构专业人士进行实时交谈。

据了解，“路透金融家”单月使用费为750美元，比路透3000 Xtra少了1000美元。产品推出之后，市场反应不错。可以预见，路透信息产品的本土化进程会不断加快，特别是像Reuters Kondor＋这类金融风险管理类产品。

为加大产品的市场渗透，2004年10月，路透携手中科院数学与系统科学研究院、研究生院，投入200万到400万美元成立了“中科院—路透金融风险管理联合实验室”，宣称要将其打造成中国金融风险管理领域最具权威性的研究与教育机构之一。联合实验室的主要任务，一是为国内金融机构培训金融衍生产品方面的人才，二是开发适用于中国市场的交易软件系统。培训的主要内容是熟悉路透的相关金融产品。据了解，路透还将与清华大学等国内一流高校合作，进一步提高路透产品在中国的现实和长远影响力。

通过与中科院等机构的合作，路透与国内一些专家建立了非常密切的关系。这些专家经常被当作重要嘉宾，参加路透举办的各种专业性会议或论坛，已成为路透招揽生意、吸引用户的一个招牌。

在实行本土化战略的过程中，路透还进一步加大投入，在北京、上海设立了专门为用户提供信息服务的培训中心，较以往单纯的客户服务和产品培训，在服务质量上有了明显提高。

另外，随着中国资本市场的全面开放，金融机构投资者会不断增多。为此，在今后10年内，路透将把金融机构投资人作为重点服务对象。

2.4.2 在华业务锁定四大领域

汤姆森集团与路透集团合并为汤姆森—路透集团(Thomson Reuters)之后，十分重视中国这块全球增长最迅猛的市场。合并后仅仅一个月，就开始密集布局，扩大在华业务，并确定了四大领域为重点发展目标。

重视中国市场

汤姆森—路透集团全球市场首席执行官德温卫·韦尼希向记者表示，“中国是汤姆森—路透增长最快的市场之一，在未来可预见的时期内，中国将呈两位数字成长”。①

“路透过去与中国政府就有密切合作，包括推出企业年金指数、为中国外汇交易系统提供技术平台等。我们在拓展业务的同时，希望帮助中国开发具有国际竞争能力的金融市场，并使其融入国际金融系统。”韦尼希说，路透过去一直为中国银行、中国工商银行和其他大型银行提供帮助，确保他们的资产估值程序符合国际会计标准。

锁定四大领域

韦尼希介绍说，汤姆森—路透在中国的业务重点集中在四个领域:第一个领域是培训。与中国人民银行、中国外汇交易系统、中国投资公司和中国银行等合作，进行员工培训。第二个领域是“企业数据和信息”，为企业提供风险管理、提高运营效率、确保其符合国际财务规则所需要的信息。目前，中国的银行都在使用汤姆森—路透的企业信息服务。第三个领域是中国的债券市场。汤姆森—路透发布的参考利率已成为中国市场上最及时的债券价格数据来源，新集团将加强在这一领域的优势地位。第四个领域是基金管理，为中国基金管理公司提供数据和技术支持。

研发与并购并重

合并前，路透集团2006年在中国成立了路通世纪(中国)科技有限公司，该公司目前已经有600多名员工，是路透在中国乃至全球的一个技术研发中心，利用中国的IT和金融人才开发金融服务软件，为金融产品提供支持。新

① 《中国经营报》2007年6月15日。

集团将扩大这一研发中心，总员工数将增加到1000名，继续侧重于基础开发，以支持包括高端的3000Xtra桌面系统、路透交易员系统（Reuters Trader）和路透智库在内的核心产品。

除此之外，汤姆森—路透还将建立一个新的数据处理中心，以支持新内容扩展计划，具体包括输入中国、韩国和日本的并购数据、公司财务报告、公司预测和市场经济数据。

并购是汤姆森—路透在中国扩张的另一个杀手锏。2008年3月，路透宣布收购了中国最大财经门户网站和讯网母公司中华万维网的部分股权。而几乎同时，汤姆森集团也宣布收购了中国法律在线，并计划进行深度整合。

第3节　法新社

3.1　收购战术助推视频业务

法新社从2001年开始提供视频新闻服务AFPTV，主要为电视媒体、互联网和手机用户提供视频新闻服务。2005年之前，报道内容只局限于巴黎地区的时事新闻，用户为国内的法语电视台、网站及手机运营商。2005年之后，法新社电视新闻开始向海外拓展，逐步建立起全球性的生产和销售体系，目前已经在全球40个分支机构配备了视频节目采集人员，包括世界上最为热点的地区阿富汗、伊拉克、巴基斯坦、加沙地区等，以及华盛顿、伦敦、莫斯科、柏林、马德里等重要城市。

法新社电视近年来的长足发展使之成为该社最为抢眼的业务。如今，法新社电视已经能够使用7种语言发稿，包括法语、英语、西班牙语、德语、葡萄牙语、阿拉伯语和波兰语。

法新社视频发展的主要举措是通过购买的方式丰富视频内容，并通过与网站合作的方式来销售视频产品。从2005年起，法新社开始在国外直接购买一些视频产品以充实自己的视频供稿。而在2007年，法新社先后与Zoom.in、Mochila、ClipSyndicate三家网络视频供应商达成合作协议，销售法新社视频产品，大大提升了法新社视频产品的影响力、扩大了覆盖范围。

2007年，法新社与盖蒂图片社就视频业务展开战略合作，此举大大丰富了法新社的视频内容。

盖蒂图片社的视频产品“盖蒂娱乐报道”包括奥斯卡奖、格莱美奖、金球奖、艾美奖等重大国际奖项的新闻，以及其他娱乐领域的重要信息。与盖蒂的合作将使法新社在娱乐领域的视频内容大大丰富。目前，法新社的视频内容主要涉及时事、政治、环境、生活与时尚等领域。

法新社一高层表示，双方在图片领域的合作已经持续了多年，在这个视频大行其道的年代，是时候把合作扩展到视频领域了。双方的合作可谓互利共赢，对法新社而言更是获益颇多。一方面，引入盖蒂的内容能够帮助法新社充实娱乐与明星方面的内容，法新社有望借此扩大在美国客户中的影响力，目前，法新社电视在美国有 12 家主要用户；另一方面，法新社电视内容可以通过盖蒂的互联网平台 gettyimages. com 销售给更多的客户，收入增长将成为顺理成章之事。而盖蒂也将因为引入法新社的实时报道而扩大其在实时新闻领域的影响力。

3.2 加盟欧洲数据联盟，拓展手机业务领域

2008 年 2 月，法新社推出移动即时新闻服务。该项服务是法新社与国内电讯服务商 MobileScope 合作，主要针对手机用户提供实时的新闻服务。用户能够收看多语种的文字、图片和视频新闻。此外，用户可以对产品进行个性化的选择，创建自己的新闻频道。同时，利用该平台还可以进行受众意见调查。虽然在服务开创初期只能提供法语和英语的内容，但随着时间的推移，将会提供其他更多的语言版本。法新社商业开发部门的负责人表示：人们对移动即时信息的需求不断增长，与 MobileScope 的合作，对法新社而言是一个很好的机会，可以展示自己基于全球的多语种、多媒体的移动即时新闻服务内容。该项服务首先在 2008 全球移动大会上进行展示，之后在全球进行推广。

随后，法新社宣布加入 MINDS International（Mobile Information and News Data Services for 3G）联盟，以进一步促进其手机媒体业务的发展。

MINDS International 是欧盟为了推动欧洲地区移动服务的发展而创立的一个项目，由欧洲五家官方通讯社共同组成。这五家通讯社分别是德国新闻社、奥地利国家通讯社 APA、荷兰国家通讯社 ANP、瑞士国家通讯社 sda—ats 和匈牙利国家通讯社 MTI。这五家通讯社希望借助这一项目逐步实现新闻通讯社从单纯的内容服务提供商向移动服务提供商的身份转变。

MINDS 项目开发的产品是以适用于通用移动通信系统为前提的，例如：为报纸提供新闻发布平台；为报纸提供与读者互动平台；移动博客服务；多媒

体手机杂志服务；新闻提醒以及图铃下载等。

法新社加入 MINDS International 联盟，是为了在移动新闻服务领域获得更大的支持。法新社负责新媒体业务的副总裁说，在新媒体领域，作为传统媒体进入的通讯社有优势但是也有劣势，在与新媒体先行者的合作中，可以取长补短，最大限度地发挥各自优势，利用合作者在新媒体领域的影响力和渠道来拓展自己的业务，将是传统媒体进军新媒体最为快捷有效的发展模式。

3.3 创办全球首条休闲资讯专线

2007 年，法新社与全球首家专注于休闲资讯报道的新闻社 Relaxnews（休闲新闻社）联手推出全球休闲资讯专线，这也是全球通讯社开办的第一条休闲资讯专线。

据介绍，双方的这项合作缘于法国舆论之路研究所在美国、中国、英国、法国、俄罗斯等 10 个国家进行的一项调查。调查显示，90%的受访者认为，休闲活动是生活的重要组成部分，即便是在金融危机的背景下，仍有 91%的受访者表示对休闲活动的兴趣没有减少，更有 46%的受访者表示希望参与更多的休闲活动。所以，双方决定联合各自优势，共同发掘这一需求广泛且不断发展的市场机会。

全球休闲资讯专线以 Relaxnews 的品牌进行推广销售，首先推出英语和法语服务，随后推出阿拉伯语和西班牙语服务。其内容 70%来自于 Relaxnews，30%由法新社提供。主要有以下几项类别：

a. 康乐：美容/化妆、营养、健康/健身、体育运动等；

b. 居家生活：家居装饰、园艺、装修、设计、环境、高科技、时装、消费品、日常生活等；

c. 娱乐：艺术展览、演出、电影、电玩、图书、动漫、音乐、电视、互联网等；

d. 旅游：汽车/摩托车比赛、美食、酒店及旅游目的地介绍。

通过订阅这条休闲资讯专线，订户可以获得以下服务内容：休闲资讯——每日 80 篇配图文章；活动通告——精选 100 项全球重大文化休闲活动；图片幻灯——每日 2 套，每套包括至少 6 张配有文字说明的图片；视频——每日 1 条视频报道；社区——即时通讯、民意调查等。

该专线以打包形式销售，主要针对媒体机构（纸质媒体、广播、电视和网站）、知名品牌及其代理公司、电信运营商及其他主要机构组织。法新社和 Relaxnews 希望到 2012 年该专线的销售收入能够达到 1500 万欧元。

参考文献

中文著作

程曼丽:《国际传播教程》,北京大学出版社,2005。

张隆栋、傅显明:《外国新闻事业史简编》,中国人民大学出版社,1988。

刘继南:《国际传播:现代传播文集》,北京广播学院出版社,2000。

刘继南、何辉:《镜像中国:世界主流媒体眼中的中国形象》,中国传媒大学出版社,2006。

刘继南主编:《大众传播与国际关系》,北京广播学院出版社,1999。

蔡帼芬:《国际传播与对外宣传》,北京广播学院出版社,2000。

李希光、周庆安:《软力量与全球传播》,清华大学出版社,2005。

陈卫星主编:《国际关系与现代传播》,北京广播学院出版社,2003。

李彬:《全球新闻传播史:公元1500—2000年》,清华大学出版社,2005。

王庚年:《国际传播——探索与构建》,中国国际广播出版社,2009。

蔡雯:《新闻报道策划与新闻资源开发》,中国人民大学出版社,2004。

蔡雯:《媒介竞争论》,岳麓书社,2002。

蔡雯:《新闻传播的策划与组织》,新华出版社,2001。

郑兴东:《受众心理与传媒引导》,新华出版社,1999。

陆小华:《再造传媒——传统媒体系统整合方略》,中信出版社,2002。

陆小华:《整合传媒——传媒竞争趋势与对策》,中信出版社,2001。

仲志远:《网络新闻学》,北京大学出版社,2002。

郭庆光:《传播学教程》,中国人民大学出版社,1999。

苏荣才:《对话美国报业总裁》,南方日报出版社,2005。

何苏六:《网络媒体的策划与编辑》,北京广播学院出版社,2001。

王波:《计算机辅助新闻学概论》,新华出版社,2000。

辜晓进:《走进美国大报》,南方日报出版社,2002。

喻国明:《解构民意:一个舆论学者的实证研究》,华夏出版社,2001。

尹鸿:《全球化与大众传媒:冲突·融合·互动》,清华大学出版社,2002。

彭兰:《网络新闻学原理与应用》,新华出版社,2003。

唐润华主编:《解密国际传媒集团》,南方日报出版社,2004。

崔保国主编:《2006 年:中国传媒产业发展报告》,社会科学文献出版社,2007。

彭兰:《中国网络媒体的第一个十年》,清华大学出版社,2005。

欧阳国忠:《中国媒体大转折》,团结出版社,2003。

喻国明:《传媒竞争力:产业价值链案例与模式》,华夏出版社,2005。

高振强主编:《全球著名媒体经典案例剖析》,中国国际广播出版社,2003。

赵曙光主编:《中国著名媒体经典案例剖析》,新华出版社,2002。

刘京林:《传播、媒介与心理》,北京广播学院出版社,1999。

刘志筠:《电子新闻媒介栏目编辑学》,中国人民大学出版社,1997。

范以锦:《南方报业战略:解密中国一流报业传媒集团》,南方日报出版社,2005。

匡文波:《手机媒体概论》,中国人民大学出版社,2006。

冯广超:《数字媒体概论》,中国人民大学出版社,2004。

闵大洪:《数字传媒概要》,复旦大学出版社,2003。

江潜:《数字家园:网络传播与文化》,复旦大学出版社,2001。

彭兰:《网络传播概论》,中国人民大学出版社,2001。

方政军:《新华社产业发展战略研究》,新华出版社,2006。

杨华钢:《受众为王:数字时代的电视频道品牌营销战略》,中国广播电视出版社,2007。

谭朝晔、付龙:《数字时代的交互电视》,中国轻工业出版社,2007。

黄升民等:《数字化时代的中国广电媒体》,中国轻工业出版社,2003。

虢亚冰、黄升民、王兰柱等:《中国数字新媒体发展报告》,中国传媒大学出版社,2006。

童晓渝、蔡佶、张磊:《第五媒体原理》,人民邮电出版社,2006。

赵子忠:《内容产业论:数字新媒体的核心》,中国传媒大学出版社,2005。

吴伯凡:《孤独的狂欢:数字时代的交往》,中国人民大学出版社,1998。

黄瑚:《中国新闻事业发展史——新闻与传播学系列教材(新世纪版)》,复旦大学出版社,2004。

郑超然等:《外国新闻传播史》,中国人民大学出版社,2000。

程曼丽:《外国新闻传播史导论》,复旦大学出版社,2004。

明安香:《美国:超级传媒帝国》,社会科学文献出版社,2005。

郭亚夫、段俊:《外国新闻传播史纲》(第二版),四川大学出版社,2006。

宁树藩:《中国新闻事业通史》(第2卷),中国人民大学出版社,1996。

新华社新闻研究所:《传媒发展与未来规划——2005年新华社新闻学术年会论文选》,新华出版社,2007。

新华社新闻研究所:《从战略层面竞争——传媒核心竞争力锻造方法》,新华出版社,2005。

新华社新闻研究所:《传媒运行模式变革——2003年新华社新闻学术年会论文选》,新华出版社,2004。

新华社新闻研究所:《传媒竞争与对策选择——2002年新华社新闻学术年会论文选》,新华出版社,2003。

新华社新闻研究所:《传媒发展方略——2001年新华社新闻学术年会论文选》,新华出版社,2002。

新华社新闻研究所:《回顾展望 探索创新——新华社2000年新闻学术年会论文集》,新华出版社,2001。

新华社新闻研究所:《世界性通讯社科学管理探索》,新华出版社,2000。

新华社新闻研究所:《世界性通讯社规律探索》,新华出版社,1999。

翻译著作

[英]柯林·斯巴克斯著,刘舸、常怡如译:《全球化、社会发展与大众媒体》,社会科学文献出版社,2009。

[美]罗伯特·福特纳著,刘立群译:《国际传播:全球都市的历史、冲突及控制》,华夏出版社,2000。

[美]威廉·内斯特编著,姚远、汪恒译:《国际关系:21世纪的政治与经济》,北京大学出版社,2005。

[美]休·休伊特著,杨竹山、潘浩译:《博客:信息革命最前沿的定位》,中国铁道出版社,2006。

[美]达西·格巴特著,罗晓军、顾洪文、白亮译:《数字电视内容与经济分析》,人民邮电出版社,2006。

[美]Joseph R. Dominick，Fritz Messere，Barry L. Sherman 著，张海鹰译：《电子媒体导论》，复旦大学出版社，2006。

[美]希尔曼著，熊澄宇、崔晶炜、李经译：《数字媒体：技术与应用》，清华大学出版社，2001。

[英]戴维·冈特利特（David Gautlett）主编，彭兰等译：《网络研究：数字化时代媒介研究的重新定向》，新华出版社，2004。

[美]丹尼尔·伯斯坦（D. Burstein）、戴维·克莱恩（D. Kline）著，吕传俊、沈明译：《征服世界：数字化时代的现实与未来》，作家出版社，1998。

[美]凯瑟琳·米勒：《组织传播》，华夏出版社，2000。

[日]桂敬一：《多媒体时代与大众传播》，新华出版社，2000。

[美]保罗·利文森著，何道宽译：《数字麦克卢汉——信息化新纪元指南》，社会科学文献出版社，2001。

[美]Joseph R. Dominick 著，蔡骐译：《大众传播动力学：数字时代的媒介》，中国人民大学出版社，2004。

[德]欧洲通信委员会，苏晓鹰译：《E 经济学：数字化市场中的战略问题》，辽宁人民出版社，2002。

[意]玛格赫丽塔·帕加尼著，罗晓军、王佳航、王震宇译：《多媒体与互动数字电视——把握数字融合所创造的机会》，人民邮电出版社，2006。

[美]尼古拉·尼葛洛庞帝著，胡泳、范海燕译：《数字化生存》，海南出版社，1997。

[美]保罗·利文森：《软边缘：信息革命的历史与未来》，清华大学出版社，2002。

[美]迈克尔·波特著，陈小悦译：《竞争优势》，华夏出版社，1997。

外文著作

UNESCO，News Agencies，Their Structure and Operation，Greenwood Press；New edition of 1953，ededition（April 1970）

K. M. Shrivastava，News Agencies：From Pigeon to Internet，New Dawn Press，2007

Joseph R. Dominick，The dynamics of mass communication：media in the digital age，China Renmin University Press，2003

The Missouri Group Telling the story：The Convergence of Print，Broadcast and Online Media，Bedford/St. Martin's，2004

Downie, Leonard Jr. and Kaiser Robert. The News about the News, Knopf, 2002

Dizard, Wilson Jr. Old Media, New Media: Mass Communications in the Information Age, Longman, 1999

Joseph R. Dominick, Sherman, Barry L. and Messere, Fritz. Broadcasting, Cable, the Internet and Beyond: An Introduction to Modern Electronic Media. McGraw—Hill, 1999

Martin, Chuck. Net Future, McGraw—Hill, 1998

Biagi Shirley, Interviews that Work. Wadsworth, 1992

Berkman Robert. Find it Online: How to Uncover Expert Information on Any Subject Online or in Print. Harper, 2000

Block, Mervin. Writing Broadcast News: Shorter, Sharper, Stronger, Bonus Books, 1997

Bonime Andrew and Pohlmann Ken C., Writing for New Media, John Wiley & Sons, 1998

Doug Underwood, When MBAs Rule the Newsroom: How the Marketers and Managers are Reshaping Today's Media, Columbia University Press, 1993

John C. Merrill, Global journalism: a survey of the world's mass media, Longman, 1983

J. Oliver Boyd—Barrett, The international news agencies. Constable, 1980

McCombs M. E. and Shaw D. L., The Agenda — Setting Function of Mass Media, Public Opinion Quarterly, 1972